INTRODUCTION TO
ARCHAEOLOGICAL SCIENCES IN CHINA

中国科技考古导论

袁靖 ◎ 著

复旦大学出版社

目　录

001　前言

001　**第一章　绪论**
001　　第一节　科技考古的定义
005　　第二节　科技考古简史
011　　第三节　科技考古的可行性和必要性

016　**第二章　遥感考古与物探考古**
016　　第一节　原理和方法
020　　第二节　研究与思考

026　**第三章　测定年代**
026　　第一节　原理和方法
034　　第二节　研究与思考

043　**第四章　古DNA研究**
043　　第一节　原理和方法
046　　第二节　研究与思考

第五章　同位素分析
- 055　第一节　原理和方法
- 059　第二节　研究与思考

第六章　有机残留物分析
- 067　第一节　原理和方法
- 073　第二节　研究与思考

第七章　环境考古
- 080　第一节　概述和方法
- 082　第二节　研究与思考

第八章　人骨考古
- 099　第一节　概述和方法
- 100　第二节　研究与思考

第九章　动物考古
- 118　第一节　概述和方法
- 120　第二节　研究与思考

第十章　植物考古
- 134　第一节　概述和方法
- 138　第二节　研究与思考

第十一章　冶金考古
- 153　第一节　概述和方法
- 157　第二节　研究与思考

第十二章　陶瓷器科技考古
- 180　第一节　概述和方法

183 第二节 研究与思考

201 **第十三章　玉石器科技考古**
201 第一节　概述和方法
204 第二节　研究与思考

212 **第十四章　二里头遗址的科技考古研究**
212 第一节　概述和方法
214 第二节　研究与思考

229 **参考文献**

250 **后记**

图 目

018	图2-1	正植被标志和负植被标志示意图
024	图2-2	青海省民和县喇家遗址窖穴
030	图3-1	浙江省杭州市良渚遗址炭化植物的碳十四年代测定
032	图3-2	建立树木年轮年表的示意图
046	图4-1	DNA实验室的DNA提取区
052	图4-2	中国绵羊线粒体DNA系统发育树
063	图5-1	山西省襄汾县陶寺遗址出土家养动物^{13}C和^{15}N散点图
065	图5-2	河南省偃师市二里头遗址出土的动物牙釉质的锶同位素比值图
074	图6-1	新疆维吾尔自治区罗布泊地区小河墓地M11出土奶酪及质谱分析图
088	图7-1	双洎河流域的现代地貌分区及新石器时代聚落分布示意图
092	图7-2	晚更新世以来颍河河流地貌演变的过程
103	图8-1	古中原类型（河南省灵宝市西坡墓地出土）
114	图8-2	变形头骨（辽宁省建平县牛河梁遗址出土）
128	图9-1	河南省柘城县山台寺遗址出土的黄牛骨架
130	图9-2	河南省安阳市殷墟遗址制骨作坊骨笄制作模式图

140	图 10-1	古代与现代淀粉粒比较图
142	图 10-2	五谷
147	图 10-3	现代粟和黍的植硅体比较图
149	图 10-4	陕西省西安市汉代渭河桥的桥桩（树种为桢楠属）切片
154	图 11-1	青铜器制作技术研究工作流程图
156	图 11-2	范铸青铜器的制作流程图
188	图 12-1	陶器制作工艺流程图
193	图 12-2	湖北省随州市叶家山墓地出土原始瓷釉显微照片
208	图 13-1	玉器微痕比较图

前 言

自20世纪50年代碳十四测定年代技术应用于考古学开始,几十年来,多种自然科学相关学科的方法和技术被引入考古学,应用自然科学相关学科的方法和技术开展的考古学研究被称为科技考古。夏鼐先生当年在《碳-14测定年代和中国史前考古学》一文中指出,碳十四测定年代技术在考古学中的应用,推动全世界的史前考古进入了一个新的时代。我们欣喜地看到,随着科技考古的深入推进,这个新时代已经不局限于碳十四测定年代的应用,其涉及的领域越来越广泛,包含的内容也越来越丰富。比如,由碳十四测定年代、确定考古学文化类型的绝对年代拓展到研究古人生存的自然环境,认识当时的地貌水文、动植物资源,探讨古人是在怎样的自然环境中生存发展的;再拓展到认识人的形态特征、体质状况和食物结构,把这些认识与考古学的文化类型和社会状况结合到一起,探讨人类自身的发展过程;再进一步拓展到认识古人的生业状况、把握由采集狩猎到农耕饲养的发展过程,认识石器、陶器、金属器的质地和制作工艺,研究手工业的发展状况,探讨生产力和生产关系、经济基础和上层建筑的相互关系等。这些科技考古研究极大地丰富了我们对古代历史的实证性认识,也把我们对古代社会的研究不断推向深入。当前需要强调的是,随着古DNA高通量测序技术的建立和全基因组分析手段的建立和推广,我们对古代人类和动物的认识更为全面,对于个体的把握更为精准,而新的认识对于探讨众多考古学文化类型发展演变的实质、把握古代人群之间交流的脉络、研究亲缘关系、界定社会形态、分析各种家养动物的驯化过程,意义重大。上述的全部认识正在创新性地再现古代历史,填补多项空白,对以往的理论和方法进行全方位的补充和完善。可以这样认为,当年考古地层学和类型学的建立,为确立考古学科奠定了坚实的基础,如今科技考古各个研究领域的确立和完善,正在全面丰富、充实和拓展考古学的研究思路、研究方法和研究内容,推动考古学研究进入一个崭新的时代,这是一个前所未有的学科发展进程。

本书正是为了迎接中国科技考古蓬勃发展的新时代而撰写的。我从理论上详细阐述了科技考古在中国考古学中的可行性和必要性,通过凝练考古勘探、年代测定、同位素分析、古 DNA 分析、残留物分析、环境考古、人骨考古、动物考古、植物考古、冶金考古、陶瓷器科技考古、玉石器科技考古等领域的大量研究成果,全面展示了科技考古从整体上拓展考古学研究的范围、深化考古学研究的内容、提高考古学研究的科学性、提升考古学研究的历史科学价值。从理论和实践上建立科技考古体系,对于进一步做好科技考古研究,推动中国考古学在 21 世纪全面、深入地发展,助力中国考古学走向世界,具有十分重要的意义。我在书中还分别对科技考古各个领域未来的发展思路和方法进行了探讨,对如何深入做好科技考古研究作了全方位的理论思考,展示了中国科技考古发展的极为广阔的前景。

近年来,国内已经出版了 5 本科技考古方面的专著。与那 5 本专著相比,本书的独创之处有 4 点:一是研究领域齐全和充实,当今中国科技考古研究中涉及的主要方面在本书中均有详细论述,内容涉及每个研究领域的目标、思路、方法和实践,便于读者全面认识中国的科技考古。二是以考古学研究的目的为目标,把具体的考古学问题作为导向,对数十年来中国科技考古各个领域的大量研究成果分门别类做了系统的归纳和论述,突出重点和亮点,帮助读者通过众多实例认识科技考古在中国考古学中的重要地位。三是每章都有"思考"这部分内容,在肯定研究成果的基础上,提出中国科技考古各个领域今后需要努力开拓和完善的科学思路和具体措施,进一步展示科技考古的重要学术价值及未来发展的巨大空间。四是以我们完成的河南省偃师市二里头遗址的科技考古研究为实例,科学、全面地建构起在中华文明早期发展的核心地区,包括时间框架、自然环境状况、人的体质状况、农业和手工业状况的历史,这是国内迄今为止聚焦单个遗址的最为前沿和最为齐全的科技考古研究成果，不但填补了诸多古代文献记载和考古研究的空白，而且全方位地展示了科技考古在具体遗址研究乃至于考古学整体研究中的重要作用，引领了学科发展的方向。

希望本书能够为中国科技考古的蓬勃发展做出贡献。相信在研究人员的共同努力下，科技考古必将在推动中国考古学迅猛发展的进程中发挥自己的积极作用，必将为中国考古学走向世界贡献自己的重要力量。

第一章

绪论

内容提要 科技考古从属于考古学,它以考古学研究为思路,以考古学的问题为导向,应用自然科学等相关学科的方法与技术,对考古遗址及出土的遗迹和遗物开展专门研究,拓展、深化考古学研究的视角、领域和内容,全面提升考古学研究的学术价值。

第一节 科技考古的定义

考古学是通过田野考古工作获取研究资料,以各种遗迹和遗物的形态、性质作为切入点开展研究,探讨人类社会的发展历史。不同于其他人文社会学科,考古学与物理学、化学、生物学、地球科学、农学、医学等相关学科的关系十分密切。这是因为考古学的研究对象是发掘出土的各种遗迹和遗物,其内涵涉及整个古代社会的各个方面,包罗万象。考古学在诞生之初,就借鉴了地质学和生物学等自然科学的方法。考古学这门学科的发展过程,也是借鉴物理学、化学、生物学、地球科学、农学、医学等相关学科的方法和技术并在考古学研究中不断拓展新的思路和方法的过程。

今天，考古学已经逐渐成为一门以人文社会科学研究为目的、广泛采用自然科学等相关学科的研究方法和技术的学科。能否在考古学研究中更加广泛、更加有效地运用多种自然科学等相关学科的方法和技术，已经成为 21 世纪衡量一个国家考古学研究水平的极为重要的标尺。

在考古学与自然科学等相关学科长期的结合过程中，大家已经习惯把这些方面的研究称为科技考古。其定义就是应用自然科学等相关学科的方法和技术开展考古学研究。其内涵可以概括为：以考古学的研究目标为指引，把考古学研究的问题作为导向，应用自然科学等相关学科的方法和技术，对考古遗址进行勘探和古地貌复原，对遗址所在区域进行调查和取样，对出土的多种遗迹和遗物进行观察、鉴定和测试，对各类与考古研究相关的资料进行定性分析和定量统计，以获取更加丰富、更加全面的古代人类活动的信息；在考古学研究思路的指导下，经过归纳、分析和探讨，从整体上进一步拓展考古学研究的领域，深化考古学研究的内容，提高考古学研究的科学性，体现考古学研究的价值。

在把自然科学等相关学科的方法与技术应用于考古学的过程中，先后出现过 6 种名称。一是"实验室考古"，二是"现代实验技术在考古学中的应用"，三是"科技考古"，四是"考古科技"，五是"科技考古学"，六是"多学科合作"。

第一种"实验室考古"和第二种"现代实验技术在考古学中的应用"这两种名称都提出于 20 世纪 80 年代，有其特定的历史语境。当时国际学术界已经开始探讨如何应用自然科学相关学科的方法和技术研究考古遗址出土的资料，而中国国内也开始了此类研究，但只是简单地把实验室内的测试和分析理解为现代实验技术在考古学中的应用。研究人员往往局限在实验室内对样品进行测试和分析，很少考虑样品出土的考古背景及其测试和分析结果在考古学研究中的价值。虽多有新的发现，效果立竿见影，但也经常出现自然科学等相关学科的研究和考古学研究相互脱节，甚至一些研究人员不考虑考古遗址出土状况的局限，过度演绎出来一些错误观点，从而导致考古研究人员无法全面认同自然科学研究人员的研究成果。

第三种名称"科技考古"提出于 20 世纪 80 年代末，既突出科技方法的独特性，也强调考古研究的目的性，这个名称一提出，就得到当时中国考古学会的认可。数十年来，中国考古学界从事相关研究的人员在实践中逐步以考古学的研究目标为指导，应用自然科学等相关学科的方法与技术，围绕考古学的问题开展研究，在研究中始终做到与考古学紧密结合，解决了以往的考古学研究中无法探讨的课题，在多个领域拓展、深化了考古学研究的内容。放眼世界，国际考古学界有两本与科技考古密切相关的杂志，一本是 *Journal of Archaeological Science*（中文翻译为《考古科学杂志》），另一本为 *Archaeometry*（中文翻译为《科技考古》）。这两本杂志都是 SCI 和 SSCI 的检索杂志，刊登的都是各国科技考古研究人员应用自然科学等相关学科的方法和技术开展考古学研究的优秀成果，具有很高的学术价值，既是国内考古学界认识国际考古学界有关科技考古研究动向的重要窗口，也是国内科技考古研究人员在世界上展示中国科技考古研究成果的重要平台。

第四种名称"考古科技"提出于 20 世纪 90 年代后期，其与"科技考古"的基本意思大致相同，"考古科技"是为了更加突出考古的主导作用。鉴于"科技考古"提出于 20 世纪 80 年代末，较"考古科技"提出的时间要早，现在国内各个相关的研究和教学机构都使用"科技考古"这个名称，如"科技考古中心""科技考古实验室""科技考古教研室"等。多年来"科技考古"这个名称已经约定俗成，刻意改为"考古科技"，似乎没有特别的必要。

第五种名称"科技考古学"提出于 21 世纪初，似乎与科技考古在全国开始蓬勃发展的背景相关。但是，笔者认为"科技考古学"这个名称不甚恰当。因为作为一门学科，是指一定科学领域或一门科学的分支，学科是与知识相联系的一个学术概念，是相对独立的一个知识体系，以此来衡量科技考古学的含义，显然是不合适的。

第六种名称"多学科合作"，即 2010 年以来在一些文章中出现的把科技考古改称为"多学科合作"，我认为同样欠妥。因为考古学是研究古代社会的一门科学，要真正把这门学科的研究推向深入，除了应用其自身最基本的考古地层学和考古类型学方法之外，在研究过程中需要融入的学科众多，尤其是人文社会科学中的历史学、民族学和社会学等诸多学科的研究思路、方法和内容均不可或缺。因此，"多学科"绝不应该局限于自然科学等相关学科，把"多学科"等同于自然科学等相关学科是一个概念上的误区。其次,"合作"一词有平起平坐之意,也不能客观地体现当前各门相关学科在考古学研究思路的主导下参与考古学研究的从属关系。其三,"多学科合作"这个词所表示的是一种比较抽象的方法和途径,可以用于解决世界上社会、经济和文化等诸多领域的问题。当前,考古学已经成为一级学科,其思路和方法应该明显地体现考古学的特色。

综上所述,"科技考古"这个词是对当前研究现状较为准确的表述,即在考古学发展的特定历史时期,为了解决以往的考古学研究不能探讨的问题,考古学和自然科学等相关学科的研究人员有意识地结合在一起,应用独特的研究思路和方法,共同参与到考古学研究之中,形成多个有特色的研究领域。为了概括这些研究领域,依据它们均包含科技方法这个特征,将其统称为"科技考古"。

严格地说,科技考古是一个过渡性用语。由于现在属于科技考古范围内的各个研究领域还有待于成熟,一些新的研究领域还在逐步开发,科技考古这个词还会存在很长一段时间。但随着科技考古各个领域研究的逐步完善和独立,在有机地融入考古学的发掘和研究之后,它将逐渐消亡。我认为,未来的考古学家将各具所长,比如研究考古学理论、研究考古学某个专题、研究现在归入科技考古的某个领域,等等,各具所长的研究人员参与到考古发掘和研究之中,多角度、全方位地对古代社会进行综合研究,进而推动考古学研究迈向新的层次。

概括起来说,目前的科技考古可以按照其研究方法和研究内容分为两大类。一类是利用专门的仪器设备,对某类肉眼看不到的特定对象进行探测、测试和分析,按照科学的依据提出科学结论。比如,对地下遗迹和遗物的勘探、年代测定、古 DNA 研究、同位素研究、有机残留物分析等。另一类是对与古代人类活动相关的自然环境、古代人类的骨骼、与古代人类的生产与生活直接相关的对象进行研究,得出比较客观的推测或结论。这类研究往往包括多种学科、技术与方法,如环境考古、人骨考古、动物考古、植物考古、冶金考古、陶瓷器科技考古、玉石器科技考古等。需要强调的是,从根本上说,这两大类都必须以考古学研究的目标为指引,以考古学研究的问题为导向,强化科技方法在考古学研究中的作用。

第二节 科技考古简史

中国科技考古发展的历史大致可以分为形成期和发展期两个阶段,以下分别阐述。

一、形成期(20世纪20—80年代)

自1920年开始,从事化学史研究的王琎率先对古代金石进行化学分析,探讨中国古代的冶金技术,这是自然科学研究人员主动介入到考古学研究之中,可以视为中国科技考古形成期的起点[①]。1924年,北京大学研究所国学门发表《考古学会简章》,明确提出用科学的方法调查、保存、研究中国过去人类之物质遗迹及遗物,一切人类之意识的制作物与无意识的遗迹、遗物以及人类间接所遗留之家畜或食用之动物之骸骨、排泄物等均在调查、保存、研究范围之内,并主张除考古学家外,应网罗地质学、人类学、金石学、文字学、美术史、宗教史、文明史、土俗学、动物学、化学等各项专门学者与热心赞助本会会务者,协力合作[②]。这个简章中包含了现在可以称之为科技考古的内容,这是当年从考古学的角度全面思考其研究对象后得出的认识。

上述的认识很快就从理论转化为实践,在20世纪20—30年代,清华大学研究院和中央研究院历史语言研究所在发掘山西省夏县西阴村遗址、山东省章丘县(今属济南市)城子崖遗址和河南省安阳市殷墟遗址时,研究人员都注重对地貌、人骨、动物遗存、陶器、石器和绿松石等开展具体研究,其研究内容

---

① 王琎:《中国古代金属原质之化学》,《科学》1920年第5卷第6期,第555—564页。王琎:《中国古代金属化合物之化学》,《科学》1920年第5卷第7期,第672—684页。王琎:《中国制钱之定量分析》,《科学》1921年第6卷,第11—73页。王琎:《宋钱成分内之铅》,《科学》1922年第7卷,第839—841页。王琎:《五铢钱化学成分及古代应用铅锡锌镴考》,《科学》1923年第8卷第8期,第839—854页。王琎:《中国黄铜业全盛时代的一斑》,《科学》1925年第10卷,第495—503页。
② 《考古学会简章》,《北京大学日刊》1924年6月12日第3版。

与现在所谓的科技考古的相关领域十分相似①。后来,由于多种原因,此类研究停止了一段时间。

到 20 世纪 50 年代初,历史又出现了相似的一幕。首先推动中国科技考古继续发展的是自然科学界的研究人员。中国科学院上海物理化学研究所(后来改名为长春应用化学研究所)和冶金陶瓷研究所(后来改名为上海硅酸盐研究所)的研究人员对考古遗址出土的陶器和金属器进行了分析和研究。而后,夏鼐于 1954 年撰文,介绍刚刚问世的碳十四测年技术。到 20 世纪 50 年代末,当时还隶属于中国科学院的考古研究所开始建设碳十四测定年代实验室,这是考古学界开始主动参与建设和发展科技考古的标志。

到 20 世纪 60 年代,考古研究所陆续开辟了碳十四测定年代、陶器、金属器的化学分析、体质人类学和动物考古等研究领域。

到 20 世纪 70 年代,北京大学历史系考古教研室(后来改名为北京大学考古文博学院)成立碳十四测定年代实验室。考古研究所则增加了热释光测定年代方法。北京钢铁学院(后来改名为北京科技大学)成立材料与冶金史研究所,专门开展冶金考古研究。该院柯俊院士与复旦大学杨福家院士和中国科学院上海原子核研究所(后来改名为应用物理研究所)的研究人员合作,用质子 X 荧光分析的方法研究越王勾践的宝剑和秦代箭镞等。这里需要专门提及两位人物,一位是中国科学院干福熹院士,早在 20 世纪 60 年代他就开始尝试分析中国古代的玻璃质文物,至 20 世纪 70 年代末,已比较系统地就我国古代玻璃的起源问题进行探讨,开创了一个崭新的研究领域。还有一位是复旦大学李郁芬教授,她于 1974—1976 年对西汉的透光镜进行研究,揭示了古镜透光的机制,并首次复制成功,荣获 1978 年全国科学大会奖。

到 20 世纪 80 年代,文物保护科学技术研究所(后来改名为中国文化遗产研究院)成立碳十四测定年代实验室,由于多种原因,这个碳十四实验室没有顺利地开展工作,最终在 2008 年解散。这个时期北京大学考古系实验室增加了铀系法测年方法,开展了定量考古的研究与教学工作。当时已经隶属于中

---

① 李光谟编校:《李济卷》,河北教育出版社 1996 年版,第 329—376 页。李济总编辑:《城子崖》,国立中央研究院历史语言研究所,1933 年版。德日进、杨钟健:《安阳殷墟之哺乳动物群》,《中国古生物志》丙种第十二号第一册,1936 年版。

国社会科学院的考古研究所增加了金相分析方法。

随着科技考古研究工作的推进,从事相关研究的人员希望加强交流,促进研究的发展,1988年5月,在广西壮族自治区南宁市召开了全国第一次实验室考古学术讨论会,这是全国从事科技考古的研究人员定期举办学术讨论会的开端。1989年10月,在安徽省合肥市召开第二次全国实验室考古学术讨论会,经过与会代表的热烈讨论,决定将会议名称正式改名为全国科技考古学术讨论会。同时,由中国社会科学院考古研究所、北京大学、北京科技大学和中国科技大学等单位联合筹备建立"中国科技考古学会"[①]。至此,中国科技考古的形成期画上了圆满的句号。

总结形成期的特点,可以概括为两点:首先,在中国考古学的开始阶段,不但从事自然科学相关研究的学者主动介入考古学研究,从事考古学研究的学者更是认识到自己研究对象的复杂性,希望有多个领域的学者参与,开展共同研究。这样的认识和行为背后,实际上蕴含了考古学研究在历史科学研究中的作用和价值,同时也体现了其研究方法的科学性和独特性。

其次,自20世纪20年代至80年代,与科技考古相关的研究并不活跃,这与中国的考古学处于刚刚起步的阶段及本身面临的繁重任务相关。当时的考古研究人员面临的首要任务是独立地开展考古发掘工作,在广袤的国土上构建由众多考古学文化类型组成的文化谱系,承担大量与基本建设相关的发掘任务,其工作量巨大。当时的主要研究是通过认识各种人工遗迹和遗物的形状把握各个考古学文化类型的物质特征,科技考古的参与及发展受到各种条件的局限,这是中国考古学发展历程中必然要经过的一个阶段。

二、发展期(20世纪90年代至今)

自20世纪90年代开始,在全国范围内逐步形成一个建设和完善科技考古研究机构、推动科技考古快速发展的高潮。这里分为机构建设、课题进展、成果发表等3个方面予以阐述。

[①] 王昌燧主编:《科技考古论丛》(第二辑),中国科学技术大学出版社2000年版,第3—4页。

(一) 机构建设

从 20 世纪 90 年代至 20 世纪末，在考古学界，中国社会科学院考古研究所在原有的考古勘探、年代测定、体质人类学、食性分析、动物考古学、成分和结构分析、文物保护与修复、考古绘图、考古照相等研究和应用领域的基础上，又增加了环境考古学和植物考古学两个新的研究领域，成立了考古科技实验研究中心（后来改名为科技考古中心）。国家博物馆考古部建立了遥感与航空摄影考古中心。吉林大学成立了包括古代人骨体质人类学与遗传基因研究、地理信息系统在考古中的应用、环境考古学、动物考古学等在内的边疆考古研究中心。北京大学考古文博学院的实验室又开辟了加速器测定年代、成分分析和同位素分析等研究领域。另外，湖南省文物考古研究所、山东省文物考古研究所、浙江省文物考古研究所、陕西省考古研究院、河南省文物考古研究所等都相继引进和培养人才，专门从事植物考古和动物考古等方面的研究。

而在自然科学界，除中国科学院上海硅酸盐研究所和北京科技大学材料与冶金史研究所继续在古陶瓷和冶金史研究方面开展研究以外，华东师范大学成立城市与环境考古遥感开放实验室，中国科技大学成立科技考古教研室。另外，在中国科学院地质与地球物理研究所和北京大学环境学院等一批科研和教学机构中都有研究人员开展环境考古研究。再有，虽然没有专门从事科技考古的研究人员，不少自然科学研究和教学机构也或多或少地参与过考古学研究，如中国科学院遗传研究所和复旦大学现代人类学研究中心的研究人员对考古遗址出土的人骨进行过遗传基因的研究[1]。

自 21 世纪以来，从事科技考古研究的考古机构有吉林省文物考古研究所、北京市文物考古研究所、河北省文物考古研究所、宁夏回族自治区文物考古研究所、陕西省考古研究院、山西省文物考古研究所、河南省文物考古研究院、云南省文物考古研究所、四川省文物考古研究院、成都文物考古研究所、重庆市文化遗产研究院、湖北省文物考古研究所、湖南省文物考古研究所、江西省文物考古研究所、安徽省文物考古研究所、上海博物馆、浙江省文物考古

---

[1] 袁靖：《科技考古》，刘庆柱主编：《中国考古发现与研究》，人民出版社 2010 年版，第 425—466 页。

研究所、中国科学院高能物理研究所、中国科学院上海硅酸盐研究所、中国科学院地质与地球物理研究所、中国科学院地理所、中国科学院古脊椎动物与古人类研究所、中国科学院自然科学史研究所、中国社会科学院考古研究所等20余处。涉及科技考古教学的机构有吉林大学、北京大学、中国人民大学、北京科技大学、首都师范大学、北京联合大学、南开大学、河北师范大学、兰州大学、西北大学、郑州大学、山西大学、山东大学、四川大学、重庆师范大学、武汉大学、复旦大学、浙江大学、中山大学、中国科学技术大学、中国科学院大学等20余所。加在一起，总共有40余所科研机构和高校配备了专门从事科技考古相关领域的研究和教学人员。

（二）课题进展

除上述研究机构的建设和随之而来的研究领域的拓展以外，中国科技考古的大发展还集中体现在以中国历史博物馆考古部为主开展的河南省渑池县班村遗址的发掘和以科技部为主的国家有关部委支持的多个大型研究项目和课题上。

比如，自1991年开始，时任中国历史博物馆馆长的俞伟超主持班村遗址的发掘和研究，参与研究的人员除考古学者之外，还包括从事环境考古、人骨考古、动物考古、植物考古及陶器分析的相关研究人员。即使用现在的眼光来衡量，当时设计的发掘和研究思路、具体的人员构成等都可谓是相当到位的，在发掘和研究过程中也有诸多亮点[①]。

以科技部为主的国家有关部委支持了多个大型研究项目和课题。比如，1997—2000年的国家"九五"重点科研项目"夏商周断代工程"，由来自历史、考古、天文、碳十四测定年代等人文社会科学和自然科学等不同学科的专家共同完成[②]。

2002—2003年实施的"中华文明探源工程预研究"，在延续"夏商周断代工程"的碳十四测定年代的研究之外，新增加了环境考古和冶金考古两个新

[①] 曹兵武：《班村发掘之缘起》，曹兵武：《考古与文化续编》，中华书局2012年版，第265—271页。
[②] 夏商周断代工程专家组：《夏商周断代工程1996—2000年阶段成果报告》，世界图书出版公司2000年版。

的研究领域。

2004—2005年实施的"十五"国家科技攻关计划重点项目"中华文明探源工程（一）"则在碳十四测定年代、环境考古、冶金考古等3个研究领域之外，又增加了植物考古、动物考古、食性分析、动物的古DNA研究、陶器成分研究、玉器和石器的工艺研究等多个新的领域，参与研究的人员涉及地球科学、物理学、化学、生物学等多个自然科学基础学科。

2004—2016年实施的"十一五""十二五"国家科技支撑计划重点项目"中华文明探源工程（二）、（三）和（四）"则在原来的基础上，又增加了人骨考古和地理信息系统在考古学研究中的应用等，这个项目基本上涉及科技考古的各个主要领域[1]。

（三）成果发表

全国性的科技考古学术讨论会到2016年已经召开了13次，出版过3本会议论文集[2]。除全国科技考古会议论文集外，其他综合性的论文集还有西北大学文博学院等编的《文物保护与科技考古》，中国社会科学院考古研究所考古科技中心（后改名为科技考古中心）编的《科技考古》第一辑至第四辑和袁靖的《科技考古文集》[3]。另外，迄今为止已经出版了6部全面涉及科技考古的专著，其中包括李士和秦广雍的《现代实验技术在考古学中的应用》、赵丛苍的《科技考古学概论》、杨晶、吴家安的《科技考古》、陈铁梅的《科技考古学》、中国社会科学院考古研究所的《科技考古的方法与应用》和王昌燧的《科技考古进展》[4]。除此之外，涉及科技考古的研究论文和研究报告多达数千

---

[1] 科技部社会发展科技司、国家文物局博物馆与社会发展司编：《中华文明探源工程文集》环境卷（Ⅰ）、技术与经济卷（Ⅰ），科学出版社2009年版。
[2] 《科技考古论丛》编辑组编：《科技考古论丛》，中国科学技术大学出版社1991年版。王昌燧主编：《科技考古论丛》（第二辑），中国科学技术大学出版社2000年版；第三辑，2003年版。
[3] 西北大学文博学院等编：《文物保护与科技考古》，三秦出版社2007年版。中国社会科学院考古研究所考古科技中心编：《科技考古》（第一辑），中国社会科学出版社2005年版；第二辑，2007年版；第三辑，2011年版；第四辑，2015年版。袁靖：《科技考古文集》，文物出版社2009年版。
[4] 李士、秦广雍：《现代实验技术在考古学中的应用》，科学出版社1991年版。赵丛苍主编：《科技考古学概论》，高等教育出版社2006年版。杨晶、吴家安：《科技考古》，文物出版社2008年版。陈铁梅：《科技考古学》，北京大学出版社2008年版。中国社会科学院考古研究所著：《科技考古的方法与应用》，文物出版社2012年版。王昌燧编著：《科技考古进展》，科学出版社2013年版。

篇,这些都是从事科技考古研究的人员辛勤努力的结果。

总结发展期的特点,可以概括为两点。首先,中国考古学的发展过程始终左右着中国科技考古的发展过程,世界考古学的发展对中国科技考古的发展也起到了相当大的引领作用。自然科学等相关学科的发展也明显地推进了科技考古的进步。从20世纪90年代以来,考古学文化时空框架的构建工作基本完成,研究古代社会的各个方面,探讨古代人类的行为,归纳人类历史的发展规律,逐渐成为考古学研究面临的主要内容。而要开展这样的研究,必须应用科技考古的方法,才能保证资料的全面性、方法的科学性、内容的丰富性和结论的可靠性。同时,随着改革开放的深入,中国考古学界的研究人员和自然科学界从事科技考古的研究人员也看到了西方考古学界大力借助科技考古方法进行研究,将整个考古学研究推进到一个全新层次的现状,以及对未来的考古学研究具有深远影响的发展趋势。这对中国相关领域的科研人员也是一个很大的启发。另外,如计算机技术、遗传基因研究和同位素分析等一系列自然科学研究中创立的新方法,对于推动科技考古发展的作用无疑是不可低估的。

其次,随着中国科技考古研究机构的逐步增多、研究队伍的进一步扩大、研究领域的大力拓展、研究方法的日益完善、研究成果的不断获得,中国科技考古的重要性越来越得到学术界的高度认可,支持科技考古,依靠科技考古,发展科技考古,强化科技考古,已经逐步成为整个考古学界的共识。由此可见,科技考古的发展前景是十分广阔的。有位大学问家说过,古来新学问起,大都由于新发现[①]。如果对这句话稍作改动,加上几个字,写成"古来新学问起,大都由于材料和方法的新发现",用这句话来概括中国科技考古的发展历程是比较贴切的。

第三节 科技考古的可行性和必要性

1954年,克里斯托弗·霍克斯就指出,用考古材料解释人类行为存在一

---

① 姚淦铭、王燕编:《王国维文集》,中国文史出版社1997年版,第33页。

个递增的难度等级。技术是最容易的领域,而经济、社会和政治结构乃至于意识形态则表现出急遽上升的难度。这个说法后来被简称为"霍克斯难度等级"①。在霍克斯所处的时代,除了类型学和地层学以外,还没有多少利用其他学科的方法对考古资料进行研究的成功实例。在考古学研究中,如果实物证据太少,单单依靠各种推测而得出的结论,往往难以得到普遍的认同。因此,要深化考古学研究,必须开辟采集各类信息的新方法,从多个角度进行各种探讨,强调多重证据。这样,在认识古代社会的过程中,除了依据遗迹和遗物的物质形态特征确定一个遗址、一个类型、一个文化在时空框架里的位置及探讨其他问题以外,考古学界广大研究人员十分关注如何从科技考古的角度获取发掘出土的各种信息,并对这些信息进行分析和研究,从而提出类型学、地层学等研究以外的多种实证性认识。科技考古的使命是建立在可行性和必要性的基础之上的。

一、可行性

论及在考古学中应用科技考古的可行性,首先要提到的是科技考古秉承"将今论古"的理论。这个理论最早出自英国地质学家莱伊尔于19世纪提出的"均变说"。他认为:"地球的变化是古今一致的,地球过去的变化只能通过现今的侵蚀、沉积、火山作用等物理和化学作用来认识。现在是认识过去的钥匙。"②这个理论的核心是认为自然界的物质形态、结构、性质和运动规律从古至今都是相同的,这是将今论古的科学性之所在。

考古学的研究对象是古代的物质遗存。这种物质性特征是我们能够在考古学中应用科技考古的主要因素。科技考古涉及的自然科学等相关学科大致包括物理学、化学、生物学、地球科学、统计学、农学、医学等。这些学科分别探讨特定物质和生物的形态、结构、性质、运动规律及空间形式和数量关系,它们具备系统、严谨的科学原理及丰富的研究结果。这些原理和成果充

---

① Christopher Hawkes, Archaeological Theory and Methed: Some Suggestions from the Old World, *Anthropologist*, 1954, 56: 155 – 168.
② [英]莱伊尔著,徐韦曼译:《地质学原理》,科学出版社1959年版,第143—152页。

分证明了它们各自的科学性。现在我们将这些基础学科及其他相关学科的方法和技术与考古学有机结合,运用物理学和化学的方法探讨遗物的年代、结构和成分,借鉴生物学、农学和医学的研究全面涉及古代的人、动物和植物,通过地球科学的方法探讨当时的自然环境,借助统计学的方法对各种资料和测试、鉴定结果进行统计分析。我们对各种研究的设计及结果都要从考古学的角度进行思考,保证科技考古对古代遗迹和遗物进行研究时,实现方法上的科学性、思路上的逻辑性、应用上的可行性,最终确保结论的可靠性。

科技考古各个领域的研究和物理学、化学、生物学、地球科学、统计学、农学、医学等自然科学相关学科的研究主要有四点共性:一是使用相同的仪器设备;二是依据相同的分析原理;三是运用相同的技术手段;四是对由相同的物质结构和化学元素组成的对象进行分析。它们之间主要有3点区别:一是分析的材料存在时间上的差异性,前者的材料肯定属于古代,后者的材料则包括现代和古代;二是对研究结果解释方法上的不同,前者要考虑研究对象的考古背景,关注人类活动的影响,后者基本上是就事论事。三是研究目的的不同,前者主要考虑如何解释古代人类的行为,探讨当时的历史,属于人文科学的范畴,后者则是认识物质的形态、结构、性质和运动规律,完全属于自然科学。由于整个操作过程完全相同,仅仅是在材料所属的时间、解释的侧重点和研究的最终目的上有差异,因此我们可以肯定,只要真正做到考古学与自然科学等相关学科的有机结合,在考古学中开展科技考古研究是切实可行的。

二、必要性

关于在考古学中应用科技考古的必要性,我们认为,考古学发展到今天,其研究的内容已经由原来通过发掘出土的遗迹、遗物的形状确定一个遗址、一个类型或一个文化的年代早晚、文化特征,建立完整的古代物质文化谱系,逐步扩大到全面探讨古代社会的各个领域。任何一个区域、任何一个遗址的考古学调查和发掘,都是为了全面或部分地展现在一个特定时间跨度和空间范围内的自然环境状况,包括人类社会的生存活动、生活方式、制作工艺、社会组织、礼仪制度、丧葬习俗、祭祀特征、文化交流等各个方面。考古学研究内容的巨大变化要求我们全面强化科技考古在考古学中的应用。

当年通过对人工遗迹和遗物形状的研究可以形象地再现其当时的原貌，从时空框架上把握考古学文化的位置。现在通过考古勘探、年代测定、环境考古、人骨研究、动物考古、植物考古、食性分析、DNA分析、物质成分和结构分析等科技考古研究，则可以科学地再现考古学文化的绝对年代，以及当时的自然环境状况、演变及人类与之相适应的互动关系。此外，居住在不同地区的人群的体质特征和风俗习惯，包括动植物在内的各个时期人的食物种类，采集、狩猎、种植和家养等一系列获取食物资源方式的演变过程，当时人们进行随葬和祭祀活动时使用各种动植物的种类和不同时期的特征，人类制作各种器物的方法、原料、发展过程及对社会发展进程的影响，与礼制的构建相关的内容，涉及劳役、战争等方面的作用，文化与文化之间一些特殊因素的交流等，都可以得到再现。同时，科技考古的这些手段还能进一步提高考古调查、发掘和研究的科学性。

简而言之，在考古学中应用科技考古主要会在两个方面发挥巨大的作用。一是对遗迹和遗物进行采样、鉴定、测试和分析，开拓了以往的考古学无法涉足的多个研究领域。二是确认遗址、遗迹的位置、面积、布局，对各类考古资料进行定量统计和分析，极大地提高了考古学研究的效率和精确度。在这样的基础上形成的考古学综合研究成果才能真正符合21世纪世界考古学发展的要求，真正如夏鼐等所言，考古学是历史科学的重要组成部分[①]。

综上所述，科技考古具有以下5个特征。其一，从多个特定的角度对具体遗址、遗迹和遗物进行探讨，研究以往的考古学研究中无法涉猎的多个领域，具有创新性。其二，秉承"将今论古"的原则，其各个研究领域的方法都是在自然科学相关学科的技术和方法的基础上建立的，以科学性为前提。其三，研究对象均出自考古发掘或与考古发掘相关，同时又分别具有地球科学、生物学、物理学和化学等学科的属性，具有跨学科的特点。其四，各个研究领域的鉴定、测试结果都可以进行重复验证，突出了科学性。其五，各个研究领域的研究标准和研究结果适用于全国各个地区乃至整个世界考古遗址出土的

---

① 夏鼐、王仲殊：《考古学》，中国大百科全书总编辑委员会《考古学》编辑委员会、中国大百科全书出版社编辑部编：《中国大百科全书·考古学》，中国大百科全书出版社1986年版，第1页。

同类遗迹和遗物的比较研究，具有普遍性。这5个特征可以概括为概念清晰、范围明确、逻辑严谨、结论科学。由此可见，在考古学中进一步强调科技考古是时代向考古学提出的要求，也是考古学本身发展的必由之路。经过多年的努力，在考古学中开展科技考古研究，经历了一个由逐步应用到全面推广的过程，这个过程正在给考古学研究带来一场革命性的变化。其深远意义和学术价值将在今后考古学研究的发展进程中不断体现出来。

本章小结　科技考古的全方位推进是21世纪考古学发展的必然趋势。科技考古的研究方法和内容涉及考古学、物理学、化学、生物学、地球科学、农学、医学等学科，研究对象的物质性特征是科技考古能够在考古学中发挥重要作用的基础，在考古学研究思路的指引下，经过长期的发展过程，科技考古在开拓考古学的研究领域、完善考古学的研究方法、深化考古学的研究内容、提升考古学的研究层次等方面发挥了重要的作用。

第二章

遥感考古与物探考古

内容提要 遥感考古与物探考古都是在不开展考古发掘的前提下,利用遥感和地球物理的探测方法在特定的区域中寻找地面和地下的考古遗存,确定考古遗存的几何形态及空间分布范围等,为考古发掘和文化遗产保护等工作的顺利进行做好前期准备。

第一节 原理和方法

遥感考古与物探考古的原理是借助遥感及物探技术,认识暴露在地面或埋藏于地下的遗迹或遗物的形状、种类及线索。在考古发掘工作开始以前,依靠高分辨率的航空、航天影像和地球物理探测设备,进行全面的遥感考古与地球物理探测。与传统的必须依靠人工测绘、钻探和试掘来认识地面及地下遗迹的状况相比,其优势在于提高了科学性和工作效率,节约了时间和经费,而且不会破坏文物。通过对地下各种遗迹分布状况的预判,可以为制定田野发掘计划和确立遗址的保护方案提供科学的依据。这里分别阐述遥感考古和物探考古。

一、遥感考古

遥感考古主要指借助常规摄影传感器,获取考古遗址的影像资料,再运用计算机图形和图像处理技术进行增强处理,并根据广谱成像规律和遗址范围内的地表状况的相互关系,对其色调、纹理、图案及时空分布规律进行研究,以制定遗址或现象的位置、分布和形状等特征,为科学地确认遗址和遗迹奠定基础。因为在自然地表上,考古遗址所包含的多种迹象往往会以某种方式构成较为醒目的影像特征,从较大范围的图像上进行观察,这些影像可以归纳为3种特征:遗迹土壤标志、遗迹阴影标志与遗迹植被标志。依据这3种标志,可以对考古遗址或遗迹进行判断。以下分别阐述。

(一)遗迹土壤标志

由于古代人类的活动而形成的道路、夯土建筑基址及填土等在颜色、结构和形状上都与自然环境中的土壤形成较为明显的区别,研究人员依据遥感影像上的土壤标志差异,就能对古代遗址及遗迹的位置与分布状况等作出判断。

(二)遗迹阴影标志

如果古代人类活动形成的遗迹残留在地表上,就会形成特殊的微地貌特征,在有倾斜角度的太阳光线照射下,这些特殊的微地貌的阴影就会出现相应的景象。研究人员依据不同的微地貌特征,选择不同的时间对这些特殊的迹象进行摄影,并对全部影像进行比较分析,就能对遗迹的残存状况、分布范围等作出判断。

(三)遗迹植被标志

埋藏于地下的考古遗迹和遗物往往会对堆积于其上的土壤结构、营养成分和含水率产生影响,从而导致其地表的植被与自然堆积构成的地表植被之间形成差异,这些差异在遥感影像上就成为判断地下遗迹和遗物的植被标志。

由于古代人类的行为而造成的地下土质疏松、土壤较为肥沃、含水量比较多的地方,地表的植被往往长势较好。相反,如果地下埋藏有夯土、道路和集中堆积陶片、瓦砾等遗迹和遗物,造成土质结构紧密、透水性能差的地方,其地表植被的长势往往受到影响。这些状况最为典型的表现是草本植被,尤其是生长季节重复出现的谷类农作物,这些农作物与在自然形成的土壤上生长的农作物相比,到成熟时就会出现偏早或偏晚的现象,因而较为容易从航片上进行识读(图 2-1)①。

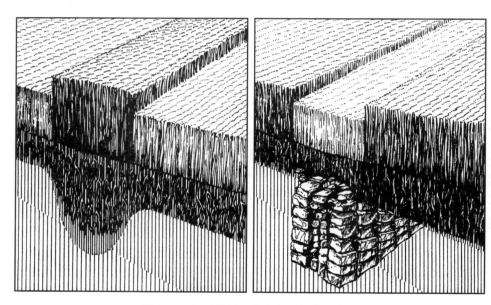

图 2-1　正植被标志和负植被标志示意图

(引自《遥感考古学》图 5-10,稍作修改)

二、物探考古

物探考古主要指借助仪器,探测遗址内由于人工遗迹或遗物形成的特殊属性,判定遗迹或遗物的位置、分布和形状等特征。由于人类活动产生的古代遗存改变了所在地区特定地点的物理、化学特性,古代遗存与周围的自然

---

① 刘建国:《遥感技术》,中国社会科学院考古研究所:《科技考古的方法与应用》,文物出版社,2012年版,第 6—19 页。

沉积相比,在密度、磁性、电性、弹性、放射性、导热性和电化学性等方面会出现大小不等的变化。通过仪器探测到这些变化,将其转化为代表不同物性差异的相应数据,再利用计算机进行分析,可以根据已知的认识推断遗迹或遗物的特征及属性。这里主要阐述在考古调查中应用较多的磁法勘探和电法勘探。

（一）**磁法勘探**

磁法勘探主要指借助探测仪器,通过"磁异常"现象,判定遗迹或遗物的位置、分布和形状等特征。自然界中的土壤和岩石具有不同的磁性,形成各不相同的磁场,在地球磁场作用下,这些磁场按照各自的场强规律有序地分布在地表。当局部地区由于人为的原因发生变化时,局部磁场也会发生变化,这类变化统称为"磁异常"现象。

磁法勘探可以分为两类：一类是用磁力仪探测地下遗存,适用于大面积的田野勘探调查。另一类是用磁化率仪等仪器测量土壤中遗迹的磁化率强度,适用于对遗址中的局部地点或剖面进行测量。

常见的磁法勘探仪器有质子旋进磁力仪、磁通门磁力仪、超导磁力仪、磁化率测量仪和差分式磁强计等。

（二）**电法勘探**

电法勘探主要指借助探测仪器,区分遗迹和遗物与自然形成的土壤和岩石在导电性、电磁感应和介电性等方面的差异,判定遗迹和遗物的位置、分布和形状等特征。人为形成的古代遗存与自然形成的土壤和岩石有不同的质地,它们在密度、含水量、饱和度、电离子浓度和温度等方面的区别,导致了二者电阻率的不同。岩石和土壤属于非导体,呈高阻现象,但在潮湿的情况下,二者均会导电,不过岩石比土壤电阻率高,据此可判断地下石头建筑的状况。埋在土壤中的城址、道路等因含水量相对较少,其电阻率相对要高一点,而填满土壤的沟渠含水量相对较多,其电阻率相对要低一点。青铜器、铁器和金银器等金属物品属于导电体,呈低阻现象。根据这些高、低电阻率异常计算分析出的结果,可以画出这些异常区域的电阻率图,进而判断遗址中遗存的性质和空间位置。另外,由于电磁波在物质中传播时,其路径、电磁场强度与波形会依据所通过的物质的电性质及几何形态的不同而发生变化,金属体比非金属体的异常明显,不充水的非金属体比充满水的非金属体的异常明显,不同形状的物体的异常也不相同。因此,通过发射和接收高频电磁波,可以根据电磁波从发射到接收的传播时间、幅度、波形等资料推断古代遗迹和遗物的存在及分布状况。

电法勘探分为两大类:研究直流电场的统称为直流电法,主要为电阻率法;研究交变电磁场的统称为交流电磁法,主要为探地雷达[①]。

第二节 研究与思考

这里首先介绍遥感考古和物探考古的研究成果,而后进行讨论。

一、研究成果

(一)遥感考古

中国遥感考古开始于1981年对天津市南部地区古河道的遥感影像研究,当时发现,在航空照片和TM(Thematic Mapper,TM)影像上,古河道都有明显的特征,同时还发现遥感影像能探测到地下10米深度内的古河道遗迹[②]。

多年来,遥感考古领域出版了多部专著及专辑[③],另外还发表了不少研究报告和论文。

通过航空影像,对内蒙古自治区的辽上京、辽中京、祖陵、庆陵、庆州、元应昌路、元上都、金边堡、北京地区的古长城、河南省的二里头、偃师商城、殷

[①] 钟建:《物探技术》,中国社会科学院考古研究所:《科技考古的方法与应用》,文物出版社2012年版,第20—25页。
[②] 高洪兴:《天津南部地区古河道遥感影像特征及其反映深度》,国家遥感中心编:《遥感文选》,科学出版社1981年版,第160—168页。
[③] 朱俊英:《考古勘探》,科学出版社1996年版。山东省文物考古研究所编:《中国临淄文物考古遥感影像图集》,山东省地图出版社2000年版。宋宝泉、邵锡惠:《遥感考古学》,中州古籍出版社2006年版。《华东师范大学学报(遥感专辑2)》,1992年。《华东师范大学学报(自然科学版)》,1998年第4期。刘建国:《考古测绘、遥感与GIS》,北京大学出版社2008年版。

墟、汉魏故城、隋唐东都城、邙山古墓群、龙门、巩县宋陵,陕西省的秦始皇陵园、汉长安城、统万城,新疆维吾尔自治区库尔勒至轮台地区的古代城址,长江下游地区春秋时期的台墩遗址和土墩墓,安徽省明中都城、寿春城,湖北省纪南城与郢城等进行研究①,取得了一批有价值的成果,具有代表性的成果有以下5处。

朱俊英通过对秦始皇陵园的摄影测量和航空遥感图像解释,发现在文物已知区域探查准确率约为85%,在未知区域发现华清宫南界一条人工修造的壕沟,并圈定几个滑坡的范围②。

邓辉等通过对统万城的彩红外航空影像进行分析,并结合古代文献,确认统万城仿照中原汉族的都城营造制度,城内布局具有中轴线,但是其坐西朝东的布局,又显示了北方游牧民族"尚东"的文化传统,其兴废与自然环境的变迁密切相关③。

刘建国通过收集殷墟范围内的考古资料、不同时期的航空影像与美国陆地卫星的TM影像等,并运用计算机图像处理技术对遥感影像进行了多重处理和分析,结合实地考古钻探工作,提出4点新的认识:①地下的夯土基址等考古遗迹,在地表土壤干燥而且裸露的季节,能够在TM影像上形成较为明显的遗迹标志,特别是中红外波段的TM影像对地下遗迹有很好的效果,能够反映出地下遗迹的总体布局情况,但受TM影像地面分辨率的限制,不能准确反映出单个遗迹的特征。在有较强反射的地方,并非一定有考古遗迹,所以,影像解译时要以现有的考古资料为前提,而且要与地面调查以及钻探工作相结合,去伪存真。②在殷墟范围内,考古遗迹的埋藏深度在1米左右,遥感影像中没有因农作物生长情况的差异,形成明显的遗迹植被标志。其原因可能是农作物根系的长度一般不超过1米,农作物的生长不受地下考古遗迹的影响。③在遥感考古研究中,应该使用计算机图像处理技术,将TM影像与航空影像一起进行综合处理,结合两种影像的优点,提高影像的质量,增

---

① 刘树人:《我国遥感考古回顾及展望》,《国土资源遥感》1998年第2期,第20—25页。陈铁梅:《科技考古学》,北京大学出版社2008年版,第13—17页。
② 朱俊英:《考古勘探》,科学出版社1996年版,第154页。
③ 邓辉、夏正楷、王琫瑜:《利用彩红外航空影像对统万城的再研究》,《考古》2003年第1期,第70—77页。

强影像的解译效果,光学处理则无法满足研究的需要。④除小屯东北的殷墟宫殿区范围之外,仍然存在有较大面积的建筑基址。四盘磨东南应该有很多建筑基址,西南方向很可能是墓葬区。而且,在目前能够开展工作的范围内,即东、北面以洹河为界,南至安阳钢铁公司铁路,西至安阳钢铁公司东墙,基本上可以确定没有城墙①。

吴爱琴等通过对河南省开封市古城古河道的遥感勘测研究,发现开封市西部一处南北向地下古城墙异常,经与考古发现对比分析,此处异常应为宋外城西部的一部分②。

谈三平等运用遥感技术勘测太湖地区的石室土墩,了解了它们的分布全貌,提出其分布规律有 4 点:①石室土墩主要分布在海拔 50~200 米低山丘陵上,200~300 米山上分布渐疏,300 米以上山上稀见;②石室土墩一般选择在山脊浑圆、山坡平缓、周围视野开阔的山地。石室土墩的分布没有特定的朝向和布局。③石室土墩在山顶、山坡和坡麓皆有分布,以沿山脊线分布最多,以呈串珠状排列为主要分布特征,大、中、小型石室土墩的排列间距具有大疏小密的现象。④建石室的石料一般为就地取材的呈片状或条状的砂岩和灰岩,因此石室土墩的分布与山地的基岩性质有直接关系,同时石室土墩的分布又表现为明显的集群现象③。

通过上述遥感考古研究,不仅科学地确定了每个遗址或遗迹的位置、结构及分布规律,同时还发现了多处新的遗址。

(二) 物探考古

自 20 世纪 70 年代后期开始,安徽省滁县地区文物保护科研所在国家文物局的支持下开展了一定规模的实验性研究,如对明中都城遗址拍摄航空照片,对安徽省亳县城南郊的墓葬、北宋东京城遗址等进行电阻率法勘探,这应

---

① 刘建国:《安阳殷墟遥感考古研究》,《考古》1999 年第 7 期,第 69—75 页。
② 吴爱琴、赵红杰、杨瑞霞、刘春迎、郭仰山、王超:《开封市古城址和古河道遥感考古试验研究》,《地域研究与开发》2002 年第 21 卷 3 期,第 85—88 页。
③ 谈三平、刘树人:《太湖地区石室土墩分布规律遥感初步研究》,《东南文化》1990 年第 4 期,第 100—103 页。

该是中国学者将地球物理方法在考古学上应用的开始①。

经过几十年来的工作,取得了一些成果,主要有以下 4 处。

高立兵利用探地雷达方法勘探了陕西省西安市唐大明宫含元殿遗址的夯土基址和承础石以及山东省滕州市前掌大商周墓地的遗迹,结合钻探验证,发现 1959—1960 年发掘的唐大明宫含元殿遗址的两排 20 个础坑下同一水平面的夯土里也埋有同样的承础石;此外,在础坑南 9.2 米处的同一水平的夯土里又发现一排 10 处这样的石块。此外,他也认识到探地雷达的局限,即很难区分前掌大商周墓地早期小型墓葬的填土与周围地层之间的差异,也不易区分陶器、青铜器与砖石的图像等②。

高立兵等还利用电阻率法探测河南商丘地区考古发现的一处东周城址的夯土城墙,发现西城墙和东城墙的视电阻率剖面图显示城墙结构不太对称,他认为对于相对埋藏较浅的城墙,探测的效果好,异常反应明显;同时,地下水位的高低对于夯土城墙的异常形态影响较大③。

张寅生应用差分式磁力仪对安徽省绩溪县北宋瓷窑遗址进行测量,发现一处长方形的磁异常区,特别是在其中心部位的磁场强度比正常值高出许多,由此推测地下是窑体,从而复原出窑体残存长 15 米、宽 2.5 米,窑顶距地表 0.74 米。考古发掘确认其为窑体,原窑体长应大于 8.5 米,平均宽度为 2.2 米,顶面平均埋深为 0.5 米④。

钟建应用垂直梯度磁力仪对青海省民和县喇家遗址进行探测,发现有个地点磁场强度异常,经探铲确认是一个窖穴,发掘出土各种陶器、石器 30 余件。图 2-2 右下方是根据探测数据定位钻探的第一个探孔,稍微偏离了窖穴的口沿,调整后钻探第二个探孔时就发现了这个窖穴⑤。

---

① 刘乐山、朱振文:《试论物探在田野考古工作中的应用》,《文物研究》编辑部编:《文物研究》(第七辑),黄山书社 1991 年版,第 429—434 页。
② 高立兵:《地面透射雷达(GPR)及其在考古中的应用》,《考古》2000 年第 8 期,第 75—86 页。
③ 高立兵、闫永利、底青云:《高密度电阻率法在商丘东周城址考古勘探中的应用》,《考古》2004 年第 7 期,第 72—78 页。
④ 张寅生:《磁法在田野考古勘探中的应用研究》,《考古》2002 年第 7 期,第 59—69 页。
⑤ 钟建:《物探在田野考古勘探中的应用》,中国社会科学院考古研究所考古科技中心编:《科技考古》(第一辑),中国社会科学出版社 2005 年版,第 23—30 页。

图 2-2 青海省民和县喇家遗址窖穴
(引自《科技考古的方法与应用》彩图 2-2-4,稍作修改)

二、思考

多年的工作表明,遥感考古在古代城址的研究中取得了较好的成果,特别是在地表残存一定的城墙、建筑基址等遗迹的情况下,遥感考古从不同的空间角度,利用多种地面信息,运用计算机图像处理技术,对古代城址作全方位的分析和研究,为城址考古提供了科学而合理的依据。物探考古也有一定的收获,其科学性是毋庸置疑的。随着遥感和计算机等相关学科的不断进步,遥感影像的地面分辨率有很大程度的提高,高广谱遥感或多光谱遥感的应用,将使波谱特征更加丰富,遥感设备与图像处理的方式也在更加多样化;随着现代科学技术对物探技术的精确度与分辨率的继续开发,以及激光雷达等遥感技术的推广,其探测性能也会得到进一步的提高。这些技术上的进步,将有助于发挥遥感考古和物探考古在考古中的作用。

与世界上的前沿研究相比,遥感考古和物探考古在中国的应用仍然有很大的差距,主要体现在以下 3 点。

第一，中国的考古遗址具有自己的特性。由于国外很多考古遗址中残存的古代建筑基址、墓葬等都是石质结构，与周围环境中的土壤有很大的差别，可以在遥感影像中产生很大的差异；而中国的考古遗址大多是由夯土构成的，主要埋藏在地下，与周围的土壤没有明显差别，只是在结构上稍微紧密一点，只有在偶然情况下接收的遥感影像中才能产生一些细微差异以供判断。从现有的状况看，似乎自2010年以后就鲜有成果发表，这也从一个侧面反映出在勘探方面要做出真正得到考古研究人员认可的成果，还有一个探索的过程。

第二，加强探索与实践。迄今为止，物探考古取得成功的实例并不多见，真正得到考古研究人员认可的案例则屈指可数，其原因与上述大致相同。同时要指出的是，物探考古更注重于对具体遗迹和遗物的探测，相对而言，其难度更大，如何在各种异常中分辨何为古代人工遗迹和遗物的反映，何为外界环境的干扰，除仪器本身灵敏度的制约之外，各地的自然状况均有特定的限制，需要因地而异、区别对待。

第三，加强与田野考古研究人员的合作与交流。需要特别强调的是，不管遥感和物探设备的技术如何先进，遥感考古和物探考古都是应用于田野考古的技术，在这样的前提下，相关研究人员在开展工作时，与田野考古研究人员的交流与合作是必不可少的，甚至应该说是密不可分的。只有这样，才能在今后长期的实践过程中，不断总结经验，提高分辨的技能，真正取得实质性的进展。

本章小结

遥感考古和物探考古是在不进行考古发掘的前提下，科学地认识和把握地面和地下的考古遗存的形状特征。尽管经过多年的工作，在确认遗址的分布特征和探寻特殊遗迹等方面取得了有价值的成果，但是鉴于现有的条件，要真正发挥遥感考古和物探考古的作用，还需要更多的实践和总结。但有一点可以肯定，随着考古研究的深入和自然科学技术水平的提高，遥感考古和物探考古一定会大有作为。

第三章

测定年代

内容提要 考古学首先要解决的问题是确定各个考古遗址的绝对年代,测定年代的方法可以分为碳十四测定年代和树木年轮定年两种。通过确定每个遗址的绝对年代,可以逐步构建分布在不同地区的考古学文化和类型的时间框架,为开展考古学中各个文化、类型、遗址及各种文化现象的比较研究确立一个统一的时间标尺。

第一节 原理和方法

新石器时代考古、夏商周考古和历史时期考古研究中测定年代的方法主要有两种,即碳十四(^{14}C)测年法和树木年轮定年法。碳十四测年法是依据^{14}C的放射性特征,采集古代遗址中出土的含碳样品,对其中的含量进行测定,并通过碳十三(^{13}C)检验、树轮校正和系列样品拟合研究等,最后得到高精度的日历年代数据,判定遗址、具体文化层或遗物的绝对年代。树木年轮定年法是通过对某一气候区特定树木的年轮进行分析和研究,建立长序列的树木年轮年表,对这个地区考古遗址中出土的同类树种的木质遗物进行精确的定年,为确定遗址和遗物的年代提供参考依据。以下对碳十四测定年代和树木年轮定年分别予以阐述。

一、碳十四测定年代

碳十四测定年代是考古学中最主要的确定绝对年代的方法，即通过在考古遗址中采集动植物遗存、含碳沉积物或其他含碳物质，测定生物体的死亡或沉积物的形成年代，以此推测考古遗址存在的绝对年代。从理论上讲，碳十四测定年代的可测范围达到距今 50 000 年左右，目前树轮校正的范围只能达到距今 20 000 年左右。中国考古遗址中应用碳十四测定年代较多的实例集中在新石器时代和夏商周时期。

（一）原理

碳十四测定年代的最基本原理是放射性元素 ^{14}C 的衰变规律。在高空大气中，宇宙射线中的中子、氮相互作用生成具有放射性特征的 ^{14}C 原子，^{14}C 原子与氧结合生成二氧化碳，二氧化碳通过大气气流的运动在大气层中扩散。植物通过光合作用吸收二氧化碳而生长，动物和人直接或间接地食用植物而生存，因此，从陆地、江、河、湖泊到海洋中存在的整个生物界都处于与大气的交换状态，都含有放射性 ^{14}C。而死亡的动植物遗存及由其腐烂后发育形成的土壤、淤泥和泥炭等，在其放射性 ^{14}C 衰变结束之前，也带有放射性 ^{14}C。由于自然界中碳的交换循环相当快，活体生物内的放射性 ^{14}C 浓度总是处于一个交换平衡的状态，生存于各个地区的各种生物的放射性 ^{14}C 浓度基本上是一致的。生物死亡后，其放射性 ^{14}C 与外界脱离了交换状态，即放射性 ^{14}C 得不到补充，这样，原来拥有的放射性 ^{14}C 浓度会按照衰变规律逐步降低，即每经过一个半衰期，浓度就降低一半。目前，国际上采用 5 730 年为 ^{14}C 的半衰期。而时间愈久远，^{14}C 的浓度就愈低。因此，采集考古遗址出土的动植物遗存或其他含碳物质，通过测量获得其 ^{14}C 浓度，再与活体的 ^{14}C 浓度进行比较，即可得知其死亡的时间。这里要强调的是，依据将今论古的原则，活体的 ^{14}C 浓度是依据对现今生物的测定而制定的。因为生物自死亡后 50 000 年左右，^{14}C 浓度衰变至极低，会影响测量的准确性，因此，碳十四测定年代的范围大致界定在距今 50 000 年左右。

（二）方法

自 20 世纪 50 年代碳十四测定年代的方法建立以后，多年来一直使用常规碳十四测定年代的方法进行测年。中国社会科学院考古研究所科技考古中心碳十四实验室使用的常规方法是液体闪烁计数法，这种方法是将样品制备成液体苯，通过闪烁体将衰变能转换成光能，经由光电倍增管对 ^{14}C 衰变信号进行放大，以获取 β 电子的计数，从而测定年代。这种方法的特点是稳定性好，抗污染能力强，但是所需样品量较大，测试时间较长。

自 21 世纪以来，加速器质谱（简称 AMS）计数法逐渐成为测定年代最为主流的方法，一般称为加速器质谱碳十四（AMS-^{14}C）测年，国内外现在都通用。这种方法通过将样品制备成石墨，引入加速器离子源，电离后将其加速到高能，再应用电荷剥离技术、射程过滤技术等，最终实现对 ^{14}C 粒子的计数以测定年代。其测量精度已经达到与常规碳十四测定年代同样的水平。这种方法还有两个优点：(1) 需要的样品量非常小，如重量为 1～2 毫克左右的植物种子即可以满足测定年代的需要，是常规 ^{14}C 样品量的千分之一；(2) 制样和测量的时间短，正常状态下整体耗时在 3 个月之内。

碳十四测定年代的过程可以分为以下 4 个步骤：

第一，采集样品。在采集测年样品时，一定要注意采集方法的科学性和信息记录的全面性。尽管一般而言，碳十四测定年代的样品包括保存状态尚可的人骨、动植物遗存和其他含碳物质，但是年龄为 1 岁左右的动物遗存、1 年生的农作物遗存等应该是最佳的选择对象。对一个遗址进行年代测定需要选取多少样品是没有定规的，一般同时期的不超过 3 个，并不要求多多益善。如果要对一处可以分为几个时期的遗址进行年代测定，应该把每个时期作为一个单位，选择各个时期，尤其是有打破关系的遗迹单位出土的测年样品进行测年，由此获得系列的年代结果，这样可以进一步提升该遗址各个时期的绝对年代的可信度。具体采样方法可参考国家文物局颁布的《田野考古碳十四测年样品采集方法》[①]。

[①] 中华人民共和国文物局编（吴小红、陈建立、潘岩、杨颖亮著）：《田野考古碳十四样品采集方法》，文物出版社 2012 年版。

第二，制备样品。对测年样品进行制备的过程包括去除表面污染物、沉积过程中引入腐殖酸等，对骨骼样品要先提取其中的骨胶原，再水解为明胶，然后制备为固体的石墨，在整个制备过程中要注意防止碳污染。

第三，测量样品。通过加速器质谱仪对样品进行 ^{14}C，^{13}C 和 ^{12}C 含量的测量，获得数据，再通过 ^{14}C，^{13}C 和 ^{12}C 之间的比值计算年代及其误差。

第四，数据处理及树轮校正。碳十四测定年代的方法是 20 世纪 50 年代确立的，当时计算碳十四年代所用的半衰期是 5 568 年。到 20 世纪 60 年代初，进一步确认更为精确的半衰期为 5 730 年。因为已经应用 5 568 年这个半衰期值计算了大量的碳十四数据，所以，国际考古界基本上仍然沿用这个半衰期值。在中国计算碳十四年代时，5 568 年和 5 730 年这两个半衰期值都使用过，目前使用较多的是 5 568 年这个半衰期值。

因为半衰期不同，计算所得的年代也不同。任何一个碳十四实验室给出的未经树轮校正的碳十四年代，均注明使用了哪个半衰期。而如果是经过树轮校正的碳十四年代，就不需要考虑半衰期的问题。因为树轮校正是通过计算机程序完成的，现在通用的计算机校正一般都使用 5 568 年这个半衰期值进行校正。树轮校正曲线的精度在逐步提高，其树轮校正的程序也经过数次升级。这里要注意的是，如果要科学地使用以往获得的碳十四年代数据，则需要把以往获得的未经树轮校正的数据输入新的程序进行树轮校正，此时一定要注意当时应用的是哪个半衰期值：如果使用的是 5 568 年这个半衰期值，则可以直接输入进行计算；如果使用的是 5 730 年这个半衰期值，则要先进行转换，将数据除以 1.03，然后再输入程序进行树轮校正。

进行树轮校正的目的是因为现代活体的 ^{14}C 浓度与以往每年的 ^{14}C 浓度并非是完全对应的。大气的 ^{14}C 浓度由于受到地磁场、太阳黑子等多种因素的影响，会产生一定的变化。每年大气中 ^{14}C 浓度的状况都会被当年生长的树木年轮记录下来。国际碳十四界组织科学家选取同一气候区同一树种的树木，数清其树木年轮，并依据树轮生物特征，将不同年代的树木相互连接，由近及远建立起长时段的树轮年代，然后取树轮的木质作碳十四测年，以碳十四年代为纵坐标、以树轮年代为横坐标建立坐标图，即可依据所测的年代绘制出碳十四树轮年代校正曲线。国际碳十四树轮年代校正曲线于 20 世纪 60 年代绘就，后来几经完善，其精度不断提高，年代也逐步向前延伸，目前已达到距今 20 000 年前后。任何实验室测得的碳十四年代通过树轮年代校正曲线校正后,基本上就可以消除所有的干扰,转换为日历年代。国际上通用的几种校正软件程序中,中国常用的是牛津大学加速器碳十四实验室开发的 OxCal 树轮校正程序,该程序可从网上直接下载,网址为 http://c14.arch.ox.ac.uk/,应用非常方便①。

碳十四实验室发表的碳十四年代数据都标出了年代误差,以"±"号来表示,这是统计学上的标准偏差,是通过对测量数据的统计处理得到的,表明由制备到测量这个碳十四测年过程中的不确定性。以浙江省杭州市良渚遗址出土炭化植物种子的碳十四年代测定结果为例,其碳十四年代为距今 5 405±40 年(也可表示为 5 405±40BP,这个距今是距 1950 年的时间),校正日历年后,其日历年 1σ(1 个标准偏差,即±40 年,其概率为 68.2%)的年代范围为公元前 4328—前 4243 年;其日历年 2σ(2 个标准偏差,即±80 年,其概率为 95.4%)的年代范围有 4 个,即公元前 4346—前 4226 年的概率为 83.1%;公元前 4204—前 4164 年的概率为 8%;公元前 4129—前 4114 年的概率为 1.5%;公元前 4098—前 4074 年的概率为 2.8%(见图 3-1)。一般而言,在同一

样品	样品原编号	碳十四年代(BP)	树轮校正后年代	
			1σ(68.2%)	2σ(95.4%)
炭化植物	T4917⑦	5 405±40	4328BC(68.2%)4243BC	4346BC(83.1%)4226BC 4204BC(8.0%)4164BC 4129BC(1.5%)4114BC 4098BC(2.8%)4074BC

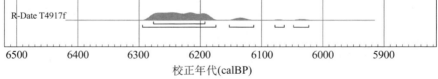

图 3-1 浙江省杭州市良渚遗址炭化植物的碳十四年代测定
(北京大学考古文博学院吴小红教授提供,稍作修改)

---

① 仇士华、陈铁梅、蔡莲珍:《中国¹⁴C 年代学研究》,科学出版社 1990 年版。陈铁梅:《科技考古学》,北京大学出版社 2008 年版。张雪莲:《碳十四测年》,中国社会科学院考古研究所:《科技考古的方法与应用》,文物出版社 2012 年版,第 26—36 页。

个标准偏差范围内,哪个数据的概率越高,其可能性也越大,但这也不是绝对的,要具体情况具体分析。最为科学的认识是借助不同时期,尤其是有打破关系的遗迹单位出土的多个测年样品进行测年,由此获得系列的年代结果,从早到晚依次排列,这样可以提升具体数据的可信度。

碳十四年代数据中往往有英文字母,其中"Cal."是 Calibrated 这个英文单词的缩写,即日历年的意思;"BC"是 Before Christ 这个英文词组的缩写,即公元前的意思;"BP"是 Before Present 这个英文词组的缩写,即距今的意思。这里要注意的是,从严格的意义上说,按照国际碳十四界的惯例,距今多少年是以 1950 年为界的,即到 1950 年为止是距今多少年。1950 年至今,又是 60 多年过去了,如果把现在的年份加上公元前的年份,得出距今多少年的认识,也是一种表达方式,但是其与"BP"的概念是完全不同的。

二、树木年轮定年

树木年轮定年就是确定树木年轮的时间顺序,其可以精确到年,甚至到某个季节。在特定地区的考古研究中,可以借助这个方法较为准确地判定木质遗物的年代。

(一)原理

树木树干的形成层每年都有生长活动,春季形成层细胞分裂快,个大壁薄,材质疏松而色浅,称为春材;由夏季到秋季,形成层的活动渐次减低,细胞分裂和生长渐慢,个小壁厚,材质致密而色深,称为秋材。树木的年轮就是树干横截面上木质疏密相间的同心圆圈。每一个年轮的宽度包括当年的春材和秋材。多数温带树种一年形成一个年轮,因此,年轮的数目表示树龄的多少,年轮的宽窄则与相应生长年份的气候条件密切相关。在干旱年份树木生长缓慢,年轮就窄;在湿润年份树木生长较快,年轮就宽。同一气候区内同种树木的不同个体,在同一时期内年轮的宽窄变化规律是一致的,因此,同种树木的不同个体之间能够交叉定年,这就是树轮定年的原理。如果一段树干内层的一段年轮图谱同另一段树干外层的年轮图谱一致,就说明二者有过共同的生长期,生长年代能够相互衔接。以现生树木或已知砍伐年代的树木样本为时间基点,年代早一些的样本与这个时间基点的样本有一部分年轮图谱重叠,它们就可以衔接,多个整体上时间早晚不同、但是部分年轮重叠的同一树种的样本能够持续衔接下去,由此建立长序列的树木年轮年表(图 3-2)。目前中国年代序列最长的树轮样本为青海地区的柏树年代序列,从公元 2010 年一直到公元前 1500 年①。

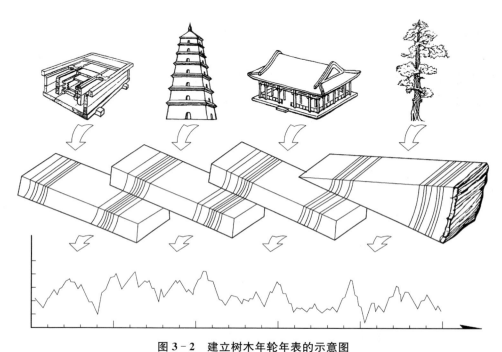

图 3-2　建立树木年轮年表的示意图

(引自《科技考古的方法与应用》图 3-2-1,稍作修改)

一旦建立了长序列的树木年轮年表,就可以对处于这个年表中的未知年代的木材进行定年了。从考古遗存中取到木材样本,首先对该样本进行树轮分析,建立其树轮图谱,然后再将该树轮图谱与已建立的标准年轮图谱进行比对。如果该木材样本与已建立的合成年轮年表的木材树种相同,又来自同一气候区,那么,根据树轮定年原理,可以找到唯一的重合位置,从而确定其绝对年代。

---

① 王树芝:《树木年代学研究进展》,《考古》2001 年第 7 期,第 47—54 页。

树木年轮定年有特定的前提,即考古遗址中出土的木材样本与已经建立的长序列的树木年轮年表是属于同一气候区的,同时,其树种是同样的。如果超出这个前提的范围,其定年的科学性是要受到质疑的。

(二)方法

树木年轮定年分为采样和定年两个步骤。

第一,获得现代或古代的木材样本。在选取现代的活树样本时,尽量以人为干扰少,仅受温度或降雨单个气候因素制约,生长在干旱、半干旱地区,生长条件较差的林缘木和孤立木等为先决条件。在选取古代树木或木材样本时,凡是年轮数超过 100 轮的古树或考古遗址出土的木材均可入选。因为树木存在年轮缺失和假生长轮的可能性,因此,对活树取样的数量要求一般为 20 棵左右,且每棵树上取两个样本。对于古代树木或木材样本则强调尽可能多取,至少做到每个样本取两个样。潮湿或干燥的木材样本均不影响定年,不是取样的先决条件。

树盘是最好的树木年轮定年样本。如果条件许可,可用油锯切割 2～3 厘米厚的树盘;如果不行,则可应用直径不超过 5 毫米的生长锥取活树、古树或古代木材的生长芯。注意保存树皮或完整的边材,有髓心的还要保留髓心。

采集样本时要按照规定做好记录。

第二,定年。首先对样品表面进行打磨或把样品加工出一个新的表面;再由样品的髓心向树皮方向,每隔 10 年、50 年、100 年标上不同的标记;然后采用美国亚利桑那大学树木年轮研究实验室的骨架示意图方法对树木年轮进行定年,即将树轮宽度序列中的窄轮作为序列之"骨",识别后即以竖线的长短形式标注在坐标纸上。如果所视年轮比其两侧相邻的年轮相对愈窄,在坐标纸相应的年份位置上标注的竖线就愈长,而平均宽度的年轮不标出,以空白表示,极宽的年轮以字母 W 标注。以此方法在坐标纸上标记出的窄轮分布状况被视为实际轮宽变化的"骨架",这个图就是骨架示意图。一般每个样本取两个样,每个样上各画一个骨架示意图;再把同一样本的两个骨架示意图进行交叉定年,补充缺失的年轮,直到所有样本的年轮数量准确无误为止。

由于活树的最外层年轮的年代是已知的,而通过定年确认的各个样本的年轮数量准确无误,这样就能不断拼接同一种树木的生长年代。如果古代木材样本的骨架示意图与现代样本的骨架示意图重叠,那么就能确定古代木材样本的绝对年代。考古遗址出土的木材样本的年代下限,就是这个遗址的年代上限[①]。

第二节 研究与思考

这里首先阐述碳十四测定年代和树木年轮定年的成果,而后进行讨论。

一、成果

(一) 碳十四测定年代

1959年,当时还隶属于中国科学院的考古研究所就由仇士华和蔡莲珍开始筹建碳十四测定年代实验室,1965年测出第一批数据。到现在为止,共出版《中国^{14}C年代学研究》《中国考古学中碳十四年代数据集》《^{14}C测年及科技考古论集》《夏商周断代工程1996—2000年阶段成果报告(简本)》《^{14}C测年与中国考古年代学研究》等5部专著。此外,该实验室自1972年在《考古》上发表碳十四测定年代报告以来,到2015年为止一共发表了41篇报告。另外,北京大学考古系曾经发表了10篇碳十四测定年代报告,文物保护科学技术研究所也曾经发表了6篇碳十四测定年代报告[②]。

碳十四测定年代的成果主要表现在以下5个方面。

1. 理论和方法上的探讨

仇士华等全面、系统地阐述碳十四测定年代的基本原理及发展概况,如^{14}C样品的采集、制备、测量的实验技术,碳十四测定年代方法的误差分析等;

---

① 王树芝:《树木年轮定年》,中国社会科学院考古研究所:《科技考古的方法与应用》,文物出版社2012年版,第37—44页。
② 袁靖:《中国科技考古六十年》,刘庆柱主编:《中国考古60年》,文物出版社2009年版,第425—466页。

而且还不断在方法论上有所创新,如在"夏商周断代工程"和"中华文明探源工程"的实施过程中,尝试着采用层位连续的系列样品的年代学数据,同树轮校正曲线作匹配拟合,获取样品的日历年代,努力缩小误差①。北京大学考古文博学院于 20 世纪 90 年代初在常规碳十四实验室的基础上,与北京大学重离子物理研究所共建了加速器质谱碳十四测定年代实验室,其合作测定的碳十四年代数据在国际碳十四测定年代数据比对中名列前茅②。另外,中国科学院地球环境研究所于 21 世纪初建立加速器质谱碳十四测定年代实验室,其测定的碳十四年代数据在国际数据比对中同样名列前茅。由此证明,以世界一流的水平来衡量,这两家实验室测定的年代均具有很高的科学性和权威性。

2. 建立了新石器时代年代学的谱系

通过对众多考古遗址出土的样品进行碳十四测定年代,大致构建起中国新石器时代的年代框架。夏鼐在 20 世纪 70 年代首次对其做过系统的归纳:整个中原地区仰韶文化的年代约为公元前 5000—前 3000 年;整个河南龙山文化(包括早、晚两种类型)的年代约为公元前 2800—前 2300 年;甘肃地区仰韶文化(包括马家窑、半山和马厂 3 个类型)的年代约为公元前 3000—前 2200 年;山东龙山文化的年代约为公元前 2400—前 2000 年;长江下游的马家浜文化和良渚文化的年代分别约为公元前 4750—前 3700 年和前 3300—前 2250 年③。仇士华在此基础上继续补充,同时指出这个年代框架的特点是以中原地区、山东地区、黄河上游甘青地区、长江中游汉水流域、太湖平原和杭州湾地区的考古年代序列比较完整细

---

① 仇士华主编:《中国 ^{14}C 年代学研究》,科学出版社 1990 年版。仇士华:《夏商周断代工程的碳十四断代方法》,《中国文物报》1996 年 10 月 20 日。吴小红:《中国文明起源研究的新进展》,《中国文物报》2007 年 12 月 21 日。
② 陈铁梅:《加速器质谱碳十四测年在考古研究中的应用》,《考古与文物》1990 年第 2 期,第 100—106 页。郭之虞、李坤、刘克新、鲁向阳、李斌、汪建军、陈铁梅、原思训、高世君、袁敬琳、钱伟述、陈佳洱:《北京大学加速器质谱计研究与应用进展》,《自然科学进展》1995 年第 5 期,第 513—516 页。吴小红:《北京大学碳十四年代测定研究》,《中国文化遗产》2004 年(秋季号),第 22 页。刘克新、丁杏芳、傅东坡、潘岩、吴小红、周力平、郭之虞:《北京大学 AMS ^{14}C 国际比对样品测量》,《第四纪研究》2007 年第 27 卷第 3 期,第 469—473 页。
③ 夏鼐:《碳-14 测定年代和中国史前考古学》,《考古》1977 年 4 期,第 217—232 页。

致,而内蒙古东部及东北地区、华南地区的年代框架也初步建立起来[①]。新石器时代年代框架的建立,为推动考古学研究按照统一的时间标准进行横向和纵向的文化比较奠定了科学的基础。

进入21世纪后,这个年代框架随着测定众多遗址的碳十四年代数据,得以不断补充、调整和完善,现在,新石器时代的年代框架按照地区划分,大致分为如下11个地区:

(1) 东北和内蒙古中南部地区

新开流文化约为公元前4000年前后,左家山文化约为公元前4000—前3000年,昂昂溪文化约为公元前4000—前3000年,红山文化约为公元前4500—前3000年,内蒙古中南部地区的仰韶文化和海生不浪文化约为公元前3300—前2800年,赵宝沟文化约为公元前5200—前4400年,新乐文化约为公元前5000—前4000年,辽东半岛的小珠山下层文化约为公元前4500—前4000年,小珠山中层文化约为公元前3500—前3000年,小珠山上层文化约为公元前2200—前2000年。后洼上层文化约为公元前4000—前3500年,燕山南麓的上宅文化约为公元前5000—前4700年,内蒙古中南部的阿善文化约为公元前2800—前2500年,老虎山文化约为公元前2500—前2300年,辽西地区的小河沿文化约为公元前3500—前2600年,辽河平原的偏堡子文化遗存约为公元前3000—前2500年,牡丹江流域和吉林延边地区的莺歌岭下层遗存约为公元前3000—前2000年。

(2) 华北地区

河北省保定市南庄头遗址约为距今10 500年到9 700年,北京市转年遗址约为距今1万年前后,北京市东胡林遗址约为距今10 000年到9 000年、省阳原县于家沟遗址约为距今11 000年。

(3) 黄河上游地区

石岭下类型约为公元前3500—前3300年,马家窑类型约为公元前3300—前2800年,半山类型约为公元前2800—前2400年,马厂类型约为公元前2400—前2000年,齐家文化约为公元前2200年—前1600年。

---

① 仇士华、蔡莲珍:《科技方法在考古学上的应用》,中国考古学会编:《中国考古学年鉴(1990年)》,文物出版社1991年版,第124—139页。

（4）黄河中游地区

半坡类型约为公元前5000—前3900年,史家类型约为公元前4200—前3800年,庙底沟类型约为公元前4000—前3100年,西王村类型约为公元前3600—前2900年,后冈一期类型约为公元前4400—前4000年,大司空类型约为公元前3100—前2700年,大河村类型约为公元前3900—前2900年,下王岗类型约为公元前4600—前2700年,庙底沟二期文化约为公元前2900—前2400年,客省庄文化约为公元前2600—前2000年,王湾三期文化约为公元前2500—前1900年,后冈二期文化约为公元前2600—前2000年,陶寺文化约为公元前2400—前1900年。

（5）黄河下游地区

北辛文化约为公元前5400—前4200年,大汶口文化早期约为公元前4100—前3500年,中期约为前3500—前3000年,晚期约为公元前3000—前2600年,山东龙山文化约为公元前2600—前2000年。

（6）西藏地区

卡若文化约为公元前3300—前2300年,曲贡文化约为公元前2000—前1500年。

（7）长江上游地区

宝墩文化约为公元前2800—前2000年,云南省洱海周围的白羊村文化遗存约为公元前2000年前后。

（8）长江中游地区

江西省万年县仙人洞遗址和吊桶环遗址约为距今12 000年到8 000年、湖南省道县玉蟾岩遗址约为距今9 800年到8 000年,大溪文化约为公元前4400—前3300年,皂市下层、汤家岗、高庙等文化约为公元前4000年左右,屈家岭文化约为公元前3300—前2600年,赣江流域的新余拾年山第一期文化约为公元前3000年,石家河文化约为公元前2600—前1900年。

（9）长江下游地区

河姆渡文化约为公元前5000—前4000年,马家浜文化约为公元前5000—前3900年,崧泽文化约为公元前3900—前3300年,良渚文化约为公元前3300—前2300年,广富林文化约为公元前2000年前后。

(10) 江淮地区

双墩文化约为公元前 5300—前 4500 年,凌家滩文化约为公元前 3600—前 3300 年,薛家岗文化约为公元前 3500—前 2800 年,龙虬庄文化约为公元前 4600—前 3000 年。

(11) 华南地区

广西壮族自治区桂林市甑皮岩遗址约为公元前 10000—前 5000 年,顶蛳山文化(顶蛳山一期)约为公元前 8000 年;广东省英德市牛栏洞遗址第一期约为公元前 10000—前 9000 年,第二期约为公元前 9000—前 8000 年,第三期前段约为前 8000—前 7000 年,第三期后端约为前 7000—前 6000 年;粤北地区的石峡文化公元前 3000—前 2000 年;珠江三角洲地区的咸头岭文化约为公元前 5000—前 3000 年;涌浪文化约为公元前 3000—前 2000 年;闽台地区的壳坵头文化约为公元前 4000—前 3500 年;昙石山文化约为公元前 3000—前 2000 年;牛鼻山文化约为公元前 3000—前 2000 年;圆山文化约为公元前 2500—前 1000 年;芝山岩文化约为公元前 2000—前 1500 年[①]。

3. 新石器时代具体遗址的重要成果

吴小红等通过对江西省万年县仙人洞遗址和湖南省道县玉蟾岩遗址的碳十四测年研究,确认仙人洞遗址的年代为距今 20 000—19 000 年,玉蟾岩遗址陶片的年代为距今 18 000 年到 17 000 年[②]。北京大学考古文博学院和河南省文物考古研究所合作,明确提出王城岗龙山文化前期年代上限应不早于公元前 2200—前 2130 年,下限应不晚于公元前 2100—前 2055 年,王城岗龙山文化后期年代上限应不早于公元前 2130—前 2075 年,下限应不晚于公元

---

① 朱乃诚:《中国新石器时代考古研究》,刘庆柱主编:《中国考古 60 年》,文物出版社 2009 年版,第 94—195 页。张雪莲、仇士华、钟建、卢雪峰、赵新平、樊温泉、李新伟、马萧林、张翔宇、郭永琪:《仰韶文化年代讨论》,《考古》2013 年第 11 期,第 84—104 页。

② 吴小红、张弛、[美]保罗·格德伯格、[美]大卫·科恩、潘岩、[美]蒂娜·阿平、[美]欧弗·巴尔-约瑟夫:《江西仙人洞遗址两万年前陶器的年代研究》,《南方文物》2012 年第 3 期,第 1—6 页。吴小红、[以]伊丽莎贝塔·博阿雷托、袁家荣、[美]欧弗·巴尔-约瑟夫、潘岩、曲彤丽、刘克新、丁杏芳、李水城、顾海滨、[美]韦琪·居、[美]大卫·科恩、[美]天朗·娇、[美]保罗·格德伯格、[以]史蒂夫·韦纳:《湖南道县玉蟾岩遗址早期陶器及其地层堆积的碳十四年代研究》,《南方文物》2012 年第 3 期,第 7—15 页,第 6 页。

前 1885—前 1835 年①。张雪莲等通过年代测定研究并作数据拟合，认为青海省民和县喇家遗址中齐家文化早期的年代约为公元前 2300—前 2000 年，齐家文化晚期的年代约为公元前 1900 年左右②。这些年代数据均属于关键时间节点，尤其是对于仙人洞遗址和玉蟾岩遗址的测年结果，对于研究新旧石器转变期具有极为重要的时间标杆意义，其他几个遗址的关键数据也具有重要的参考价值。

4. 长系列年代分析

张雪莲等将王城岗—新砦—二里头作为一个长系列进行分析，由此推断新砦的年代应在公元前 1870—前 1720 间，并将二里头遗址的起始年代更推延到公元前 1735 年，即二里头遗址的起始年代不会早于公元前 1800 年③。

5. 夏商周时期的年代研究

通过夏商周断代工程的研究，初步提出了商代后期自盘庚迁殷到西周共和元年近 500 年里各个王在位的时间、商代前期自汤到阳甲 300 年里比较详细的年代框架、公元前 2070 年至公元前 1600 年夏代的基本年代框架。另外，初步推定周武王克商的时间为公元前 1046 年④。

（二）树木年轮定年

王树芝对青海省都兰县热水古墓群的 45 个祁连圆柏木材样本进行树木年轮定年研究，这是对考古遗址出土的木材进行树木年轮定年研究最早的实例⑤。

---

① 北京大学考古文博学院、河南省文物考古研究所：《登封王城岗考古发现与研究（2002—2005）》，大象出版社 2007 年版，第 776—784 页。
② 张雪莲、叶茂林、仇士华、钟建：《民和喇家遗址碳十四测年及初步分析》，《考古》2014 年第 11 期，第 91—104 页。
③ 张雪莲、仇士华、蔡莲珍、薄官成、王金霞、钟建：《新砦-二里头-二里岗文化考古年代序列的建立和完善》，《考古》2007 年第 8 期，第 74—89 页。
④ 夏商周断代工程专家组：《夏商周断代工程 1996—2000 年阶段成果报告（简本）》，世界图书出版公司 2000 年版。
⑤ 王树芝：《青海都兰地区公元前 515 年以来的树木年轮年表的建立及应用》，《考古与文物》2004 年第 6 期，第 45—50 页。

树木年轮定年的成果主要表现在以下两个方面。

1. 建立树木年轮年表

利用严格的交叉定年工作程序对 45 个热水古墓群的样本进行定年,用树轮宽度测量仪进行年轮宽度的测量,建立了跨度为 1 316 年的浮动年轮年表,再将此浮动年表与康兴成等建立的青海省都兰县鄂拉山地区长达 1 835 年(公元 159—1993 年)的活树年轮年表进行交叉定年,二者重叠 641 年(公元 159—800 年),即有 641 年的共同生长期,经显著性测验,达到了 0.99 的显著水平,使热水古墓群 1 316 年的古代浮动年轮年表变为绝对年轮年表,即从公元前 515 年到公元 800 年。

2. 热水古墓群的编年

通过对热水古墓群中带有髓心和完好树皮的 7 个样本的年轮图谱分别与古代年轮年表按照交叉定年程序进行交叉定年,由于有的圆柏有用斧头加工的痕迹,木材表面有清晰可见的木材纹理、结构和花纹。存在这些现象说明当时加工的是湿的、新鲜的木头,也就是说木材是现伐现用的,所以树木砍伐的年代极可能是墓葬的建立年代。由此确定 10 号墓葬的建立年代为 611 年,21 号墓葬的建立年代为 685 年,14 号墓葬的建立年代为 691 年,19 号墓葬的建立年代为 713 年,3 号墓葬的建立年代为 732 年,23 号墓葬的建立年代为 753 年,8 号墓葬的建立年代为 784 年[①]。

二、思考

测定遗址的绝对年代对于考古学研究具有重大意义,夏鼐当年努力推动中国考古学界碳十四测定年代实验室的建设,实现对考古遗址进行碳十四测定年代及确立考古学文化类型年代范围的科学化。从上述的具体研究成果中可以看出,现在已经构建起来的中国新石器时代的年代框架及对夏商周时

---

① 王树芝:《树木年轮定年》,中国社会科学院考古研究所:《科技考古的方法与应用》,文物出版社 2012 年版,第 37—44 页。

期相关遗址的测定年代结果是深入开展考古学研究的有力支撑,碳十四测定年代的重要作用将在今后的考古学研究中继续充分发挥出来。而树木年轮定年的工作适应国际考古学界发展的趋势,彰显了中国科技考古在年代学方面的全方位研究,同样意义重大。

但是年代学的研究尚有4点有待完善之处。

第一,现在全国各个时期的年代框架还缺乏科学地整合。中原地区新石器时代的年代系列出现新的变化,比如龙山文化绝对年代的下限已经晚于公元前2000年。全面、系统地认识其他地区考古学文化的年代框架系列还需要有目的、有计划地开展工作,并在此基础上重新构建更加客观的年代框架。

第二,加强对二里头遗址年代的研究。自20世纪70年代末对二里头遗址开展碳十四测定年代以来,已经过去将近40年了,但是我们迄今为止除了大致认定二里头遗址起始和结束的年代之外,还不能对二里头文化从第一期至第四期各个时期的绝对年代给出一个初步的结果,这样的现状是很不理想的。反省对二里头遗址碳十四测定年代的研究过程,有两点认识必须引起我们的高度重视。其一,应该对碳十四测定年代标本的材质有统一的要求。纵观已经公布的大量二里头遗址测定年代数据的标本,有人骨、兽骨、木炭和植物种子等,标本的材质不尽相同。以现在的科学标准来衡量,炭化的一年生小米种子、年龄为1岁左右的家猪骨骼都是相当理想的测定年代的对象,这些标本在二里头遗址大量出土,如果做好科学的设计,有针对性地开展采样、测定和研究,其结果应该是比较理想的。其二,碳十四测定年代研究并非完全由测定年代的科研人员单独完成,必须跟考古研究人员和从事动植物考古研究的相关人员加强沟通,以保证研究工作的科学性和高效率。

第三,考古研究人员应该能够看懂碳十四测定年代的报告。考古研究人员要理解碳十四测定年代报告中各种英语字母缩写的含义,掌握根据原始数据进行树木年轮校正的基本方法,正确应用碳十四测定年代的成果。我们必须牢记碳十四测定年代显示的"距今"仅仅计算到1950年,而不是我们现在的年代,这个"距今"跟我们现在的年代已经有近70年的差距了。

第四,全面拓展树木年轮定年的研究。我们应该客观地意识到,当前树木年轮定年的应用范围十分有限,尚局限在青海地区,这意味着今后的基础工作尚需进一步加强。我们要一个气候区、一个气候区地建立相应的树轮年表,尝试着为考古遗址出土的木质文物进行精确定年提供科学的依据。

本章小结　测定年代的方法可以分为碳十四测定年代和树木年轮定年两种。当前中国的碳十四测定年代的方法主要应用于新石器时代考古和夏商周时期考古,树木年轮定年的研究主要应用于青海地区古代墓葬的研究,二者通过确定统一的年代框架,为考古学的比较研究和综合研究奠定了科学的基础。测定年代的研究已经取得了重要的成果,但是面对中国考古学界研究人员的希望,还需要在研究战略的确立、研究对象标准的统一、研究成果的应用等方面进行认真的思考和持之不懈的努力。

第四章

古 DNA 研究

内容提要 古 DNA 研究是通过从古代生物遗存中获取 DNA 序列并进行分析,认识古代生物的种属、谱系、体质、生理和病理等,用分子生物学的证据探讨考古学的具体问题。

第一节 原理和方法

古 DNA 研究利用分子生物学技术,从古代生物遗存中获取 DNA 序列,然后运用群体遗传学和生物信息学等分析方法,研究古代生物的谱系、分子演化理论、人类的起源和迁徙、动植物的家养和驯化过程等①。20 余年来,随着古 DNA 实验技术不断进步,分子克隆、PCR 和高通量测序技术分别引领了古 DNA 研究的 3 次革命,极大地推动了该研究领域的发展。

一、原理

古 DNA 是指残存在古代生物遗骸中的遗传物质,包括古代人类、动植物

---

① 蔡大伟主编:《分子考古学导论》,科学出版社 2008 年版,第 1—84、181—201 页。

和微生物等的 DNA。根据标本的物理特性，古 DNA 研究材料可分为软组织（包括皮肤、毛发等）、硬组织（牙齿和骨骼）。古 DNA 具有含量极低、高度降解、广泛损伤等特点。一般认为，低温、干燥、中性或弱碱性埋藏环境有利于 DNA 的保存。古 DNA 的研究主要涉及古生物的线粒体 DNA、Y 染色体 DNA 和常染色体 DNA 等。线粒体 DNA 具有母系遗传、高突变率、拷贝数多、分子结构简单等特点，所以被广泛地应用于古 DNA 研究中。相比线粒体 DNA，Y 染色体 DNA 亦不发生重组，呈严格的父系遗传，但其非重组区有 30M 的区域，可以包含更多的遗传标记，用于记录群体历史的信息。Y 染色体的这些特点使其成为研究父系群体历史的最有效的工具。相比线粒体和 Y 染色体只能提供母系和父系群体历史信息，常染色体 DNA 蕴含着祖先群体的全部历史信息，因此，开展包括线粒体、核 DNA（性染色体和常染色体）在内的全基因组测序是目前古 DNA 研究中的前沿领域。

　　古 DNA 研究的理论基础是分子系统学和群体遗传学。分子系统学是指通过对生物大分子（蛋白质、核酸等）的结构、功能等的进化研究，来阐明生物各类群（包括已绝灭的生物类群）间的谱系发生关系。相对于经典的形态系统分类研究，由于生物大分子本身就是遗传信息的载体，含有庞大的信息量，且趋同效应弱，因而其结论更具可比性和客观性。分子系统学研究的主要方法是根据分子生物学数据构建生物类群的谱系发生树，在分子水平上对生物进行遗传多样性、系统发育和进化等方面的研究。系统发育分析主要是通过构建 DNA 系统发育树揭示古代群体和现代群体的关系。系统发育树由结点和进化分支组成，每一结点表示一个分类学单元（属、种群、个体等），进化分支定义了分类单元（祖先与后代）之间的关系，一个分支只能连接两个相邻的结点。进化树分支的图像称为进化的拓扑结构，其中分支长度表示该分支进化过程中变化的程度，分支长度越短，表明亲缘关系越近，从而可以在分子水平上探讨群体进化规律。

　　群体遗传学研究群体的遗传结构及其变化规律，是一门定量的研究生物进化机制的遗传学分支学科。群体中各种基因型的频率是变化的，基因突变、自然选择、遗传漂变、群体迁移是造成基因频率变化的主要原因。其中，基因突变是指基因发生突变，突变基因在群体中固定下来需要很长的时间。自然选择即环境对变异的选择，是一个保存有利变异和淘汰不利变异的过程,定向地改变群体的基因频率。遗传漂变是指由于群体较小和偶然事件造成基因频率随机波动的现象。群体迁移是指含有某种基因的个体从一个地区迁移到另一个地区的机会不均等,而导致基因频率发生改变。应用生物信息学和统计学方法研究群体中基因频率和基因型频率的变化,以及影响这些变化的选择效应,研究群体迁移和遗传漂变下遗传结构的动态,由此探讨生物进化的机制。

二、方法

基于 PCR 技术的古 DNA 实验路线包括采集样本、样本前处理、DNA 提取、PCR 扩增、PCR 产物的检测、纯化与测序、数据的真实性检验和数据处理分析等步骤。这些经典实验流程与规范为新一代基于高通量测序技术[①]的古 DNA 研究积累了经验。

采集样本时应优先选择颞骨岩部或者保存比较完整的牙齿和肢骨,做好出土背景和样本性质的记录。样本前处理主要是用手术刀片或电动打磨工具去除样本表层,然后用液氮冷冻粉碎机将样本粉碎和研磨处理成骨粉或牙粉备用。古 DNA 提取一般采用硅离心柱的抽提方法[②]。PCR 扩增技术即聚合酶链反应(Polymerase Chain Reaction,PCR),是一种在体外快速扩增特定基因或 DNA 序列的方法,这种技术在 DNA 聚合酶的作用下,使用特异性引物对指定区域的 DNA 片段的数目进行指数倍的扩增。PCR 由变性、退火和延伸 3 个基本反应步骤构成,主要是在 PCR 仪中完成。PCR 扩增产物用琼脂糖凝胶电泳进行检测,阳性扩增产物用试剂盒进行纯化和测序。DNA 测序主要采用正反双向直接测序。数据处理分析包括序列比对、遗传距离的估计、系统发育树的构建、遗传多维度分析、主成分分析、中介网络图分析、分子钟测定及群体分歧时间推测、祖先序列推断和基因混合度的计算

---

① High-throughput sequencing,又称为第二代测序技术,其特点是能一次并行对几十万到几百万条 DNA 分子进行序列测定。目前,第二代测序以罗氏公司 GS20 系统和 FLX 系统为代表的焦磷酸测序技术、Illumina 公司的 Solexa Genome Analysis System 为代表的单分子阵列原位扩增测序技术,以及 ABI 公司的 SOLID 测序仪为代表的支持寡核苷酸链接和检测技术为主。
② Yang D. Y., Eng B., Waye J., Technical Note: Improved DNA Extraction from Ancient Bones Using Silica-based Spin Columns, *Am. J. Phys. Anthropol.*, 1998, 105: 539-543.

等步骤①。

以 PCR 扩增为界限,上述实验技术路线可以划分为前 PCR 阶段(pre-PCR)和后 PCR 阶段(post-PCR)。实验室的空间分为样本处理区、DNA 提取区(图 4-1)、PCR 制备区、PCR 扩增区、PCR 结果观察区、测序区等 6 个部分,实验人员要按照上述的前后顺序操作及活动,禁止做逆向活动。随时随地防止污染是在 DNA 分析过程中必须时刻注意的最为基本的原则。

图 4-1　DNA 实验室的 DNA 提取区
(中国社会科学院考古研究所赵欣博士提供)

第二节　研究与思考

国内有关 DNA 研究的文章最早开始于 20 世纪 80 年代湖南省长沙市马

---

① 周慧、赵欣、张君:《DNA 研究》,中国社会科学院考古研究所:《科技考古的方法与应用》,文物出版社 2012 年版,第 138—141 页。

王堆汉墓出土女尸的研究①,迄今为止已经出版了 3 部专著②和多篇论文。这里首先阐述研究成果,然后讨论。

一、研究成果

(一) 人骨研究

这里主要介绍全新世以来的人骨的研究成果。自 20 世纪 90 年代末开始,吉林大学生命科学学院的周慧和边疆考古研究中心的朱泓等研究人员通过对新疆、内蒙古、青海、山西、河北和辽宁等地的多个新石器时代、商周时期、战国时期、汉晋时期、金代和元代的古代遗址或墓地中出土的人骨进行DNA 研究,取得了有关当时人群迁徙、基因交流、母系遗传、氏族社会性质等一系列有价值的认识,在中国古代人骨的 DNA 研究中发挥了突出的作用③。

1. 人类迁徙与群体交流的研究

崔银秋等对新疆地区多个青铜时代至铁器时代的墓地出土的人骨进行线粒体 DNA 研究,其结果证实在先秦时期的新疆地区,欧洲人种的东进规模与数量要远远超出蒙古人种的西进规模与数量,但欧洲人种的东进势头却始终没有越过新疆东部地区。蒙古人种的大规模西进应是出现在汉代或是更晚的时期。与先秦时期相比,汉代以后蒙古人种西进的规模与数量要远远大于欧洲人种的东进,这可能与匈奴、突厥和蒙古等民族的不断西迁有关④。

王海晶和付玉芹通过对内蒙古自治区中南部地区属于青铜时代早期的朱开沟墓地,东周时期的将军沟墓地、饮牛沟墓地和新店子墓地,金元时期的城卜子遗址、一棵树墓地和砧子山墓地的 63 例古人遗骸采集研究样本,采用了线粒体 DNA 高可变一区和编码区相结合的方法,对这些古代人群进行了

---

① 湖南医学院主编:《长沙马王堆一号汉墓古尸研究》,文物出版社 1980 年版,第 179—187 页。
② 崔银秋:《新疆古代居民线粒体 DNA 研究——吐鲁番与罗布泊》,吉林大学出版社 2003 年版。蔡大伟主编:《分子考古学导论》,科学出版社 2008 年版。周慧主编:《中国北方古代人群线粒体DNA 研究》,科学出版社 2010 年版。
③ 周慧主编:《中国北方古代人群线粒体 DNA 研究》,科学出版社 2010 年版。
④ 蔡大伟主编:《分子考古学导论》,科学出版社 2008 年版,第 100 页。

详细的分析。从单倍型类群（具有一个共同的单核苷酸多态性祖先）的角度观察，发现4 000多年来这个地区有少量来自西方基因流的影响，北方少数民族和中原汉族有着频繁的接触和基因交流。具体可以分为以下5点：(1)距今4 000年左右的朱开沟古代居民都属于亚洲特有的单倍型类群(A，C，D，M9，M10)。同样，战国后期的饮牛沟古代居民单倍型类群也都是属于亚洲特有的单倍型类群(A，B，C，D，Z)。朱开沟古代居民的3种单倍型(A，C，D)都出现在饮牛沟古代居民中，这说明在母系遗传上具有连续性。这些单倍型在现代中国北方少数民族中出现频率很高，说明当地古代人群对现代人群有着重要的基因贡献。(2)将军沟墓地古代居民在母系遗传上与现代对比人群中的汉人遗传距离最近，与内蒙古和韩国的分支也相对较近，据此推测将军沟的古代人群可能是赵国为巩固边疆统治、防御匈奴而从中原地区迁来的移民。(3)距今2 400年左右的新店子遗址的主要单倍型是A，C，D，其中，高频率的C，D体现出蒙古人种北亚类型的草原游牧民族特征。据此推测，蒙古高原和外贝加尔地区的牧民由于东周时期气候急剧变冷而南迁，将游牧文化带到了农耕边缘地带，最后导致了中国北方长城地带游牧文化带的形成。(4)城卜子汪古遗址的单倍型比较复杂，包含了东亚、西伯利亚(M，B，D，A)和欧洲(N，H)的成分，与乌兹别克和维吾尔可能有着共同的起源。结合一棵树墓地样本的线粒体DNA高可变区序列和单倍型(B，D，G，Z)数据，可以推断该古代人群可能是蒙古族的祖先群体，对后来的达斡尔族有重要的遗传贡献。(5)砧子山墓地(元上都)样本都可归入亚洲(东部欧亚)特异单倍型(A，B，C，D，N9a，Z)，这些单倍型均包括在汉族人群的线粒体DNA池中，这说明与汉族人群有着密切的遗传关系。有3个个体在体质人类学上表现出欧罗巴人种的成分，但在母系遗传上又表现为亚洲特异的单倍型类群，他们也许是欧洲男性向东迁移到此，与由中原地区向北迁移到此的女性通婚繁衍的后代①。

于长春等研究了内蒙古商都县东大井墓地东汉时期拓跋鲜卑遗存和内蒙古察哈尔右翼中旗七郎山墓地魏晋时期拓跋鲜卑遗存的人骨样本，获得33个线粒体DNA控制区内高可变Ⅰ区序列，通过系统发育分析，发现拓跋鲜卑在人种归属上属于北亚类型，并和东亚人群有一定的基因交流。遗传距离、

---

① 周慧主编：《中国北方古代人群线粒体DNA研究》，科学出版社2010年版，第47—90页。

系统发育分析和多维度分析的结果都表明，拓跋鲜卑和匈奴之间有很近的亲缘关系，说明拓跋鲜卑在其两次南迁过程中，和匈奴之间的确有很大程度的基因交流。同时发现拓跋鲜卑是现代锡伯族的直接祖先[1]。

许月对内蒙古自治区中东部包括贵族、平民以及不同时期的辽代墓葬（萧和家族墓地、商都辽墓、尖山辽墓、耶律羽之家族墓地、吐尔基辽墓、山嘴子辽墓）的27个样本进行了分析。耶律羽之家族与萧和家族分属于王族和后族，作者发现两个家族的样本之间又存在着明显的遗传差异。吐尔基辽墓主人的分析结果表明，其可能是契丹公主。此外，古代鲜卑人群可能是契丹人群的祖先人群，辽灭亡后契丹人有很大一部分融入当地的蒙古人群之中[2]。

高诗珠、王海晶和谢承志通过对青海、辽宁、山西地区出土古人骨线粒体DNA分析，提出3点认识：①发现距今4 000—3 800年的齐家文化晚期的青海喇家遗址中14个古代个体可以归入B，C，D，M10和M*型，单倍型组成和系统发育树都显示喇家遗址古代人群与北方汉人群的亲缘关系很近。②距今1 700年到1 600年的辽宁省北票喇嘛洞墓地24个样本可以归属到单倍型类群B，C，D，F，G2a，Z，M和J1b1。中国南方人群和北方人群常见的单倍型类群B，C，D，F在喇嘛洞人群中都出现了，还有一个在现代西伯利亚和东亚人群以及古代匈奴人群中偶然出现的单倍型类群J。喇嘛洞人群中的一些单倍型类群与匈奴和拓跋鲜卑人群相似，但其出现频率在3个古代人群中却相差很多。如果喇嘛洞人群可以代表慕容鲜卑的话，那么慕容鲜卑与拓跋鲜卑的母系遗传结构存在着一定差异。③山西太原隋代虞弘及其夫人墓主人线粒体DNA分析揭示，虞弘是西部欧亚大陆特有的单倍型U5，而虞弘夫人是东亚人群特有单倍型G2a[3]。

---

[1] Yu C. C., Xie L., Zhang X. L., et al., Genetic Analysis on Tuoba Xianbei Remains Excavated from Qilang Mountain Cemetery in Qahar Right Wing Middle Banner of Inner Mongolia. FEBS Lett., 2006, 580(26): 6242-6246. 于长春、谢力、张小雷、周慧、朱泓：《拓跋鲜卑和匈奴之间亲缘关系的遗传学分析》，《遗传》2007年第29卷第10期，第1223—1229页。于长春、李文荣、谢力、张小雷、周慧、朱泓：《新疆锡伯族人群线粒体DNA的遗传学分析》，《吉林大学学报》（理学版）2007年第45卷第5期，第485—489页。

[2] 周慧主编：《中国北方古代人群线粒体DNA研究》，科学出版社2010年版，第143—170页。

[3] 同上书，第91—117页。

2. 血缘关系研究

高诗珠等对青海省民和县喇家遗址的特定房址内所发现的具有相拥而死、母子相依等现象的 16 具人骨进行了线粒体 DNA 研究,发现多个个体间存在很近的母系亲缘关系,但他们的母系亲缘关系与他们在房屋中的聚集分组状况没有直接的联系①。

万诚等对河北省阳原县姜家梁墓地出土的人骨进行线粒体 DNA 研究,发现 10 个样品分属 9 个不同的 DNA 序列,证明合葬墓中的个体没有直接的母系血缘关系,因此,姜家梁墓地的社会属性不应该判定为母系社会②。

(二) 动物研究

家养动物的起源与迁徙研究一直是动物考古学家和遗传学家们共同关注的热点问题。

1. 探讨中国古代家猪的起源及驯化过程

拉森(Larson)等通过比较东亚地区的 1 500 多个现代家猪和中国 6 个考古遗址中出土的 18 个古代家猪的线粒体 DNA 序列,认为中国古代家猪与现代家猪之间具有长期的遗传连续性,但许多在地域上广泛分布的野猪与现代家猪在母系遗传上有明显区别,二者在母系上没有关系③。

赵兴波等通过对多个考古遗址出土的猪骨进行线粒体 DNA 分析,发现黄河中下游地区的现代家猪和这个地区史前的家猪在遗传上具有延续性,证明中国家猪的驯化过程从古代一直延续至今④。

---

① Gao S. Z., Yang Y. D., Xu Y., et al., Tracing the Genetic History of the Chinese People: Mitochondrial DNA Analysis of a Neolithic Population from the Lajia Site. *Am. J. Phys. Anthropol.*, 2007,133: 1128 – 1136.
② 吉林大学考 DNA 实验室:《河北阳原县姜家梁遗址新石器时代人骨 DNA 的研究》,《考古》2001 年第 7 期,第 654—661 页。
③ Larson G., Liu R., Zhao X., Yuan J., Fuller D., Barton L., Dobney K., Fan Q., Gu Z., Liu X., Luo Y., Lv P., Andersson L., Li N., Patterns of East Asian pig domestication, migration, and turnover revealed by modern and ancient DNA, *Proceedings of the National Academy of Sciences of the United States of America*, 2010,107: 7686 – 7691.
④ 赵兴波、刘冉冉、范启鹏、方迟、吴常信、李宁:《中华文明形成时期中原地区家猪的 DNA 研究》,中国社会科学院考古研究所科技考古中心编:《科技考古》(第三辑),科学出版社 2011 年版,第 113—120 页。

王志等通过对黄河上游地区考古遗址中出土的猪骨进行线粒体DNA分析,证明黄河上游地区与黄河中下游地区的猪具有相同的驯化中心①。

2. 探讨中国古代黄牛和绵羊的出现过程

蔡大伟等对年代约为距今4 000年到3 500年的青海省大通县长宁遗址、内蒙古自治区喀喇沁旗大山前遗址第Ⅰ地点和新疆维吾尔自治区罗布泊地区小河墓地的黄牛遗存进行DNA研究,揭示了距今约4 000年以来,中国北方黄牛的遗传结构主要以西亚地区的黄牛世系T3型为主,伴有低频的T2和T4②。

蔡大伟等对长宁和大山前遗址的古绵羊遗存进行的DNA研究结果显示,世系A的绵羊占统治地位。此外,还发现世系B的绵羊。由于世系A和世系B的绵羊都起源于西亚地区,由此证明中国古代的绵羊中有外来的因素(图4-2)③。

这些研究都反映了距今约4 000年以来东亚和西亚地区史前文化的交流。

3. 探讨中国古代马的出现及发展过程

蔡大伟等对内蒙古、河南、宁夏和山东等地区9处遗址的46匹古代马骨进行了线粒体DNA分析,提出4点认识:①中国古代马的母系遗传呈现高度多样性,包含现代全部家马的7个世系,对现代家马线粒体DNA基因池的形

---

① 王志、向海、袁靖、罗运兵、赵兴波:《利用古代DNA信息研究黄河流域家猪的起源驯化》,《科学通报》2012年第57卷第12期,第1011—1018页。
② 蔡大伟、汤卓炜、任晓燕、依地利斯·阿不都热苏勒、于慧鑫、周慧、朱泓:《中国北方地区三个青铜时代遗址黄牛遗骸分子考古学研究》,中国社会科学院考古研究所科技考古中心编:《科技考古》(第三辑),科学出版社2011年版,第100—105页。
③ 蔡大伟、汤卓炜、陈全家、韩璐、周慧:《中国绵羊起源的分子考古学研究》,教育部人文社会科学重点研究基地、吉林大学边疆考古研究中心编:《边疆考古研究》(第9辑),科学出版社2010年版,第291—300页。蔡大伟、汤卓炜、任晓燕、王立新、于慧鑫、周慧、朱泓:《青海大通长宁和内蒙古赤峰大山前遗址青铜时代古绵羊分子考古学研究》,中国社会科学院考古研究所科技考古中心编:《科技考古》(第三辑),科学出版社2011年版,第107—112页。Cai D., Tang Z., Yu H., Han L., Ren X., Zhao X., Zhu H., Zhou H., Early History of Chinese Domestic Sheep Indicated by Ancient DNA Analysis of Bronze Age Individuals, *Journal of Archaeological Science*, 2011, 38: 896-902.

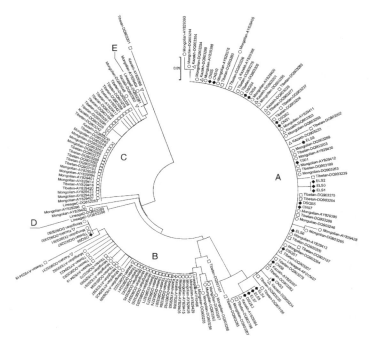

图例 ◆中国古绵羊 ○蒙古系绵羊 □藏系绵羊 △哈萨克系绵羊
A、B、C、D、E分别代表绵羊的不同世系

图 4-2 中国绵羊线粒体 DNA 系统发育树
(吉林大学边疆考古研究中心蔡大伟教授提供,稍作修改)

成具有重要的贡献,并且与中国现代家马存在母系遗传的连续性;②中国家马的起源既有本地驯化的因素,也受到外来家马线粒体 DNA 基因流的影响;③世系 F 是起源于东亚的古老世系,与蒙古马密切相关,但是目前尚未知其野生祖先;④中国古代马虽与普氏野马没有直接的母系遗传关系,但二者共属于世系 A。以上这些研究结果都显示出古代马的线粒体 DNA 的复杂性①。

赵欣等对新疆维吾尔自治区巴里坤县石人子沟遗址的墓葬中出土的 5 匹

---

① Cai D., Tang Z., Han L., Speller F. C., Yang D., Ma X., Cao J., Zhu H., Zhou H., Ancient DNA Provides New Insights into the Origin of the Chinese Domestic Horse, *Journal of Archaeological Science*, 2009, 36: 835-842.

家马样本进行 DNA 分析,发现它们分别属于 A,B 和 E 等 3 个不同的谱系。关于毛色控制基因的 SNP 检测结果显示,石人子沟遗址的 5 匹家马分别具有栗色、枣色和金黄色 3 种不同毛色。中型墓 M12 的封土堆西侧发现 3 座殉牲坑,分别殉有 1 匹骆驼和 2 匹马。殉牲坑内的两匹马都是栗色,属于家马中常见的毛色;而墓室内殉葬的一匹马是金黄色,与殉牲坑内的栗色马不同。把金黄色马与墓主人同埋于墓室,可能是当时的一种特殊选择。结合古代文献记载和新疆的特殊地理位置,可以认为新疆是家马引入中国的一个重要的通道[①]。

4. 日本家犬来源研究。

日本学者石黑直隆与袁靖合作,通过对河南省安阳市殷墟遗址和内蒙古自治区敖汉旗大甸子遗址中出土的狗骨进行线粒体 DNA 分析,然后将这个研究结果与日本的研究结果进行比较,确认日本属于公元前后的鄂霍茨克文化及中世纪的家犬的线粒体 DNA 序列与中国距今 3 000 多年前的家犬的线粒体 DNA 序列相同,从而科学地证明了日本家犬的一些祖先来自中国[②]。

(三) 植物研究

迄今为止,国内对植物遗存开展 DNA 的研究仅有两例,日本学者佐藤洋一郎与中国学者合作,对浙江余姚河姆渡遗址、吴县草鞋山遗址和江苏高邮龙虬庄遗址出土的炭化稻米进行 DNA 研究,确认位于浙江省和江苏省考古遗址出土的炭化稻米均为粳稻[③]。

二、思考

当前应用 DNA 分析的方法开展人骨研究,主要聚焦于探讨人群谱系和族群源流研究,提出不少古代不同人群在文化发展过程中融合、交流的科学证据。同时,在确认考古出土背景的前提下,选择有典型意义的材料开展研

[①] 赵欣、Antonia T. Rodrigues、尤悦、王建新、任萌、马健、袁靖、杨东亚:《新疆石人子沟遗址出土家马的 DNA 研究》,《第四纪研究》2014 年第 34 卷第 1 期,第 187—195 页。
[②] 袁靖:《中国动物考古学》,文物出版社 2015 年版,第 25—26 页。
[③] 蔡大伟主编:《分子考古学导论》,科学出版社 2008 年版,第 141 页。

究,在解决考古学研究中的社会性质和人际关系等关键问题上也取得了重要进展。这些研究结果对于深化考古学的研究意义重大。

依据对中国古代的黄牛、绵羊和马这些家养动物的DNA研究结果,我们可以明确判定这些家养动物最早都是通过文化交流,从中国境外传入中国的。另外,毛色是动物特有的现象,人类在驯化动物的过程中,可能也贯穿了选择毛色的意志。

在肯定成果的同时,需要注意的主要有以下两点。

第一,在思路和技术层面上尚须深化和提高。国际上现已普遍采用基于高通量测序的古DNA全基因组测试,这是我们的发展方向之一。再有,古病理的研究目前还停留在理论上的可行阶段,需要在实践中思考如何解决难点和关键问题。还有,我们对于农作物遗存的基因研究进展有限,这可能是因为炭化种子的DNA提取难度极大,但是如果当年日本学者对于河姆渡、龙虬庄和草鞋山等遗址出土炭化稻米的研究结果成为个案,这是一件值得深思的事情。

第二,需要加强与考古学研究的有机结合。比如,在动物考古学的研究方法中,形态学研究是最为基础的研究,古DNA研究确实增强了动物考古学研究结果的科学性。但是,在古DNA研究中没有动物考古学研究人员的参与,忽视动物考古学研究的思考,甚至单纯地依据古DNA的研究结果,推翻原有的动物考古学研究的结论,这种新观点的科学性是要大打折扣的。我们要明白,在对特殊的考古样品进行分析的时候,不考虑出土状况,不考虑具体的形态学特征,不考虑迄今为止的历时性研究结果,单纯地以数量极少、没有经过科学论证的古DNA研究结果进行考古学的学术讨论,很可能要误入歧途。

本章小结　自21世纪以来,应用古DNA研究的方法对考古遗址出土的人骨和家养动物开展研究,取得了诸多成果,为考古研究人员全面认识古代人群的迁徙过程、多种家养动物随着东西方文化交流进入东亚地区提供了科学的证据。但是,古DNA研究人员仍需进一步加强与考古人员的合作,真正发挥古DNA作为直接证据的重要作用。

第五章

同位素分析

内容提要 通过对古代人骨和动物骨骼进行碳、氮稳定同位素分析和锶同位素分析,认识生活在不同时期、不同地区,属于不同的阶层、性别和年龄的人的食谱特征,探讨他们是否存在迁徙活动,进而认识当时的社会状态。另外,认识各种动物的食谱特征,为探讨它们是否属于家养动物及是否存在迁徙现象等提供科学依据,进而探讨人的行为。

第一节　原理和方法

当前的同位素分析主要分为碳、氮稳定同位素分析和锶同位素分析两种,以下分别阐述。

一、碳、氮稳定同位素分析

生物体在理化反应过程中,同位素效应会导致某种元素的同位素在两种或两种以上物质(物相)之间的分配具有不同的同位素比值,这就是同位素分馏效应,这种同位素分馏效应在生物体死亡后就停止了。应用碳十三(^{13}C)和氮十五(^{15}N)这两种稳定同位素分析的方法,测定考古遗址出土的人骨和动物

骨骼的 ^{13}C 值和 ^{15}N 值并进行研究,可以帮助我们科学地确定古代人类和动物的食谱,探讨其形成的原因,最终认识人的行为特征。

(一) 碳十三和氮十五分析原理

1. 碳十三分析

碳十三分析是依据光合作用途径所建立的分析方法,主要用于研究人类以及动物的主食状况。植物光合作用是碳从无机环境进入生物群落的主要途径。自然界中植物的光合作用主要分为3种:一是卡尔文(Calvin)途径。由于它最初的产物是三碳化合物3-磷酸甘油酸,因此又称其为 C_3 途径,对应的植物为 C_3 类植物,如水稻、小麦、乔木和大部分草本植物。二是哈奇-斯莱克(Hatch-Slack)途径。由于它以四碳化合物草酰乙酸为最初产物,因此又称其为 C_4 途径,对应的植物为 C_4 类植物,如粟、黍、玉米、高粱、狗尾草和莎草等部分草本植物。三是景天酸代谢(Crassulacean Acid Metabolism,CAM)途径。对应的植物为CAM植物,包括菠萝、仙人掌等,由于CAM植物对人类和动物的食谱贡献较低,本节不做进一步探讨。

发生光合作用的植物作为食物进入人和动物的体内,人和动物如果长期食用某类植物和动物,其体内就会富集相应的 ^{13}C 值。研究表明,中国新石器时代的 C_3 类植物的 ^{13}C 均值为 $-25‰$, C_4 类植物的 ^{13}C 均值为 $-11‰$,水稻的 ^{13}C 均值为 $-24.6‰$,小米的 ^{13}C 均值为 $-11.8‰$,CAM植物的 ^{13}C 均值为 $-17‰$。

2. 氮十五分析

氮十五分析主要用于研究人类以及动物的食物中蛋白质的多少,判断营养级的高低。氮是植物维持正常生理活动所必需的元素。土壤中腐殖质含量的多少、对土壤是否施肥和植物体不同的部位等多种因素都会影响植物的 ^{15}N 值。氮元素通过固氮作用进入食物链后,由于外界环境和生物体自身代谢功能的影响,其 ^{15}N 含量会发生较大的改变。氮同位素在食物链中传递时会发生 ^{15}N 富集。氮同位素主要用来确定食物在食物链中的营养级。营养级每高一级, ^{15}N 值大约富集 $3‰~5‰$,固氮植物的 ^{15}N 值大概为 $1‰$ 左右,普通陆生非固氮植物的 ^{15}N 值大约在 $3‰$ 左右。在陆地上的食草类动物骨胶原中的 ^{15}N

值比其食物高 3‰～5‰,以食草类动物为食的食肉类动物又比食草类动物高 3‰～5‰,而在海洋或河流湖泊里的动物的 ^{15}N 值则更高。由于生物体内的氮主要来源于蛋白质,因此氮反映了食物中蛋白质的来源。相比于肉类食物,植物中的蛋白质含量相对较低,因此,食物中植物比例的增大对 ^{15}N 值没有太大影响。相反,即使肉类在食物中所占比例很小,却能对 ^{15}N 值产生较大影响,因此,食物中的肉类与生物体中的 ^{15}N 值有着密切的联系。根据 ^{15}N 值即可判断其食物是植物性来源还是动物性来源。

(二)方法

对考古遗址出土的人骨或动物骨骼进行碳、氮稳定同位素分析的方法主要为采样、前处理和测试等。采样的方法一般是在保存状态较好的人或动物的长骨上切割 2 平方厘米左右的骨片;前处理即为打磨骨片表面和超声波清洗,去除污染;然后经过化学试剂浸泡、离心浓缩和冷冻干燥,获取骨胶原;测试即为用质谱仪对骨胶原进行测试,最终获取数据并开展研究[①]。

二、锶同位素分析

锶同位素分析即通过测定样品中的锶同位素比值,确定其所包含的地域特征。应用锶同位素分析的方法,对考古遗址出土的人和动物遗存进行分析,可以帮助我们科学地确定考古遗址中出土的人和动物是本地的还是外来的,再进一步探讨其形成的原因。

(一)原理

锶有 4 种天然同位素(^{88}Sr,^{87}Sr,^{86}Sr 和 ^{84}Sr),在地球物质中分布很不均一,这种不均一不仅表现在相同时间的不同区域内形成岩石的锶同位素组成不同,而且在同一区域的不同时期的岩石中,锶同位素组成也存在着明显的

---

① 张雪莲:《碳氮稳定同位素分析》,中国社会科学院考古研究所:《科技考古的方法与应用》,文物出版社 2012 年版,第 128—132 页。郭怡:《稳定同位素分析方法在探讨稻粟混作区先民(动物)食物结构中的作用》,浙江大学出版社 2013 年版,第 22—33 页。

差异。锶同位素的地域分布的差异性是研究考古遗址出土的人和动物是本地的还是外来的基础。锶同位素的组成一般用 $^{87}Sr/^{86}Sr$ 比值表示,不同地区的岩石具有不同的 $^{87}Sr/^{86}Sr$ 比值。当岩石风化形成土壤后,生长在这些土壤中的植物就会获得这些岩石的 $^{87}Sr/^{86}Sr$ 比值;吃这些植物的食草类动物会摄入锶同位素并保存在体内的牙齿和骨骼中,以这些食草类动物为食物来源的食肉动物和人,同样会把锶同位素保存在牙齿和骨骼中。

由于锶原子量比较大,同位素间(^{87}Sr 和 ^{86}Sr 之间)的相对质量差很小,当锶同位素从风化的岩石进入食物链到保存在人和动物的牙齿和骨骼中时,^{87}Sr 和 ^{86}Sr 的分馏非常小,可以忽略不计,即 ^{87}Sr 和 ^{86}Sr 的比值基本保持不变。如果史前时期一个地区的人和动物体内的锶同位素比值与当地的锶同位素比值相同,那么,这些人和动物吃的主要食物基本上应该是当地的物种,而生活在不同地区的人和动物的锶同位素比值必然存在着差异。

人和动物的乳齿或恒齿的牙釉质在形成后,其结构不再发生变化,其中包含的锶同位素组成也不会发生改变,因此,牙釉质的 ^{87}Sr 和 ^{86}Sr 比值记录了在乳齿或恒齿的形成时期该人或动物所处地区的锶同位素比值。国外学者经过一系列的研究后认为,用遗址中出土的当地动物的牙釉质 ^{87}Sr 和 ^{86}Sr 比值的平均值加上 2 倍的标准偏差作为上限,再减去 2 倍的标准偏差作为下限,这个区间就是当地锶同位素的比值范围。

通过比较遗址中出土的人和动物的牙釉质和遗址所在地的锶同位素比值,可以判断这些动物的居住地是否发生过变化,从而推断人和动物个体在生活过程中是否发生迁移。如果二者的锶同位素比值一致,则表明该个体一直生活在同一个地区。如果不一致,则表明该个体是从其他地区迁移到遗址所在地的。

（二）方法

对考古遗址出土的人或动物遗存进行锶同位素分析的方法大致也分为采样、前处理和测试等。因为无法科学地判断骨骼在埋藏过程中是否被污染及污染的程度,而牙齿中牙釉质的锶同位素比值不会改变,故锶同位素分析采样的标本局限为牙齿。确定一个地区的锶同位素特征,最理想的标本是鼠类等小型啮齿类动物的牙齿,数量最好在 5 个以上。由于考古遗址出土标本的局限性,也可以选择史前时期遗址中出土的年龄在

1岁左右的5个以上个体的家猪牙齿进行测试。因为在史前时期家猪往往是在当地饲养的,带有明显的当地的标记。进入历史时期之后,由于文化交流的频繁,我们不能确认家猪就是当地饲养的,因此,还是以遗址中出土的当时的鼠类等小型啮齿类动物的牙齿为好。前处理的过程包括打磨、超声清洗、灰化样品等。测试的方法为在测定样品的锶的浓度的基础上,使用质谱仪进行$^{87}Sr/^{86}Sr$比值测定①。

第二节 研究与思考

这里首先分别阐述碳、氮稳定同位素分析和锶同位素分析的研究成果,然后进行探讨。

一、研究成果

(一)碳、氮稳定同位素分析

20世纪80年代,蔡莲珍等通过对陕西省西安市半坡等遗址的人骨进行碳十三测定,推测小米是这些古代人类的主要食物,这是国内首例碳稳定同位素的研究②。氮同位素分析开始于2000年左右,张雪莲等对内蒙古自治区敖汉旗兴隆洼遗址的人骨进行了碳十三和氮十五测定,对当时人的食谱进行研究③。近年来的研究成果主要体现在以下4个方面。

1. 参与古代生业方式的探讨
(1) 中国新石器时代中期黄河流域的生业
中国新石器时代中期距今10 000年到7 000年左右。巴顿(Barton)等通

---

① 赵春燕:《锶同位素分析》,中国社会科学院考古研究所:《科技考古的方法与应用》,文物出版社2012年版,第133—135页。
② 蔡莲珍、仇士华:《碳十三测定和古代食谱研究》,《考古》1984年第10期,第949—955页。
③ 张雪莲、王金霞、冼志强、仇士华:《古人类食物结构研究》,《考古》2003年第7期,第62—75页。

过对甘肃省秦安县大地湾遗址的人和动物的骨骼进行碳、氮稳定同位素分析,认为大地湾遗址一期(距今7 900年到7 200年)的先民主要依赖采集和狩猎获取食物,家畜饲养还停留在较低的水平[1]。胡耀武等对属于后李文化的小荆山遗址出土的人骨、月庄遗址出土的动物骨骼(包括猪、牛、鹿、鱼)进行碳、氮稳定同位素分析,发现所有样品的 ^{13}C 同位素值均在 $-18.2‰ \sim -17.4‰$ 之间,其平均值为 $(-17.8\pm0.3)‰$,由此估算出先民食物中粟类的比例仅为23%左右,当时的食物还主要以 C_3 类为主。这表明后李文化时期的粟作(C_4类)农业仍然较为原始,属于初始发展阶段。小荆山遗址先民骨胶原中的 ^{15}N 值分布为 $8.1‰ \sim 9.8‰$,分布较为分散,反映了先民食物中肉食资源的摄入量存在一定的差异。结合碳十三和氮十五分析的结果,先民的生计主要为采集、狩猎或饲养一定数量的家畜[2]。

(2) 中国新石器时代晚期以来北方、南方及南北方交界地区的古代先民的食谱差异

多位中外研究人员分别通过对新石器时代晚期(距今7 000—5 000年左右)至青铜时代多个遗址出土的人骨和动物骨骼进行碳、氮稳定同位素分析,取得不少认识[3],可以归纳为以下7点:

---

[1] Barton L., Newsome S. D., Chen F., Wang H., Guilderson T. P., Bettinger R. L., Agricultural origins and the isotopic identity of domestication in northern China. *Proceedings of the National Academy of Sciences of the United States of America*, 2009, 106: 5523 – 5528.

[2] 胡耀武、栾丰实、王守功、王昌燧、Michael Richards:《利用C,N稳定同位素分析法鉴别家猪与野猪的初步尝试》,《中国科学D辑》2008年第38卷第6期,第1—8页。

[3] 张雪莲:《碳十三氮十五分析与古代人类食物结构研究及其新进展》,《考古》2006年第7期,第50—56页。胡耀武、王根富、崔亚平、董豫、管理、王昌燧:《江苏金坛三星村遗址先民的食谱研究》,《科学通报》2007年第52卷第1期,第85—88页。董豫、胡耀武、张全超、崔亚平、管理、王昌燧、万欣:《辽宁北票喇嘛洞遗址出土人骨稳定同位素分析》,《人类学学报》2007年第26卷第1期,第77—84页。Atahan P., Dodson J., Li X., Zhou X., Hu S., Bertuch F., Sun N., Subsistence and the isotopic signature of herding in the Bronze Age Hexi Corridor, NW Gansu, China. *Journal of Archaeological Science*, 2011, 38: 1747 – 1753. Pechenkina E. A., Ambrose S. H., Ma X., Benfer J. R. A., Reconstructing northern Chinese Neolithic subsistence practices by isotopic analysis. *Journal of Archaeological Science*, 2005, 32: 1176 – 1189. 郭怡:《稳定同位素分析方法在探讨稻粟混作区先民(动物)食物结构中的作用》,浙江大学出版社2013年版,第57—86页。Lanehart R. E., Tykot R. H.、方辉、栾丰实、于海广、蔡凤书、文德安、加里·费曼、琳达·尼古拉斯:《山东日照市两城镇遗址龙山文化先民食谱的稳定同位素分析》,《考古》2008年第8期,第55—61页。中国社会科学院考古研究所编著:《二里头(1999—2006)》,文物出版社2014年版,第1665—1666页。

第一,发现辽宁省北票市喇嘛洞遗址,内蒙古自治区敖汉旗兴隆沟遗址,甘肃省秦安县大地湾遗址二期、金塔县火石梁和缸缸洼遗址,青海省民和县喇家遗址,陕西省铜川市瓦窑沟遗址、西安市半坡、姜寨、康家遗址,河南省灵宝市西坡、偃师市二里头、郑州市郑州商城沟遗址、安阳市殷墟遗址,山西省襄汾县陶寺遗址,山东省烟台市长岛和茌平县教场铺遗址等,位于北方地区的遗址中出土的人骨均是以 C_4 类植物为主,可能是粟类。

第二,江苏省金坛市三星村遗址、上海市崧泽遗址和浙江省余姚市河姆渡遗址等位于南方地区的遗址则以 C_3 类为主,可能是稻类。

第三,青海省大通县上孙家寨遗址、甘肃省玉门市火烧沟遗址和新疆维吾尔自治区哈密市焉不拉克遗址等位于西北地区的遗址则明显地表现为 C_3 类和 C_4 类两种植物兼有,其中 C_4 类可能是粟类,但 C_3 类可能是麦类。

第四,从氮十五分析结果看,三星村、长岛、火烧沟、焉不拉克等遗址人骨的 ^{15}N 值较高,显示出当时摄取的营养级较高,但三星村、长岛和火烧沟与焉不拉克的肉食来源可能不同,三星村、长岛为鱼类的可能性较大,后两者为陆相动物的可能性较大。而其他遗址出土人骨的营养级均较低。从食谱的分析结果看,没有发现男性和女性之间存在明显的差异。

第五,通过对湖北省郧县青龙泉遗址和河南省淅川县沟湾遗址从仰韶文化期到石家河文化期的先民的食物结构进行分析,发现 C_4 类植物(粟)和 C_3 类植物(水稻)的比例发生明显变化,这种变化与新石器时代南方地区和北方地区考古学文化的交流和古环境变迁密切相关。

第六,通过对山东省日照市两城镇遗址龙山时代的人骨进行研究,发现两城镇先民主要以 C_3 类食物(水稻)为食。

第七,在河南省偃师市二里头遗址出土的人骨个体中,除大多数均为 C_4 类为主之外,还有数例是以 C_3 类为主,这种不同的结果反映出当时可能存在人的流动,生活在南方地区的人到了二里头遗址。虽然二里头遗址的人工遗物中也发现了与南方地区的考古学文化交流的现象,但无法证实这仅仅是物的流动还是包括人的流动,食谱分析的结果提供了当时人流动的证据。

2. 探讨社会复杂化和等级化

张雪莲等通过对属于仰韶文化庙底沟类型的河南省灵宝市西坡墓地31

座形制、大小不同的墓葬出土的人骨进行碳、氮稳定同位素分析,发现其碳同位素比值均显示当时以粟类植物为主食,但是8号墓葬(M8)出土人骨的氮同位素比值达到12.65‰,明显高于其他墓葬出土人骨的数据,加之这座墓葬在形制上又是一座大型墓,随葬品也有特别之处,由此推断当时可能存在着社会分层及不同等级的人在食物上的差异①。张雪莲等还通过对属于商末周初的山东省滕州市前掌大墓地出土的49个人骨个体进行碳、氮稳定同位素分析,发现墓主人和殉葬的人在食物结构上存在着差异,主要为墓主人的食肉程度高于殉葬的人;大型墓葬的墓主人比小型墓葬的墓主人食肉程度要高,且植物性食物的种类呈多样化②。

3. 研究饲养家畜的方式

张雪莲、吴小红、管理和侯亮亮等通过对陕西省靖边县五庄果墚,河南省新密市新砦、安阳市鄀邓、偃师市二里头,山西省襄汾县陶寺和安徽省蚌埠市双墩等遗址出土的动物骨骼进行碳、氮稳定同位素分析,认为北方地区的先民给狗和家猪的饲料主要为与小米相关的C_4类植物,^{15}N值较高;而位于淮河流域的先民在饲养家猪时可能也喂一些水稻的副产品③。刘歆益等通过对内蒙古自治区敖汉旗兴隆沟遗址的狗和猪骨进行碳、氮稳定同位素分析,发现当地自兴隆洼文化到红山文化,狗和猪的食谱以属于自然植被的C_3类为主,直到小河沿文化之后,才开始用属于C_4类的粟类食物饲养家猪④。陈相龙通过

---

① 张雪莲、李新伟:《西坡墓地再讨论》,《中原文物》2014年第4期,第18—32页。
② 张雪莲、仇士华、钟建、梁中合:《山东滕州市前掌大墓地出土人骨的碳、氮稳定同位素分析》,《考古》2012年第9期,第83—96页。
③ 张雪莲、仇士华、薄官成、王金霞、钟建:《二里头遗址、陶寺遗址部分人骨碳十三、氮十五分析》,中国社会科学院考古研究所考古科技中心编:《科技考古》(第二辑),科学出版社2007年版,第41—48页。吴小红、肖怀德、魏采云、潘岩、黄蕴平、赵青春、徐晓梅、Nives Ogrinc:《河南新砦遗址人、猪食物结构与农业形态和家猪驯养的稳定同位素证据》,中国社会科学院考古研究所考古科技中心编:《科技考古》(第二辑),科学出版社2007年版,第49—58页。管理、胡耀武、王昌燧、汤卓炜、胡松梅、阚绪杭:《食谱分析方法在家猪起源研究中的应用》,《南方文物》2011年第4期,第116—124页。侯亮亮、李素婷、胡耀武、侯彦峰、吕鹏、胡宝华、宋国定、王昌燧:《安阳鄀邓遗址先商文化动物骨骼C、N稳定同位素分析先商文化时期家畜饲养方式初探》,河南省文物考古研究所:《安阳鄀邓》,大象出版社2012年版,第452—463页。
④ Liu X., Jones M., Zhao Z., Liu G., O'Connell T., The Earliest Evidence of Millet as a Staple Crop: New Light on Neolithic Foodways in North China. *American Journal of Physical Anthropology*, 2012, 149: 283-290.

对山西省襄汾县陶寺遗址出土的几种家养动物进行碳、氮稳定同位素分析,发现除了狗和猪的食谱与上述张雪莲等的研究结果相同之外,黄牛的食物接近 C_4 类植物,而绵羊的食物接近属于自然植被的 C_3 类植物,黄牛和绵羊的 ^{15}N 值均符合食草动物的特征(图 5-1);这些家养动物的食性差异与当地居民的饲养方式相关[①]。还有一点值得注意的是,管理等通过对陕西省靖边县五庄果墚遗址鼠类的碳、氮稳定同位素分析,发现鼠类也以 C_4 类植物为主,^{15}N 值较高,其食谱明显与人类活动相关[②]。

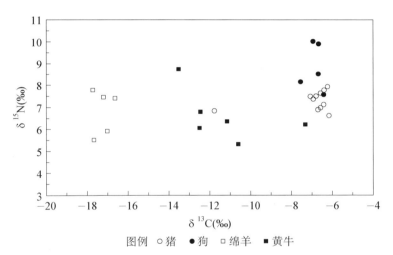

图 5-1　山西省襄汾县陶寺遗址出土家养动物 ^{13}C 和 ^{15}N 散点图
(中国社会科学院考古研究所陈相龙博士提供)

4. 探讨研究食谱的方法

胡耀武等指出,杂食类动物的 ^{15}N 值一般为 7‰~9‰,食肉类动物的 ^{15}N 值则大于 9‰,而鱼类的 ^{15}N 值与食肉类动物相当。因此,在缺乏遗址食物链中各营养级 ^{15}N 值的情况下,仍然可以依据先民的 ^{15}N 值判定其肉食来源,即

[①] 陈相龙、袁靖、胡耀武、何努、王昌燧:《陶寺遗址家畜饲养策略初探:来自碳、氮稳定同位素的证据》,《考古》2012 年第 9 期,第 75—82 页。
[②] 管理、胡耀武、胡松梅、孙周勇、秦亚、王昌燧:《陕北靖边五庄果墚动物骨的 C 和 N 稳定同位素分析》,《第四纪研究》2008 年第 28 卷第 6 期,第 1160—1165 页。

如果 ^{15}N 值大于 9‰,表明先民食谱中包含大量的肉食,其获取动物蛋白的方式可能主要来自渔猎活动;若小于 9‰,则其食物中当以植物类食物居多,先民主要以采集或农业为生,辅以少量肉食①。

(二)锶同位素分析

2008 年,尹若春等通过对河南省舞阳县贾湖遗址出土的不同时期的 26 个动物和人类骨骼样品进行锶同位素分析,以探讨当地居民的来源,这是中国最早的锶同位素分析的实例。他们首先通过 5 个猪牙釉质的 $^{87}Sr/^{86}Sr$ 比值建立当地的锶同位素比值范围,然后对照贾湖遗址出土的人骨的锶同位素比值,发现第一期的 4 个个体都是当地的,第二期的 5 个个体中发现有 2 个外来个体,第三期的 5 个个体中发现有 3 个外来个体。在外来的 5 个个体中,有 3 个女性和 2 个男性,从第一期到第三期,人口迁移率有增加的趋势,这种现象与考古学分析显示的贾湖先民与周围其他地区居民的交流逐渐频繁的结果比较一致②。

2011 年以来,赵春燕等通过对河南省偃师市二里头遗址和山西省襄汾县陶寺遗址出土的人、猪、黄牛和绵羊的牙齿进行锶同位素分析,以猪牙釉质的 $^{87}Sr/^{86}Sr$ 比值确定当地的锶同位素比值范围,发现陶寺遗址中晚期人群来源构成比较复杂,外来移民的比例很高;在这两个遗址中的黄牛和绵羊既有当地土生土长的,也有外地传入的(图 5-2)③。赵春燕等还通过对河南省禹州市瓦店遗址出土的鼠、猪、黄牛和绵羊的锶同位素分析,以鼠类牙釉质的 $^{87}Sr/^{86}Sr$ 比值确定当地的锶同位素比值范围,发现出土的猪既有当地土生土长的,也有外地传入的,而黄牛和绵羊则都是由外地传入的动物④。

---

① 胡耀武、栾丰实、王守功、王昌燧、Michael Richards:《利用 C,N 稳定同位素分析法鉴别家猪与野猪的初步尝试》,《中国科学 D 辑》2008 年第 38 卷第 6 期,第 1—8 页。
② 尹若春、张居中:《贾湖史前人类迁移行为的初步研究》,《第四纪研究》2008 年第 28 卷第 1 期,第 50—57 页。
③ 赵春燕、李志鹏、袁靖、赵海涛、陈国梁、许宏:《二里头遗址出土动物来源初探根据牙釉质的锶同位素比值分析》,《考古》2011 年第 7 期,第 68—75 页。赵春燕、何努:《陶寺遗址中晚期出土部分人类牙釉质的锶同位素比值分析》,中国社会科学院考古研究所科技考古中心编:《科技考古》(第四辑),科学出版社 2015 年版,第 92—102 页。
④ 赵春燕、吕鹏、袁靖、方燕明:《河南禹州市瓦店遗址出土动物遗存的元素和锶同位素比值分析》,《考古》2012 年第 11 期,第 89—96 页。

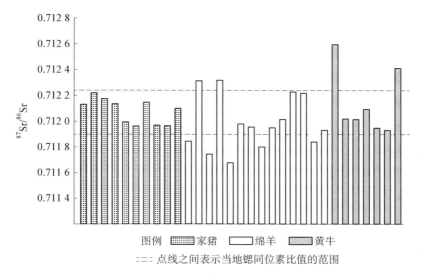

图 5-2　河南省偃师市二里头遗址出土的动物牙釉质的锶同位素比值图
（中国社会科学院考古研究所赵春燕研究员提供，稍作修改）

二、思考

经过多位中外研究人员的共同努力，古代人类和动物的食谱研究取得了可喜的成果。比如，在新石器时代中期，中国北方地区的人群还没有以 C_4 类为标志的粟类作为主要食物；自新石器时代晚期开始，生活在北方地区的人群及猪和狗等家养动物的食谱中以 C_4 类植物为主，生活在南方地区的人群及有些家养动物的食谱中以 C_3 类植物为主，生活在南方和北方交界地区的人群及一些家养动物的食谱中 C_3 类和 C_4 类植物的比例发生过变化，存在着明显的地区差异，这个结果与这 3 个地区的植物考古学研究结果基本吻合。另外，从家养动物黄牛和绵羊的食谱我们也可以看到具有人工喂养的证据，尤其是对黄牛的喂养方式还存在一个逐渐以 C_4 类植物为主的趋势，似乎反映出人的饲养技术的进步，从另一个角度显示出生产力的发展过程。锶同位素的分析结果显示出自新石器时代中期开始，在聚落中就发现外地迁入的人员，到新石器时代末期及二里头时期，除人员的交流之外，还发现猪、牛和羊等家养动物的交流。

在肯定研究成果的基础上，今后的研究还需要注意以下 3 个方面。

第一，同位素分析必须建立在完成考古学研究的基础之上。同位素分析的研究人员必须与人骨考古或动物考古的研究人员紧密合作，在从事动物考古的研究人员完成对材料初步研究的基础之上，共同凝练科学问题，制定研究方案，有意识地挑选标本开展研究，研究思路的科学性和技术路线的科学性都是十分重要的。对于那种没有科学问题，仅仅把希望寄托在等待测试结果出来之后，再考虑如何解释的所谓"研究"，必须引以为戒。

第二，开辟新的研究方法永远是学科前进的动力。国外学者现在正在通过对人骨和动物的骨骼进行氢、氧稳定同位素的研究，认识气候状况及人和动物的个体迁徙；利用序列稳定同位素分析的技术，对动物的牙齿进行取样、测试和分析，探讨特定动物食物结构的季节性变化。他们在这些方面都取得了重要成果，在进一步发挥同位素分析在考古学研究中的作用上成效显著。国内学者也开始相关方面的探讨[1]，我们要积极尝试和实践这些新方法，促使同位素分析的方法在考古学研究中发挥更加全面的作用。

第三，从文化探讨和技术路线的角度反思锶同位素研究。对多个遗址出土的家养动物的遗存的锶同位素进行分析后，结论中经常提到一部分黄牛和绵羊等家养动物是当地土生土长的，另一部分黄牛和绵羊等家养动物是从外地迁入的。由此引发一个问题：为何各个遗址都是既有土生土长的黄牛和绵羊，又从外地引进黄牛和绵羊？这是一个需要从文化的角度和锶同位素分析方法的思路上给予科学解释的问题。

本章小结　同位素研究可以科学地确定古代不同时空范围内人类和多种动物的食性，经过多年的努力，这一研究在探讨古代生业方式、参与社会复杂化和等级化的讨论、研究饲养家畜的方式等方面多有收获。同时，研究人和动物的土生土长及外地迁入等方面也取得了新的认识。同位素研究为认识当时的社会和生业提供了科学的依据和观点。在今后的研究中，相关人员需要进一步完善研究思路和研究方法。

---

[1] 司艺、李志鹏、胡耀武、袁靖、王昌燧：《河南偃师二里头遗址动物骨胶原的 H、O 稳定同位素分析》，《第四纪研究》2014 年第 14 卷第 1 期，第 196—203 页。

第六章

有机残留物分析

> **内容提要** 有机残留物分析是指从保存在古代遗迹和遗物中没有特定的形态特征、肉眼无法识别的固体或液体残留物上采集样品,提取有机物,利用科学的检测方法进行定性定量分析,判断残留物的生物来源,从而了解古代先民对生物的加工、利用和相关载体的功能等。该研究有助于探讨古代社会的经济形态、丧葬习俗乃至意识形态。

第一节 原理和方法

先民在加工和利用生物资源的过程中,一些有机物质可能残存或沉积在相关器物内、土壤中或遗迹上。在长期的埋藏过程中,虽经受物理、化学和生物作用的影响,仍然或多或少地保存下来。这些残留至今的有机物质统称为有机残留物。有机残留物可分为两种:可见残留物(如液体、炭化物等)和不可见微量残留物(如陶片吸附的脂类、酒石酸和树脂酸,还包括植硅体及淀粉粒在内的植物微体化石等)。可见残留物在考古发掘中出土的实例相对较少;而不可见微量残留物则广泛存在于石器、陶器和青铜器上,这是残留物分析的主要对象①。目前,研究人员进行检测的有机残留物种类主要有 5 种:①生物标记物;②脂质;③蛋白质;④DNA;⑤植物微体化石。由于本书相关章节已经分别阐述过 DNA 和植物微体化石的研究,以下重点阐述生物标记物、脂质和蛋白质 3 种有机物的检测原理和研究方法。

一、生物标记物分析

科技考古中的生物标记物(biomarker)是指具有种属特异性的生物分子或者分子组合,这里主要指有机小分子。生物标记物分析即通过在古代残留物中鉴定出有机小分子或因加工和埋藏所产生的衍生物,判断残留物的生物来源。

(一) 原理

某些有机小分子具有种属特异性,这为我们鉴别古代的生物制品提供了重要信息,以下介绍如何分析检测几种较为常见生物制品的生物标记物。

1. 茶残留物分析

咖啡因和茶氨酸是茶叶中常见的生物标记物。咖啡因不仅存在于茶叶中,还存在于咖啡和可可中。由于咖啡和可可是在清朝时引入中国的,因此,在此之前的古代样品中检测到咖啡因,一般可认为和茶残留物相关。而茶氨酸是茶叶中独有的氨基酸,因此,在古代残留物中检出茶氨酸,便能确证与茶叶相关。

2. 酒残留物分析

酿酒是人类较早掌握的生物加工技术。西方文明以生产葡萄酒为特色,东方文明则以谷物发酵酒为特色。水和酒精是酒的主要成分,在长期的埋藏过程中通常极易挥发。酒中含有一些有机酸,如酒石酸和乳酸等。葡萄酒中酒石酸的含量较高,而米酒和啤酒等谷物发酵酒中,也含有少量的酒石酸。

---

① 杨益民:《古代残留物分析在考古中的应用》,《南方文物》2008 年第 2 期,第 20—25 页。

曾经装过酒的陶器,往往能吸附难以挥发的酒石酸或酒石酸盐,因此,酒石酸多作为酒残留物的生物标记物[1]。

3. 墨残留物分析

墨是古代书写用具之一,主要成分是炭黑。松烟墨与油烟墨是中国古代人工制墨发展史中最为重要的两类墨品。松烟墨是由富含松脂的松枝经不完全燃烧获得的烟灰为主要原料制作而成;油烟墨则是由桐油、麻油和猪油等动植物或矿物油经不完全燃烧获得的烟灰为主要原料制作而成。依据多环芳烃的相对含量可区分松烟墨与油烟墨[2]。在松烟墨中往往能检测出䓛烯、海松酸、松香酸或脱氢松香酸。其中,䓛烯是松科植物燃烧的标记物,脱氢松香酸是松香酸常见的氧化分解产物,松香烷和海松烷结构类型的二萜成分是松科植物的特征。

4. 麻黄残留物分析

麻黄是中药中常见的一类药物。麻黄碱是麻黄属植物所特有的生物碱,人类在服用麻黄植物或其制品后,经过一段时间,在新生的头发中能检测出麻黄碱。如在先民的头发或器物中检出麻黄碱,即证明先民服用或加工过麻黄。

5. 桦树皮及其焦油的残留物分析

桦树属于桦木科桦木属植物。在北方狩猎民族中,桦树皮一直用于制作各种器具,也经常用于制作木焦油。桦树皮含有三萜类生物标记物,不仅包含桦木醇、羽扇豆醇和桦木酸等桦树皮中原有的主要成分,还包含桦树皮制作过程中产生的加热产物羽扇豆-2,20(29)-二烯-28-醇(Lupa-2,20(29)-dien-28-ol)和羽扇豆-2,20(29)-二烯(Lupa-2,20(29)-diene,$C_{30}H_{48}$),这些都是鉴定桦树皮的标记物[3]。

---

[1] 杨益民、郭怡、马颖、王昌燧、谢尧亭:《出土青铜酒器残留物分析的尝试》,《南方文物》2008 年第 1 期,第 108—110,107 页。

[2] Wei S., et al., Characterization of the Materials Used in Chinese Ink Sticks by Pyrolysis-gas Chromatography-mass Spectrometry. *Journal of analytical and applied pyrolysis*, 2011, 91: 147-153.

[3] Regert M., et al., Investigating the History of Prehistoric Glues by Gas Chromatography-mass Spectrometry. *Journal of separation science*, 2004, 27: 244-254.

6. 蜂蜡残留物分析

蜂蜡是工蜂分泌的一种物质,最早使用蜂蜡的历史可以上溯到旧石器时代晚期。蜂蜡的生物标记物是一组脂溶性有机分子,包括奇碳烷(C_{21}-C_{33},C_x,X 代表碳原子数)、偶碳脂肪酸(C_{22}-C_{30})和长链棕榈酸酯(C_{40}-C_{52})等,这些都是鉴定蜂蜡的标记物。

(二)方法

从考古遗存上科学地取得样品后,首先使用相应的化学试剂对古代残留物中的有机小分子进行萃取,再对提取液进行过滤和浓缩,然后根据分析对象的属性选择合适的光谱或质谱方法鉴定分子的组成和结构。对于量多、纯度较高的蜂蜡等可见残留物,可直接用显微拉曼光谱法进行鉴定;对于提取出来的有机小分子,如果有机小分子本身或衍生化产物(硅烷化、甲酯化等)的热稳定性较好,如松香酸、桦木醇等,可以采用气相色谱-质谱(GC-MS)进行分析;如果有机小分子的热稳定性差,如茶氨酸,可以采用高效液相色谱-质谱(HPLC-MS)进行分析。气相色谱-质谱配备有庞大的数据库,可以将测试数据通过软件直接在数据库中进行搜索比对,判断提取液中存在哪些有机小分子;在不了解样品背景的前提下,使用气相色谱-质谱具有特别的优势。液相色谱-质谱没有数据库,在分析时需要和标准物质进行比对,故其前提条件是有明确的分析对象。

二、脂质分析

脂类物质是生物体的重要组成部分之一,包括脂肪酸和醇形成的酯类及其衍生物,不同生物所含脂类物质的成分和比例有所不同,依据这些差异可区分生物的种类。

(一)原理

陶器是考古发掘中出土最多的遗存。作为多孔材料,在使用过程中,陶器从储存或加工(如烹调)的食物(肉类、粮食作物、蜂蜜和牛奶等)中吸附相当数量的脂类物质。同时,较小的孔隙有利于保护脂类分子免于微生物的侵蚀。而脂类分子的疏水性又使其不易流失。因此,在长期的埋藏过程中,陶器所吸附的脂类分子通常能得到较好的保存。这样,陶器便成为脂类分析的主要对象之一。

动物或植物的油脂主要由甘油三酯组成。动物油中的甘油三酯含有大量的饱和脂肪酸,植物油中的甘油三酯主要含有不饱和脂肪酸。在长期埋藏过程中,不饱和脂肪酸的分解较快。因此,古代样品中往往只剩下饱和脂肪酸。目前还很难通过脂肪酸的组成及含量来区分动物种类。但是,古代脂质样品中含有大量的 16 烷酸(软脂酸,$C_{16:0}$)和 18 烷酸(硬脂酸,$C_{18:0}$),通过测定其单体碳同位素值,可推测脂类的生物来源。

通过分析现代动物脂肪的 $C_{16:0}$ 和 $C_{18:0}$ 脂肪酸的 ^{13}C 值($\delta^{13}C$),发现反刍动物(牛、羊)和非反刍动物(猪)的体脂与乳脂所含的 $C_{16:0}$ 和 $C_{18:0}$ 由于合成路径的差异而存在碳十三分馏现象,因此,反刍动物乳脂(牛羊奶)和体脂(牛羊油)与非反刍动物体脂(猪油等)具有不同的 $^{13}C_{16:0}$ 和 $^{13}C_{18:0}$ 值分布,$\Delta^{13}C > 0‰$ 是非反刍动物的体脂,$\Delta^{13}C$ 介于 0 和 $-3.3‰$ 之间是反刍动物的体脂,$\Delta^{13}C < -3.3‰$ 是反刍动物的乳脂($\Delta^{13}C = \delta^{13}C_{18:0} - \delta^{13}C_{16:0}$)[1]。通过对载体中相关脂类物质的分析,便可以做出科学的判断。

(二)方法

去除陶片等吸附脂质的载体表面的污染,磨成粉末,用化学试剂提取脂质,用 GC-MS 判断甘油三酯的保存程度,再水解甘油三酯,甲酯化脂肪酸,最后提取脂肪酸甲酯,在气相色谱-燃烧炉-稳定同位素质谱(GC-C-IRMS)上测试脂类单体的 ^{13}C 比值,判断脂类物质的生物来源。

三、蛋白质分析

蛋白质是生物的重要组成部分,在生物的生理活动中扮演了重要的角色。因此,在利用生物资源的过程中产生的有机残留物往往含有或多或少的蛋白质,对其进行分析,能够发现丰富的古人利用生物资源状况的信息。常见的蛋

---

[1] Copley M. S., et al., Direct Chemical Evidence for Widespread Dairying in Prehistoric Britain. *Proceedings of the National Academy of Sciences*, 2003, 100: 1524-1529.

白质分析方法有3种：①根据蛋白质种属的特异性,用抗原抗体免疫反应来鉴定蛋白质的生物来源。②根据不同蛋白质的氨基酸含量差异,用色谱法或气质联用法来鉴定蛋白质的生物来源。③根据不同种类蛋白质氨基酸序列的特异性,用高分辨质谱蛋白质组学方法来分析蛋白质的生物来源。其中,蛋白质组学方法是通过高分辨率质谱来鉴定肽段(蛋白质片段)的氨基酸序列,可直接判断蛋白质的种类和种属。这个方法已经成为国际上蛋白质鉴定的主流方法。借助于日渐庞大的蛋白质数据库,蛋白质组学可以准确地判断有机残留物中的生物来源。因此,在种属鉴定、动植物利用、器物用途和文化交流等方面有着广阔的应用前景。

（一）原理

不同动物的同源蛋白质(在不同生物体内行使相同或相似功能的蛋白质)在氨基酸序列上存在差异,这是鉴定蛋白质种属的理论依据。此外,通过分析肽段(蛋白质片段)氨基酸序列的某些化学基团是否发生了改变(修饰),还可以判断该蛋白质是否属于现代污染蛋白。

蛋白质是构成动物各个组织器官的主要成分,肉、皮、血、骨、角、奶、毛、油脂或蛋等往往含有不同种类的蛋白质,比如,奶中含有酪蛋白,毛发主要由角蛋白组成。因此,应用蛋白质组学的方法鉴定蛋白质的种类,可以判断蛋白质的来源部位,这是包括DNA技术在内的其他分析方法难以实现的,这在全面了解先民开发动物产品的状况中可以发挥重要的作用。

与动物不同,植物的有机组成部分主要是糖类；植物根茎叶中的蛋白质含量很低,然而植物种子中蛋白质的含量往往在10%左右甚至更多。在多数情况下,对植物的利用主要集中在对种子的深加工,比如粮食作物(水稻、黍粟、小麦、大麦和玉米等)和油料作物(大麻、芝麻、油茶、桐树、大豆和花生等)；在加工过程中,或多或少地保留有植物种子的蛋白质。因此,蛋白质组学也可以用于对植物种子制品的残留物进行蛋白质分析,以鉴定其生物来源。

蛋白质是微生物的主要组成部分之一,蛋白质组学在现代微生物的高通量鉴定中发挥了重要作用,现在已经成功地用于鉴定考古样品中的乳酸菌和酵母菌的工作。

相对于其他种属鉴定的生物或化学的方法,蛋白质组学分析不需要有先验知识或假设,是一种"广谱分析",能够鉴定样品中所含蛋白质的种属和种类,而蛋白质的种类往往和蛋白质的来源部位相关,这是蛋白质分析的独特优势。

（二）方法

基于质谱技术的蛋白质组学分析方法鉴定古代残留物中蛋白质的工作流程主要分为以下 4 个步骤：①对古代样品中的蛋白质进行提取和酶解；②通过生物质谱技术鉴定肽段的氨基酸序列；③通过蛋白质数据库对肽段序列进行检索和物种相似度匹配，从而判断其生物来源；④结合考古背景，探讨相关的考古学问题。

第二节 研究与思考

早在1979年，中国学者就对河北省平山县中山王墓随葬的铜壶中的液体进行色谱分析，认定液体中含有乙醇[①]。进入 21 世纪以来，杨益民等开始对考古遗址出土的有机残留物进行系统的研究。这里阐述近些年有机残留物分析的主要研究成果，然后提出观点。

一、研究成果

（一）古代发酵食品的分析

杨益民等在对新疆维吾尔自治区吐鲁番盆地苏贝希墓地的面食分析中，不仅发现面粉源自大麦和黍，还含有乳酸菌和酵母，显微CT表明其内部较为疏松，应经过发酵处理，当时的面食可能与今天的面包类似[②]。

（二）古代奶制品的研究

杨益民等使用蛋白质组学方法对新疆维吾尔自治区罗布泊地区小河墓地中距今3 600年前的固体牛奶制品进行分析，发现块状物和颗粒状物质具有不同的蛋白质组成：颗粒状物质的蛋白质组成接近全奶，而块状物的乳清蛋白含量较低，主要成分是酪蛋白，这说明块状物是奶酪（图 6-1）。随后，他们

---

① 北京市发酵工业研究所：《中山王墓出土铜壶中的液体的初步鉴定》，《故宫博物院院刊》1979 年第 4 期，第 94—97 页。
② Shevchenko A., et al., Proteomics Identifies the Composition and Manufacturing Recipe of the 2 500-year Old Sourdough Bread from Subeixi Cemetery in China. *Journal of proteomics*，2014，105：363-371.

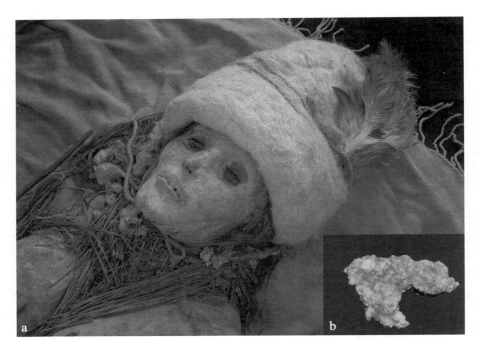

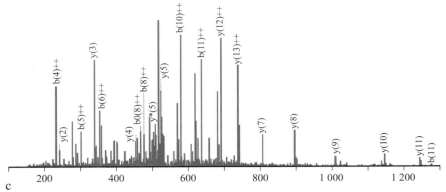

图 6-1　新疆维吾尔自治区罗布泊地区小河墓地 M11 出土奶酪及质谱分析图

a. 出土状况　b. 奶酪　c. 质谱分析图

（中国科学院大学杨益民教授提供，稍作修改）

又在奶酪中鉴定出开菲尔乳酸菌和酵母菌，并据此推断先民先酿制一种特殊的发酵乳开菲尔，再经过脱脂处理和乳清分离，最后得到开菲尔奶酪。此项研究将开菲尔奶酪的制作历史上溯到距今约 3 600 年，为探讨开菲尔奶酪的起源和传播提供了重要依据。值得一提的是在与小河墓地同属小河文化的距今3 800年前的古墓沟墓地中,却没有发现固体奶制品,仅在一个草篓中发现酸奶的沉积物。杨益民等认为小河文化奶制品制作工艺从古墓沟到小河墓地的变化可能涉及两个原因:其一,小河墓地发现有东亚蒙古人种,由于东亚蒙古人种的肠胃不适应乳糖,因此,对奶制品的制作有更高的要求。其二,距今约4 000年到3 500年左右,气候逐渐恶化,持续变冷变干,而固体奶制品保存期长、易于携带,更适合活动范围扩大的生活方式。因此,从古墓沟墓地的先民到小河墓地的先民制作奶制品的方式出现变化,将制作液体变为制作固体,这可能是先民适应环境状况恶化的一种生活方式[1]。

(三) 古代酒残留物的判定

张居中等采用气相色谱-质谱、液相色谱-质谱、傅里叶变换红外光谱分析(FT–IR)、碳、氮稳定同位素分析和法伊格尔化学点滴试验分析等5种方法,从河南省舞阳县贾湖遗址出土的新石器时代陶片以及商周时期的两件青铜器中提取残留物并分别进行测试分析,不同方法的检测结果均显示其残留物中含有稻米、蜂蜜和水果的混合成分,从而发现了中国距今9 000年的混合发酵饮料[2]。杨益民等对山西省绛县西周倗国墓地出土的两件青铜酒器——铜盉和铜觯的器物内壁与填土接触面的黑色薄层残留物进行了研究,通过快速溶剂萃取法提取有机残留物,然后利用液相色谱进行了定性分析,发现其中含有酒石酸,证明这些器物在随葬时可能盛有酒[3]。

(四) 古代茶叶的分析

范文奇等对安徽省六安市北宋墓中出土的疑似炭化茶叶进行中药显微

---

[1] Yang Y., et al., Proteomics Evidence for Kefir Dairy in Early Bronze Age China. *Journal of Archaeological Science*, 2014,45: 178–186. Yang Y., et al., Proteomics Evidence for Kefir Dairy in Early Bronze Age China. *Journal of Archaeological Science*, 2014,45: 178–186. Xie M., et al., Identification of a Dairy Product in the Grass Woven Basket from Gumugou Cemetery (3800 BP, northwestern China). *Quaternary International*, doi: 10.1016/j.quaint.2016.04.015

[2] McGovern P. E., et al., Fermented Beverages of Pre-and Proto-historic China. *Proceedings of the National Academy of Sciences*, 2004,101: 17593–17598.

[3] 杨益民、郭怡、马颖、王昌燧、谢尧亭:《出土青铜酒器残留物分析的尝试》,《南方文物》2008年第1期,第108—110,107页。

鉴别技术观察和高效液相色谱-质谱联用仪检测,发现这些炭化茶叶疑似物具有与现代六安茶中特征相似的单细胞非腺毛、簇晶、分枝状石细胞等。另外,炭化茶叶疑似物与现代茶叶在质荷比195.00处为相同的物质,质荷比195.00的化合物为咖啡因,而咖啡因是茶叶的特征成分之一。结合两种观察和分析方法的结果,可以证明炭化茶叶疑似物确实是茶叶。依据古代文献记载,六安地区自唐代开始就产茶,并有茶叶市场[1]。吕厚远等针对西藏自治区阿里地区故如甲木遗址和陕西省西安市汉阳陵陪葬坑出土的疑似茶叶的植物类残留物,进行系统的植钙体、生物标记物分析和碳十四年代学测定。发现故如甲木遗址出土的植物的年代为距今1 800年左右,属于西藏古象雄王国时期;汉阳陵出土的植物的年代为距今2 100年左右;同时,这些古代植物样品中都含有茶叶的植钙体、茶氨酸和咖啡因等可以互为验证的证据,从而确认了故如甲木和汉阳陵出土的植物遗存都是茶叶,为茶的起源和丝绸之路上的植物交流提供了重要的物证[2]。

（五）古代粟作农业起源的研究

黍素（Miliacin）是粟和黍的特征性生物标记物,可以用气相色谱-质谱联用加以鉴定,吕厚远等应用此方法和植硅体方法对河北省武安县磁山遗址窖穴的灰化样品进行研究,发现存在早期的黍,为探讨粟作农业的起源提供了重要的证据[3]。

（六）古代器物功能的探讨

赵春燕利用中子活化分析方法,对河南省安阳市殷墟花园庄54号墓出土的8件带盖的陶罍内的积土进行分析,通过对检测出来的无机元素的含量进行分类。发现有1件陶罍的土壤元素在聚类分析中自成一类,该陶罍中的积

---

[1] 范文奇、龚德才、姚政权、李德文:《六安北宋墓出土炭化茶叶疑似物的鉴定分析》,《农业考古》2012年第2期,第212—217页。
[2] Lu H., et al., Earliest Tea as Evidence for One Branch of the Silk Road across the Tibetan Plateau. *Scientific Reports* 2016,6：18955.
[3] Lu H., et al., Earliest Domestication of Common Millet (*Panicum miliaceum*) in East Asia extended to 10,000 years ago. *Proceedings of the National Academy of Sciences*, 2009,106：7367 - 7372.

土中还有许多破碎成小片的兽骨,推测当时这件陶罍盛装的食物为肉类;另外 6 件陶罍的土壤元素聚类分析接近,其中 1 件陶罍发现有梅核,推测这 6 件陶罍中的埋藏物相似;还有 1 件陶罍元素分析的结果与前两类均不同。该研究初步区分出下葬时随葬陶罍内分别盛装了植物性食物和动物性食物①。

任萌等利用红外光谱、脂质分析及单体脂肪酸稳定碳同位素分析方法对甘肃省酒泉市西沟村魏晋墓 M5 出土铜甑釜(分体甗)下半部分残存的一些白色膏状残留物进行了分析。结果表明,这些白色膏状残留物应为反刍动物油脂,推测这类反刍动物油脂是在蒸制铜甑中的牛肉或羊肉时渗流下来而形成的,由此证实了该釜甑组合当时是作为炊蒸器,是一种用来加工肉食的器物②。

(七) 古代黏合剂的鉴定

饶慧芸等应用蛋白质组学分析方法对新疆维吾尔自治区罗布泊地区小河墓地出土的一件镶嵌骨雕的法杖样品进行研究,鉴定结果证明其黏合剂为牛胶。这一研究结果将中国利用动物胶的历史追溯到距今约 3 500 年前③。饶慧芸等还应用蛋白质组学分析方法对河北省遵化市清东陵和山西省太原市文庙的地仗层进行鉴定,发现其中加入了牛血和猪血作为胶结材料,这为判定血液残留物提供了新的研究方法。值得一提的是,中国传统油饰彩画是古建筑遗产中极具特色的组成部分,地仗层的材料成分分析可为古建筑中彩画的病害机制和修复保护提供重要依据④。

(八) 造纸遗址残留物的检测

赵春燕等通过对浙江省杭州市富阳区泗洲造纸作坊遗址出土的容器内的残留物及现代麻、藤皮、构皮和竹子进行碳同位素分析,结果表明,容器内

---

① 赵春燕、徐广德、赵志军:《殷墟花园庄 54 号墓出土陶器内积土的化学分析初步结果》,中国社会科学院考古研究所考古科技中心编:《科技考古》(第一辑),中国社会科学出版社 2005 年版,第 316—318 页。
② 任萌、罗武干、赵亚军、麦慧娟、饶慧芸、杨益民、王昌燧:《甘肃酒泉西沟村魏晋墓铜甑釜残留物的脂质分析》,《文物保护与考古科学》2016 年第 28 卷第 2 期,第 116—122 页。
③ Rao H., et al., Proteomic identification of adhesive on a bone sculpture-inlaid wooden artifact from the Xiaohe Cemetery, Xinjiang, China. *Journal of Archaeological Science*, 2015, 53: 148-155.
④ Rao H., et al., Proteomic identification of organic additives in the mortars of ancient Chinese wooden buildings. *Analytical Methods*, 2015, 7: 143-149.

残留物的^{13}C值与现代的竹纸原料样品的^{13}C值相近,也与当地现代的竹类样品的^{13}C值相近,而与麻、藤和构皮等植物样品的^{13}C值不同。由此推测,容器内可能原来盛装过竹类植物。这为进一步推测古纸的制作工艺提供了重要的证据[①]。

二、思考

古代社会的诸多方面都涉及动植物及其制品的利用,通过对有机残留物的分析和研究,确认了古代的面包、酒类和茶叶,参与探讨了古代粟作农业,认识了古代器物的功能,了解了古代黏合剂的成分并鉴定了造纸的原料,这些成果显示出这个新兴研究领域前景广阔。

这个新兴的研究领域尚需进一步完善和提高,主要有以下3点。

第一,学习国际上最新的研究方法。我们的研究与国际上的前沿研究相比仍有差距。比如,我们对考古遗存的脂质分析极少,对陶片吸附的脂质研究尚未涉及;对考古遗存的蛋白质分析研究的深度和广度有待提高。在借鉴相关研究方法的同时,还应大力拓宽其应用的范围。以蛋白质组学方法为例,该方法除了残留物分析之外,还应对古代某些传染性疾病的相关病菌开展研究,比如肺结核致病菌结核杆菌等。这类研究可以为我们认识古代流行病的发生及其对人类社会的影响提供借鉴。

第二,从多个角度探讨分析结果。以往的研究结果尚存在多种解释。比如,针对酒残留物的分析结果,就存在人工有意识地发酵和残留食物的自然发酵两种可能性,需要进行明确的区分。可以考虑把考古学的出土背景、器型分析和科技分析有机地结合在一起,为酒残留物的判定提供科学的证据。

第三,制定科学的研究计划。在认真归纳研究成果的基础上,提升课题意识,确立明确的科学问题,将个案研究融入考古学文化演变和人类社会发展这一大背景下进行探讨。比如,面对众多考古遗址出土的大量陶片,以分析陶片上的残留物作为切入点,借鉴动植物遗存及相关人工遗物的研究结

[①] 赵春燕:《富阳泗洲宋代造纸遗址出土样品的碳稳定同位素分析》,唐俊杰主编:《富阳泗洲宋代造纸遗址》,文物出版社2012版,第148—152页。

果,探讨古代居民的生计模式和社会发展状况等。

本章小结 　古代社会普遍存在使用生物资源的行为,因而古代社会的方方面面几乎都离不开对动植物及其相关制品的利用,因而有机残留物分析必然涉及广泛的领域,如食物加工与消费、农业起源与传播、动植物材料的加工与使用等,这些分析有助于我们认识农业的发展状况、动植物的开发与利用以及印刷、造纸、纺织、医药和化妆品的生产工艺等。在今后的研究中,相关人员需要进一步完善研究计划和研究方法,努力实践。

第七章

环境考古

内容提要　环境考古主要是运用地貌学、第四纪地质学、地球化学、古地磁学、古生物学、沉积学和年代学等诸多学科的理论和方法,对人类文化遗址及其周边地区的古代自然环境进行综合研究,系统地了解古代人类的生存环境(包括地貌、气候、水文、土壤和动植物资源等)及其时空变化的规律,并结合考古学文化的研究,揭示自然环境与人类文化的关系,探讨自然环境如何影响古代人类文化的形成与发展,以及人类在适应自然环境的过程中,如何在求得自身生存和发展的同时,又给自然环境带来各种影响。

第一节　概述和方法

一、概述

人类社会的历史为众多因素的合力所造就,这些因素交织而成一个庞大的自然—人文—社会的系统。自然环境在这个系统中发挥了重要的作用。自然环境既为人类的生存和发展提供了物质基础,又为人类进行各种活动提供了一个舞台，人类的各种行为和认识在根本上都与其所处的自然环境密切相关。人类在认识、利用和改造自然的过程中，对自然环境造成各种影响，从而形成了复杂多样的文化景观。正因如此，要认识古代人类社会就必须研究自然环境与文化之间的互动关系。环境考古研究的目的就是为了全面、具体地阐述和解释古代的自然环境和人类行为的相互作用。其研究主要包括两个部分，即重建古代的自然环境、探讨古代的人地关系。

要实现环境考古研究的目的，就必须首先了解古代的自然环境状况和人类行为。其中，古环境的重建有赖于各种地貌、沉积现象以及环境代用指标的提取，这构成了环境考古研究的基本任务。而相关的古代人类行为不仅包括古代人类具体的生产和生活方式，更重要的还有他们对其所处的自然环境的认识。这些资料大部分可以通过田野考古调查和发掘以及多种自然科学方法的应用而获知，有些则需要包括环境考古在内的考古学研究做进一步的探讨[①]。

二、研究方法

（一）野外调查

野外调查包括 3 个部分。第一部分是观察和描述地貌的特征，主要分为地貌形态、地貌构成的物质以及地貌类型的组合关系等 3 个方面，目的是认识不同地貌类型的形态特征、形成原因及其过程。第二部分是观察和认识剖面，主要观察和认识自然形成以及各种人工开挖的剖面。在必要时，也可以主动挖掘探沟或者进行钻探，获取具体研究所需的剖面。此类观察和认识是对沉积物进行分层和辨别沉积物的颜色、粒度组成、颗粒形态、矿物成分、层理和构造，以及其中包含的动植物遗存、人工遗迹和遗物，认识地层的堆积状况及人为的作用。第三部分是采集样品，分为采集散样和采集土壤微结构样品两种。在剖面采集的散样，用于孢粉分析、植硅体分析、粒度分

---

① 王辉：《环境考古》，中国社会科学院考古研究所：《科技考古的方法和应用》，文物出版社 2012 年版，第 45—63 页。

析、磁化率分析和化学元素分析等；在剖面和平面采集的土壤微结构样品，则用于土壤微结构分析。

（二）室内分析

在实验室内对野外采集的各种样品进行分析，其主要目的是为了了解地层的年代、沉积物的性质和成因，以及从沉积物中提取古环境变化的信息。

常用的分析方法有孢粉分析、粒度分析、磁化率分析和土壤微结构分析等4种。其中，孢粉分析是重建古环境最常用的方法之一，根据孢粉鉴定的结果，可以重建古代的植被面貌，并据此间接地推断当时的古气候等环境特征。粒度分析是沉积学研究中的一个重要方法，主要用于确定沉积物的沉积环境以及重建古地貌。磁化率分析是以黄土—古土壤为对象，主要探讨古气候的温湿程度。土壤微结构分析是通过对土壤微结构的切片、观察和描述，揭示土壤的形成过程及蕴含的各种自然和人的行为的信息。

通过以上的野外调查和室内分析，完成古地貌和古气候的复原等工作。再结合各类考古遗址和人工遗迹与遗物的分析，研究古环境的重建、自然资源的确定、聚落形态与自然环境的关系、稳定状态和灾难事件下的人地关系、环境变化对文化发展的影响等问题①。

第二节 研究与思考

一、研究成果

早在20世纪20年代初，瑞典学者安特生在发掘河南省渑池县仰韶村遗址时，就注意对地形和地貌进行观察。20世纪20—30年代，李济等中国学者在发掘山西省夏县西阴村遗址和河南省安阳市殷墟遗址时，也注意观察遗址

---

① 王辉：《环境考古》，中国社会科学院考古研究所：《科技考古的方法和应用》，文物出版社2012年版，第45—63页。

周围的地形和地貌①。

20世纪60年代初,夏鼐撰文特别强调孢粉分析和动物考古在考古发掘中的应用②。裴文中、贾兰坡和竺可桢等也都发表过相关的论文③。这些论文对20世纪80年代末以来的环境考古学的发展产生了深远影响。

1987年,周昆叔在侯仁之的指导下,在北京市上宅遗址开展古环境的研究工作,这标志着中国环境考古进入一个新的阶段④。此后,地理学和第四纪地质学等研究领域的学者们逐渐关注并介入到考古学的研究中,从人地关系的角度探讨区域古环境的变迁,并用来解释考古学所揭示的文化演进和人类活动。全新世以来的古环境研究所取得的丰硕成果成为早期环境考古迅速发展的重要基础⑤。王辉等对相关成果进行了总结,指出与人类活动关系密切的地貌演变主要表现为河流的下切与淤积、河道变动、湖泊变迁、海平面变化与海岸进退以及沙丘固定与活化等。新石器时代的气候变化包括早全新世升温期和中全新世大暖期两个阶段,这一气候变化的特点在我国各个地区均有体现,但不同地区全新世大暖期的起讫时间和升温幅度以及水热配置又存在明显差异。而且全新世气候也并非像原来认为的那样稳定,主要表现为存在多次短暂的气候突变事件⑥。

近年来,随着聚落考古研究的开展以及动植物考古研究的全面兴起,对古代人类活动的认识有了全方位的提升。在此背景下,环境考古研究也逐渐呈现出由区域向具体的遗址转变的趋势。

---

① 陈星灿:《中国史前考古学史研究》,社会科学文献出版社2007年版,第133—135页。陈星灿:《安特生与中国史前考古学的早期研究——为纪念仰韶文化发现七十周年而作》,《华夏考古》1992年第1期,第83—95页。
② 夏鼐:《我国近五年来的考古新收获》,《考古》1964年第10期,第485—497,503页。
③ 裴文中:《中国原始人类的生活环境》,《古脊椎动物与古人类》1960年第2卷第1期,第9—21页。贾兰坡、张振标:《河南淅川县下王岗遗址中的动物群》,《文物》1977年第6期,第41—49页。竺可桢:《中国近五千年来气候变迁的初步研究》,《考古学报》,1972年第1期,第15—38页。
④ 周昆叔:《北京环境考古》,《第四纪研究》1989年第1期,第84—94页。
⑤ 施雅风主编:《中国全新世大暖期气候与环境》,海洋出版社1992年版。张兰生主编:《中国生存环境历史演变规律研究(一)》,海洋出版社1993年版。张丕远、孔昭宸、龚高法、郭其蕴主编:《中国历史气候变化》,山东科学技术出版社1996年版。除上述3部有关环境变化的综合性文集外,尚有数以千计的论文散见于期刊及各种主题的论文集中。
⑥ 王辉、袁靖:《中国新石器时代的自然环境》,中国社会科学院考古研究所编著:《中国考古学·新石器时代卷》,中国社会科学出版社2010年版,第48—79页。

迄今为止，发表的与环境考古相关的论文在科技考古各个领域中名列前茅，有关环境考古的专著和论文集的数量也多达 10 余本[①]。全部研究成果主要体现在以下 4 个方面。

(一) 自然环境与聚落的关系

聚落作为人类居住以及进行生产活动和社会活动的场所，与自然环境在多个层面上都存在密切的关系，成为探讨人类和自然环境相互关系的一个焦点[②]。相关研究人员发表了大量的研究成果，可以归纳为以下 3 个方面。

1. 聚落对环境的适应

聚落的选址、聚落的形状和聚落的建筑都反映着古人对环境的适应状况。如聚落的选址是由多种因素决定的。其中，自然资源中的土地资源、水资源和食物资源以及对自然灾害的考虑是史前人类决定聚落选址中最重要的因素。聚落的选址通常被归结为与聚落所在的地貌相关，因为地貌结构中的不同位置对于古人具有不同的资源配置和不同的安全系数。袁纯富等考察了江汉地区遗址分布的地理特点，分别论述了高山地区、丘陵地区和平原地区人类活动的合理性[③]。许延宝研究了湖北省黄州市古文化遗址的地貌特

[①] 周昆叔、巩启明主编：《环境考古研究》(第一辑)，科学出版社 1991 年版。中国社会科学院考古研究所编著：《胶东半岛贝丘遗址环境考古》，社会科学文献出版社 1999 年版。周昆叔、宋豫秦主编：《环境考古研究》(第二辑)，科学出版社 2000 年版。宋豫秦：《中国文明起源的人地关系简论》，科学出版社 2002 年版。李东、李矛利：《科尔沁沙地环境与考古》，吉林人民出版社 2004 年版。汤卓炜编著：《环境考古学》，科学出版社 2004 年版。周昆叔等主编：《环境考古研究》(第三辑)，北京大学出版社 2006 年版。湖南省文物考古研究所、国际日本文化研究中心：《澧县城头山：中日合作澧阳平原环境考古与有关综合研究》，文物出版社 2007 年版。莫多闻等主编：《环境考古研究》(第四辑)，北京大学出版社 2007 年版。周昆叔：《环境考古》，文物出版社 2007 年版。方辉主编：《聚落与环境考古学理论与实践》，山东大学出版社 2007 年版。崔建新：《气候与文化：基于多源数据分析方法的环境考古学探索》，科学出版社 2012 年版。夏正楷等主编：《环境考古学——理论与实践》，北京大学出版社 2012 年版。滕铭予：《GIS 支持下的赤峰地区环境考古研究》，科学出版社 2013 年版。杨瑞霞、鲁鹏：《数字环境考古理论与实践》，科学出版社 2013 年版。朱诚、李兰、刘万青：《环境考古概论》，科学出版社 2013 年版。高华中：《沂沭河流域龙山文化兴衰的环境考古研究》，中央文献出版社 2015 年版。

[②] 张光直：《谈聚落形态考古》，《考古学专题六讲》，文物出版社 1986 年版。

[③] 袁纯富、范志谦：《试论江汉地区原始文化的地理诸问题》，《考古》1987 年第 9 期，第 803—807 页。

征,并总结出择水而聚、依墩而居和聚畔宜耕等聚落分布的特点①。大量具有地域特色的聚落反映了区域环境及自然资源的特点。如在黄河下游的豫东和鲁西南地区分布着大量的堌堆遗址②,在胶东半岛、珠江三角洲和台北盆地等地分布着大量的贝丘遗址③,在中国北方长城地带发现了大量的石城聚落④,这些都是古人适应自然环境的现象。

聚落的形状反映了土地资源和地形对聚落的限制。在平原地区有大量适宜建造聚落的土地资源。因此,聚落的平面形态多呈现出近于圆形或者不规则多边形。在靠近河流的地方,为了避免洪水危害,聚落往往沿河流两岸较高的地形呈条带状分布。在山谷中,阶地表面是最主要的土地资源,聚落的形状也就与阶地的分布和形状有关。

聚落的建筑受自然环境的影响。严文明发现房屋形状的不同与自然环境的特征关系密切,如在黄河流域及其以北的史前文化中,常见地穴或半地穴式建筑,在黄土地带还常有窑洞式建筑;而在长江流域及其以南的史前文化中则多见地面起建的房屋,有时在沼泽或河湖岸边还采用干栏式建筑⑤。钱耀鹏将史前聚落遗址中常见的房屋建造形式分为竖穴式、窑洞式、地面式、干栏式和夯土高台式等5种,中国自然环境的多样性特征导致了房屋建造形式的多样性特点及其在特定区域内的分布⑥。

2. 自然环境与聚落形态的变化

所有的聚落都形成于一定的地貌类型之上。因此,河流系统的变化、海

---

① 许延保:《湖北黄州市古文化遗址的地貌特征》,《考古》1996年第5期,第46—50页。
② 孙波:《黄淮下游地区沙基堌堆遗址辨析》,《考古》2003年第6期,第90—95页。郅田夫、张启龙:《菏泽地区的堌堆遗存》,《考古》1987年第11期,第1002—1008页。
③ 袁靖:《关于胶东半岛贝丘遗址环境考古学的几点思考》,《东南文化》1998年第2期,第36—39页。袁靖:《珠江三角洲贝丘遗址的环境考古学问题》,香港中文大学中国考古艺术研究中心、厦门大学历史系考古教研室编:《东南考古研究》(第二辑),厦门大学出版社1999年版,第147—149页。张伟强、黄振国:《台湾晚更新世以来的环境考古》,《热带地理》1996年第16卷第4期,第291—298页。李岩、赵善德:《珠江三角洲贝丘遗址考古研究的实践与思考》,《南方文物》1995年第1期,第38—45页。
④ 孙周勇:《大青山南麓石城聚落初步研究》,《文博》2000年第5期,第47—53页。
⑤ 严文明:《聚落考古与史前社会研究》,《文物》1997年第6期,第27—35页。
⑥ 钱耀鹏:《史前聚落的自然环境因素分析》,《西北大学学报(自然科学版)》2002年第32卷第4期,第417—420页。

岸的进退、湖泊的消长、沙地的收缩与扩张等地貌环境的变迁,直接影响到古人活动的范围。

河流阶地的发育为人类活动提供了新的活动空间。夏正楷等研究了西拉木伦河流域史前文化遗址的垂直分布与河流阶地发育的关系。他们发现距今 8 000 年到 6 500 年间,该流域开始出现现代水系的雏形,地貌表现为宽广的山间黄土堆积平原,兴隆洼—赵宝沟时期的居民活动在黄土平原和周围山麓地带。距今 6 500 年前后,形成河流水系并发生强烈下切,黄土堆积平原被分割为黄土台塬和河谷。距今 6 000 年到 4 000 年间,红山文化和小河沿文化的居民除了继续活动在黄土台塬之外,新生的河漫滩也成为人类的活动场所。距今 4 000 年前后河流再次下切,形成现在的二级阶地和新的河漫滩。这些新形成的土地资源为夏家店下层文化和夏家店上层文化的人类提供了安全和适合农作的场所。在距今 1 000 年前后,河流再次下切,形成现在的一级阶地,辽代人类主要活动在这一级阶地面上[①]。崔之久等认为西拉木伦河流域构造的中度抬升和河流下切,造成了西拉木伦河流域考古文化遗址在空间上的垂直迁移;频繁的迁移导致了考古遗址在堆积形态上主要表现为单一型,体现了不同考古文化之间"间断"的、不稳定的传承方式。这样的时空分布规律,反映了在中度抬升地区构造与气候演变的大背景下,地貌演化和水文条件的改变影响到考古文化类型的演替[②]。

海岸的进退影响到人类居住地的变迁。海平面上升导致古人选择更高的位置建立聚落,而海平面下降则导致严重依赖海岸带资源的聚落向海退的方向迁移,或在较长的时间尺度上影响到文化的空间分布。在华北平原与长江中下游平原,全新世海退的水平距离可达 100—120 公里以上;在中小型河口三角洲与港湾平原,海退幅度也可达数公里至十余公里[③]。全新世海岸线出现如此大幅度的变动,必然会对古代遗址的分布与文化的发展产生深远的影响。

湖泊水位不断地上下波动限制了土地资源的利用。例如,在岱海盆地,

[①] 夏正楷、邓辉、武弘麟:《内蒙西拉木伦河流域考古文化演变的地貌背景分析》,《地理学报》2000 年第 55 卷第 3 期,第 329—336 页。
[②] 崔之久、杨晓燕、夏正楷:《初论古文化类型演替与传承模式的区域分异》,《第四纪研究》2002 年第 22 卷第 5 期,第 434—441 页。
[③] 赵希涛、张景文:《中国海陆变迁与海面变化的 ^{14}C 年代学研究》,《中国沿海环境变迁》,海洋出版社 1994 年版。

文化景观在同一时代呈现出沿湖等高分布的现象：距今 7 000 年前的后岗一期文化遗址的分布高程为海拔 1 350 米左右；距今 6 000 年前的仰韶文化王墓山坡上遗址的分布高程为 1 270 米以上；距今 5 800 年到 5 000 年期间的海生不浪文化遗址从早至晚分布的高程在 1 290—1 300 米左右；距今 4 800 年到 4 300 年期间的老虎山文化遗址的分布高程在 1 300 米以上；而相当于汉代及以后的文化遗址均分布于 1 250 米以下的湖边二三级台地上[①]。

沙地的扩张或缩小是整个气候发生变化的结果。在温湿的气候条件下，生草成壤的过程占据主导地位，流动沙丘向固定-半固定沙区转化。而在干冷多风的气候条件下，沙丘活化和沙地面积扩大，在剖面中形成风沙层。夏正楷等研究了科尔沁沙地在全新世大暖期的两次大规模进退对区域史前文化造成的影响[②]。李水城发现在距今 5 000 年到 4 000 年的沙地第一次扩展期间，属于小河沿文化的遗址数量不但较之前的红山文化骤减，而且其分布也集中于赤峰地区周围的黄土台地上[③]。

尽管许多聚落变化与环境变化有关，但是还有许多自然环境并未发生显著的变化，却因人类活动本身的变化而导致聚落形态改变的实例。如王辉通过对河南双洎河中上游地区新石器时代两种聚落分布模式的演替研究，发现在裴李岗文化时期，绝大多数聚落分布在西部的低山丘陵地区，并且性质单一。而到了仰韶文化及其以后的龙山文化和新砦文化时期，聚落则主要分布在东部的河谷平原地区，并表现出显著的重复利用。这种聚落分布模式的变化与资源利用模式的变化有关，并与区域环境中资源配置的空间分布密不可分。裴李岗文化时期仍处于狩猎采集经济向农业经济过渡的阶段，而到了仰韶文化时期，尤其是庙底沟类型阶段之后，确立了农业经济在整个生业模式中的核心地位。农业和自然环境的关系与渔猎采集和自然环境的关系有着根本性的不同。农业的发展需要合适的土地资源和气候资源，但这些资源条件的分布受制于区域内不同自然环境的制约。裴李岗文化遗址所在的地区为低山丘陵，可供农业发展的土地资源比较匮乏，而双洎河中上游地区的东

---

① 田广金：《论内蒙古中南部史前考古》，《考古学报》1997 年第 2 期，第 121—145 页。
② 夏正楷、邓辉、武弘麟：《内蒙西拉木伦河流域考古文化演变的地貌背景分析》，《地理学报》2000 年第 55 卷第 3 期，第 329—336 页。
③ 李水城：《西拉木伦河流域古文化变迁及人地关系研究》，教育部人文社会科学重点研究基地、吉林大学边疆考古研究中心编：《边疆考古研究》（第一辑），科学出版社 2002 年版，第 269—288 页。

部有大面积的地势平坦的河谷平原和阶地,适合仰韶文化时期新的资源利用模式的需求,因而导致聚落分布发生显著的变化(图7-1)①。

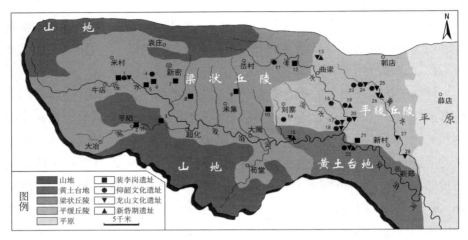

图7-1 双洎河流域的现代地貌分区及新石器时代聚落分布示意图
(中国社会科学院考古研究所王辉博士提供,稍作修改)

3. 重点遗址的环境背景

"中华文明探源工程(三)"实施以来,古环境研究出现了新的动向。其中一个重要方面就是重建都邑性聚落的地貌背景。这方面的研究成果可以二里头遗址和陶寺遗址为例。

河南省偃师市二里头遗址现在位于洛河和伊河之间,地势狭促,并不具备都城的地势特征。但在公元前1800年左右,实际状况却并非如此。根据夏正楷等的研究,二里头遗址附近的伊洛河曾经发生过多次改道。距今4 000年左右的特大洪水导致古洛河的决口和改道,使得二里头遗址北侧的洛河断流,成为废弃河道,从而在二里头遗址以北形成一个范围广大的冲积平原。二里头遗址的所在地成为位于伊洛河北岸冲积平原最南端的一个高地,高地四周为地势平坦、土地肥沃的泛滥平原,向北一直延伸到连绵起伏的邙山,滔滔伊洛河水从高地南侧流过,这样的地势大有王者之气。在遗址废弃之后,

---

① 王辉:《双洎河中上游地区新石器时代的聚落分布变化与自然环境关系初探》,中国社会科学院考古研究所编:《科技考古》(第二辑),科学出版社2007年版,第141—154页。

历史时期发生的洛河改道最终形成了现在的水系格局①。

山西省襄汾县陶寺遗址所在的黄土台地目前有 4 条相当大的沟壑,沟深 10~30 米,沟宽数十米至百米以上。在这种沟壑纵横、地形破碎的地貌上发展出陶寺这类都邑性质的聚落是难以想象的。通过对陶寺遗址古地貌的重建,发现其地貌状况确实发生了重大变化。根据对砾石层的分布状况和年代的研究,在陶寺古城营建和使用前后,宋村沟和南河(现在已经无水)均很浅。而且,当时砾石层分布所指示的流水方向与现在城址内部的中梁沟和大南沟走向有明显差异,表明这两条沟当时并不存在。陶寺城址营建之时开阔平缓的地貌特征与现代沟壑深切的景观特征迥异②。

(二) 自然环境变化与文化及经济形态变迁的关系

狩猎、采集、捕捞、农业和牧业等经济形态是人类利用自然资源进行生产的方式,是人类文化中与环境关系最为密切的部分。相关研究人员发表了大量关于自然环境变化与文化及经济形态变迁的相互关系的研究成果,这里按照不同地区介绍部分研究成果。

1. 西辽河流域

靳桂云在对河北省怀来县太师庄泥炭剖面进行高分辨率环境重建的基础上,探讨了气候变化对人类文化的影响。距今 5 400 年到 4 800 年间持续的暖湿气候有利于古代农业文化的发展,红山文化晚期的繁荣正好在这一时期;而距今 4 800 年到 4 200 年间的冷干气候事件严重影响到红山文化末期和小河沿文化时期的谷物种植业,最终导致了文化的衰落;到了距今 4 200 年到 3 380 年期间,气候特征又转变为暖干,夏家店下层文化的繁荣发展应该与这个温暖的气候环境背景有关③。

---

① 夏正楷、张俊娜、张小虎:《古代地理环境》,中国社会科学院考古研究所编著:《二里头(1999—2006)》(叁),文物出版社 2014 年版,第 1239—1263 页。
② 李拓宇、莫多闻、胡珂、张翼飞、王建军:《陕西襄汾陶寺都邑形成的环境与文化背景》,《地理科学》2013 年第 33 卷第 4 期,第 443—449 页。王海斌、莫多闻、李拓宇:《陶寺古城形成与选址的环境与文化背景研究》,《水土保持研究》2014 年第 21 卷第 3 期,第 302—308 页。
③ 靳桂云:《燕山南北长城地带中全新世气候环境的演化及影响》,《考古学报》2004 年第 4 期,第 485—505 页。

韩茂莉首先从遗址所处的高程和地貌位置这两个方面，对西辽河流域不同考古学文化期聚落的环境选择进行了分析，继而详细讨论了不同时期聚落分布的成因。她将不同文化获取食物来源的方式作为研究的重点，认为生计模式的变化是导致聚落分布模式变化的基本原因。此外，她还讨论了聚落持续的时间与环境容量的关系，并认为环境作为第一因素，推动了古人从林缘地带开始的生存空间扩展过程，而聚落迁移的实质是由于受到环境容量的制约[1]。

2. 内蒙古地区

田广金等认为，在农牧交错带附近，农业与牧业的不同在于农业受到气候条件的严格限制。在一定的生产力水平条件下，旱作农业有其西北方向的分布界限，一旦气候发生变化，不能满足农业生产条件时，古人如果不改变其经济形态，就只能向东南方向迁移。在内蒙古中南部地区，龙山时代遗址的分布较仰韶时代偏东，而在此期间，无论是气候还是降水，都出现明显变化的趋势。这反映了气候条件对农业文化的限制[2]。

田广金等在鄂尔多斯高原地区建立了与原始农业发展相对应的古土壤的发育模式。该地区全新世地层中发育了 4 期古土壤，除了第一期尚未发现农业文化的遗存外，其余皆有农业文化与之对应。而在第四期的古土壤发育期间，普遍发育了代表干燥气候的风成沉积，如风成沙和砂黄土等。与此相应的考古学文化类型表现出畜牧业经济的发展和游牧文化的出现[3]。

3. 西北地区

莫多闻等对甘肃省葫芦河流域中全新世时期古环境的变化与古文化的兴衰进行了梳理和分析，认为该地区的气候演化对古文化的影响十分强烈。距今 8 000 年到 7 000 年间的有利气候导致了大地湾一期文化的出现和发展，延续至大约距今 5 000 年前的较为适宜的气候，保障了该地区仰韶文化的稳

---

[1] 韩茂莉：《史前时期西辽河流域聚落与环境研究》，《考古学报》2010 年第 1 期，第 1—20 页。
[2] 田广金、史培军：《内蒙古中南部原始文化的环境考古研究》，《内蒙古中南部原始文化研究文集》，海洋出版社 1991 年版，第 119—132 页。
[3] 田广金、史培军：《中国北方长城地带环境考古学的初步研究》，《内蒙古文物考古》1997 年第 2 期，第 44—51 页。

定发展,而距今 5 000 年之后气候的干旱化趋势是该地区人类活动规模缩小、文化面貌衰退、牧业文化比重增加等现象发生的主要原因①。

水涛认为,在甘青地区,开始于距今 4 000 年前后的新冰期寒冷气候环境,改变了这一地区原始农业生产赖以存在的基本条件,导致原有经济体系的逐步解体和衰落。而在此过程中,新的经济因素不断增长,并最终取代了旧的经济形态和生业模式,新的经济方式就是在甘青地区青铜时代普遍出现的畜牧业生产方式②。

安成邦等通过对甘肃省中部黄土剖面的孢粉和其他环境代用指标的分析,表明距今 4 000 年前后气候迅速干凉化。粒度、有机质、孢粉和软体动物的分析结果显示,距今 4 000 年以前夏季风总体强盛,气候湿润;距今 4 000 年后夏季风强烈退缩,气候迅速变干。气候的干旱化及其引起的环境变化对齐家文化晚期的面貌造成了明显的影响,原始农业衰落,畜牧经济占据主要地位③。

陈发虎等通过对青藏高原东北部 53 处遗址的炭化谷物、动物骨骼和牙齿进行年代测定,重建了先民向青藏高原扩展的过程。在距今 5 200 年以前,只有狩猎采集者季节性地生活在高原上,并能到达海拔 4 300 米的高原腹地。到了距今 5 200 年前,随着种植小米的人群迁入,最早的村落开始出现,但人类主要居住在海拔 2 500 米以下的河湟谷地中。距今 4 000 年到 3 600 年间,以小米为主的农作物中出现了来自西亚地区的大麦和小麦,在一些遗址中,甚至转变为以耐高寒的麦类作物为主。而从距今 3 600 年前开始,随着麦类作物在农业中所占比例的显著增加以及饲养羊和牦牛,先民在全新世晚期气温下降的背景下,开始大规模地常年定居于海拔 3 000 米以上乃至 4 000 米的高海拔地区④。

---

① 莫多闻、李非、李水城、孔昭宸:《甘肃葫芦河流域中全新世环境演化及其对人类活动的影响》,《地理学报》1996 年第 51 卷第 1 期,第 59—69 页。
② 水涛:《论甘青地区青铜时代文化和经济形态转变与环境变化的关系》,周昆叔、宋豫秦主编:《环境考古研究》(第二辑),科学出版社 2000 年版,第 65—71 页。
③ 安成邦、冯兆东、唐领余、陈发虎:《甘肃中部 4 000 年前环境变化与古文化变迁》,《地理学报》2003 年第 58 卷第 5 期,第 743—748 页。
④ Chen F. H., Dong G. H., Zhang D. J., Liu X. Y., Jia X., An C. B., Ma M. M., Xie Y. W., Barton L., Ren X. Y., Zhao Z. J., Wu X. H., Jones M. K., Agriculture Facilitated Permanent Human Occupation of the Tibetan Plateau after 3600 B. P. *Science*, 2015, 347: 248-250.

4. 中原地区

王辉通过对河南省禹州市瓦店遗址及周围地区的研究,揭示了瓦店遗址周围不同地貌单元的地层框架及河流地貌的演化过程。进而结合环嵩山地区的区域资料,将瓦店遗址晚更新世以来的河流地貌演化划分为6个阶段,图7-2展示了晚更新世堆积、早全新世下切、中全新世堆积、晚全新世下切的第一阶段、晚全新世下切的第二阶段以及历史时期的堆积和下切。

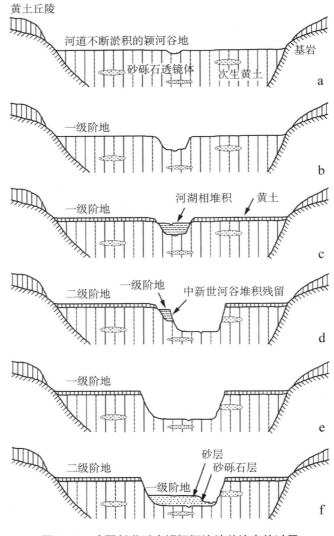

图7-2 晚更新世以来颍河河流地貌演变的过程
(中国社会科学院考古研究所王辉博士提供,稍作修改)

在距今 4 000 年左右的王湾三期文化时期,瓦店附近的颍河处于中全新世堆积阶段,台地面与河床之间的高差较小,呈现出"水乡"的特点。正是在这样的自然景观基础上,瓦店先民建造了环壕聚落,并在台地上发展了旱稻混作的生业类型①。

5. 沿海地区

袁靖等通过对胶东半岛多个贝丘遗址的调查、试掘和研究,认为在距今 6 000 年至 5 700 年左右,随着大范围的海侵,当地居民开始获取贝类和其他一些海产资源,并将其作为食物的主要组成部分,这是他们适应环境生存的表现。在距今 5 700 年到 5 275 年左右,当地居民捕捞的贝类尺寸呈现变小的倾向,说明当地居民持续地进行这种捕捞活动,开始影响到贝类的自然生长过程。在距今 5 275 年到 4 860 年左右,不但贝类的尺寸继续减小,贝丘遗址也最后消亡。这主要是因为山东内陆地区以种植粟类为主的大汶口文化传入胶东半岛,改变了当地居民获取食物资源的方式②。

(三)中华文明起源与早期发展过程中的人地关系研究

考古学和历史学均记录了许多古代文明的终结和社会崩溃的案例,一般认为这是社会、政治和经济等因素共同作用的结果。近年来对于古代自然环境状况的研究在一定程度上进一步丰富了对这些事件的认识。

吴文祥等将距今 4 000 年前后中原周边地区新石器文化的衰落和终结以及中华文明的诞生与当时发生的降温事件相联系,认为降温导致了人口在中原地区的集中,由此产生了明显的人口压力,而因争夺资源和土地所引发的战争,加速和促进了中华文明的形成③。

宋豫秦等对中华文明起源相关地区的人地系统的演变过程进行了比较全面的总结。他系统地阐述了西辽河流域、甘青地区、环岱海地区、海岱地

---

① 王辉、张海、张家富、方燕明:《河南禹州瓦店遗址的河流地貌演化及相关问题》,《南方文物》2014 年第 4 期,第 61—67 页。
② 中国社会科学院考古研究所编著:《胶东半岛贝丘遗址环境考古》,社会科学文献出版社 1999 年版。
③ 吴文祥、刘东生:《4000aBP 前后降温事件与中华文明的诞生》,《第四纪研究》2001 年第 21 卷 5 期,第 443—451 页。

区、四川盆地、江汉平原、环太湖地区和中原地区的区域景观和生态系统的特征、全新世环境变迁以及考古学文化的内涵和特征等，分析了文化演进过程中气候变化的作用，提出了各具特征的区域人地关系模式[①]。

王巍在讨论公元前 2000 年前后大范围文化变化的原因时，指出各地区因其地理环境和文化传统的不同，发生变化的背景和原因也可能各不相同。他将降温和洪水等灾变事件的影响与各地区自然地理环境的特点、古人的经济形态和居住形态等因素联系起来，发现这些事件的影响程度有着显著的区域差异。另外，他还讨论了各区域所处的位置以及文化特点等方面的因素对文化兴衰和文明化进程所产生的影响[②]。

目前，这方面最为系统的研究是莫多闻主持的"中华文明探源工程"中的"环境课题"。该项目以大量的实证研究阐明了不同区域的环境特征及其演变对古代人类文化和文明进程的影响，提出的主要认识包括：①在全新世时期，中国各主要新石器文化区均具备适宜的自然环境条件，由此保证了各地区新石器文化的长期发展和繁荣，进而为中华文明的多元起源奠定了基础。②各区域的自然环境特征及其演变的差异是促成中华文明"多元一体"发展模式的重要原因。③中原地区同其他周边地区在自然环境的特征及演变的历史上存在着差异，即中原地区的自然环境特征及演变过程对区域内人类文化的持续性发展、区域文化的整合规模和单个区域同周边区域的文化联系等 3 个方面，都明显优于其他地区[③]。

（四）自然灾害对人类社会影响的研究

自然灾害是指自然环境中对人类的生命安全和财产构成危害的自然变异和极端事件，包括地震、冰雹、洪灾、海啸、泥石流、滑坡、森林火灾、飓风、农作物病虫害、干旱和沙漠化等。它具有突发性、群发性和多发性等特点，其毁坏力十分巨大。因此，自然灾害的调查和研究以及它对古代人类社会和经济

[①] 宋豫秦：《中国文明起源的人地关系简论》，科学出版社 2002 年版。
[②] 王巍：《公元前 2000 年前后我国大范围文化变化原因探讨》，《考古》2004 年第 1 期，第 67—77 页。
[③] 莫多闻、赵志军、夏正楷、朱诚、吕厚远、安成邦：《中华文明探源工程环境课题主要进展》，科技部社会发展科司、国家文物局博物馆与社会文物司：《中华文明探源工程文集·环境卷》（Ⅰ），科学出版社 2009 年版，第 1—27 页。

发展的影响是环境考古研究的重要内容。近年来，在黄河流域和长江流域相继发现了大量的古洪水的证据。

1. 黄河流域

夏正楷等通过考察位于黄河上游的青海省民和县喇家遗址及周边地区的地质现象，发现当时该地区发生了以黄河异常洪水和地震为主并伴有山洪暴发的群发性自然灾害，这场自然灾害导致了喇家遗址的毁灭[①]。

夏正楷等对黄河流域距今约4 000年的异常洪水事件对古代文化的影响进行了初步总结，认为由于地理环境的区域差异，距今约4 000年前后出现的异常洪水事件，一方面导致了黄河上游和下游文明化进程的停顿，另一方面又通过古人与洪水的争斗，促成了中原地区文明的持续发展[②]。

夏正楷等通过在河南省偃师市二里头遗址所在地区的研究，确认距今4 000年的异常洪水属于特大洪水。洪水过后，这里出现了广阔平坦的泛滥平原，平原上由洪水形成的冲积土的土质肥沃，有利于农业的发展，而泛滥平原上多积水洼地，利于稻作，这是造成二里头时期稻的种植规模比龙山时期有明显扩大的重要原因。其次，洪水的重要环境效应改变了二里头的地貌格局，使邙山与伊洛河之间的平原连成一片[③]。

国外学者与中国学者合作对河南省内黄县三杨庄遗址进行研究，发现堆积厚度达12米的地层剖面记录了全新世以来该区域的环境变化过程：大部分时段是稳定的自然环境景观，其间夹杂多次短暂的黄河洪水泛滥。西汉晚期的黄河泛滥影响范围极其广大，可能在一定程度上导致了西汉王朝的覆亡[④]。

[①] 夏正楷、杨晓燕、叶茂林：《青海喇家遗址史前灾难事件》，《科学通报》2003年第48卷第11期，第1200—1204页。
[②] 夏正楷、杨晓燕：《我国北方4kaB.P.前后异常洪水事件的初步研究》，《第四纪研究》2003年第23卷第6期，第668—674页。
[③] 夏正楷、张俊娜、张小虎：《古代地理环境》，中国社会科学院考古研究所编著：《二里头（1999—2006）》（叁），文物出版社2014年版，第1239—1263页。
[④] Kidder Tristram, Liu Haiwang, Xu Qinghai, Li Minglin, The Alluvial Geoarchaeology of the Sanyangzhuang Site on the Yellow River Floodplain, Henan Province, China, *Geoarchaeology: An International Journal*, 2012, 27: 324-343.

2. 长江流域

朱诚等对长江流域全新世以来的古洪水问题进行了系统研究[1]。在长江上游的峡江地区，距今 7 600 年以来水位在吴淞高程 147.02 米以上的古洪水在重庆市玉溪遗址的新石器时代地层中留下 16 次沉积记录[2]。在长江中游的江汉平原地区，发现在屈家岭文化中晚期（距今 4 900 年到 4 600 年）和石家河文化末期至夏代（距今 4 100 年到 3 800 年）发生了较大范围的极端洪水事件，而距今 4 000 年前后由于气候异常引起的特大洪水事件可能是石家河文化消亡的重要环境因素[3]。在长江下游地区，良渚文化层之上为不含任何文化遗物的自然淤泥层，淤泥层之上是马桥文化层，表明当时曾发生过严重的灾变事件[4]。

二、思考

在科技考古各个研究领域中，环境考古的研究成果十分明显。经过多年的研究，我们认识到新石器时代的先民对于自然环境及其资源条件的依存度很高，他们充分利用各个地区不同的自然环境条件，发展出了适应于不同自然环境条件的生产技术和聚落模式。其后，随着自然环境的逐步变化，原有的生活方式也随之进入或兴旺或消亡的演化过程之中。不同区域的自然环境的特征及其演变直接影响到中华文明的进程。自然灾害对于古代人类文化的发展和古代文明的进程都产生过巨大的影响。

环境考古取得了令人瞩目的成果，同时也存在一些需要解决的问题，主

---

[1] 朱诚、吴立、李兰、郑朝贵、李中轩、马春梅、谭艳、赵泉鸿、王坤华、林留根、江章华、丁金龙、孟华平：《长江流域全新世环境考古研究进展》，《地理学报》2014 年第 69 卷第 9 期，第 1268—1283 页。
[2] 朱诚、马春梅、王慧麟、白九江、徐伟峰、郑朝贵、史威、朱光耀、陈晔、卢雪峰：《长江三峡库区玉溪遗址 T0403 探方古洪水沉积特征研究》，《科学通报》2008 年第 53 卷增刊Ⅰ，第 1—16 页。
[3] 吴立、朱诚、李枫、马春梅、李兰、孟华平、刘辉、王晓翠、谭艳、宋友桂：《江汉平原钟桥遗址地层揭示的史前洪水事件》，《地理学报》2015 年第 70 卷第 7 期，第 1149—1164 页。
[4] 朱诚、宋健、尤坤元、韩辉：《上海马桥遗址文化断层成因研究》，《科学通报》1996 年第 41 卷第 2 期，第 148—152 页。张明华：《良渚文化突然消亡的原因是洪水泛滥》，《江汉考古》1998 年第 1 期，第 62—65 页。程鹏、朱诚：《试论良渚文化中断的成因及其去向》，《东南文化》1999 年第 4 期，第 14—21 页。

要有以下 4 个方面。

第一，具体遗址的环境考古研究是把握遗址内涵的关键要素之一。需要探讨一个具体遗址在特定时间段里的地势地貌、河流走向、水位高低、遗址周围是否有过包括自然灾害在内的环境变化、被当时人类利用的以食物为主的自然资源的种类和数量比例、当时的人类活动是否对自然环境造成影响等，在这样的研究基础上，才能科学地认识当时的自然环境因素及其作用机制。

第二，认识河流地貌的演化过程在考古学研究中具有重要意义。河流地貌作为与人类活动关系最为密切的地貌类型之一，其在全新世期间的变化是非常明显和频繁的。河流的堆积、下切和摆动等过程都可能会对聚落和遗物等考古材料造成明显的影响。在研究聚落形态和遗物的分布中，对地貌过程影响的评估应该成为一项基本内容。另外，河流地貌的演化也深刻地影响着一个区域的土地资源状况及水土条件，而这些因素又与聚落选址、生业模式息息相关。因此，在探讨古代人地关系时，需要深入研究河流地貌的演化过程。

第三，强化对自然灾害的研究。近年来，人们开始关注史前自然灾害的研究，但主要集中在水灾和地震方面，对于旱灾、虫灾和瘟疫等其他自然灾害，由于难以发现地质记录，因此研究工作极少。对于史前灾害事件，目前主要还处于定性的描述阶段，缺乏定量的研究。尽管有部分学者开始进行古水文学方面的相关研究，试图对洪水事件进行定量描述，但还需进一步完善理论和方法。自然灾害对古代人类的影响是一个复杂的问题，它涉及自然灾害的性质、规模和成灾机制，还涉及人类社会自身的抗灾能力，今后要重视这一方面的研究。

第四，完善环境考古的研究方法。需要对环境考古中应用的每一种方法从原理到应用范围进行检验和反思。第四纪地质学方法重建的古环境与探讨古代人类的生存环境具有较大的差异。应用第四纪地质学的方法最为优先考虑的是沉积物的时间分辨率以及其所包含的古环境信息的丰富程度，并不必然地能够准确地揭示先民对其所处的自然环境的认识状况。充分考虑人地关系中的文化因素，有助于深入推进环境考古研究。

本章小结　环境考古研究可以帮助我们重建古代自然环境、认识古代人类行为以及探讨古代人地关系。通过多年的研究，对于把握新石器时代自然环境的状况、认识自然环境变化与文化及经济形态变迁的关系、探讨中华文明起源与早期发展过程的人地关系及归纳自然灾害对人类社会的影响等方面均取得了一系列创新性认识。在今后的研究中，需要进一步理清思路，聚焦关键问题，把握最佳切入点。

第八章

人骨考古

> **内容提要** 通过对考古遗址中出土的人骨标本进行测量、观察、病理、古DNA和同位素等各种研究,探讨古代人群的形态特征、来源、迁徙、分布、亲缘关系、饮食结构、健康状况和疾病等,重点认识创造古代历史的先民自身的体质人类学特征。

第一节 概述和方法

一、概述

人骨考古的研究对象来源于考古发掘出土的人类牙齿或骨骼。通过测量学及非测量性状的研究、牙齿人类学研究、古病理、古DNA、碳、氮稳定同位素、锶同位素等各种研究,全面探讨古代人群的各种状况。其内容包括:人群的种族形态、饮食、营养和健康、社会身份、风俗习惯和古人口统计学以及遗传学等方面。人骨考古与人类的生活方式、文化、技术、行为和经济模式的变化具有密切的联系,对研究不同时期人群的形成、分化、发展过程、体质特征、营养健康、社会风俗以及遗传特征等具有非常重要的作用,是全面复原古代人类社会的历史面貌不可或缺的重要组成部分。

二、方法

人骨考古的方法包括：在考古发掘工地对出土的人骨进行清理，做好记录和照相，完整地采集全部人骨。如果人骨架保持比较完好的话，要注意在骨架清理至腰部时，采集骨盆处骨骼表面的薄层土样，样品量约1克左右，为在室内对死者生前是否存在寄生物开展研究创造条件①。

在室内对采集的人骨进行研究，主要内容包括：根据颅骨和盆骨的特征判断性别，根据牙齿的萌出时间、磨耗程度、头骨骨缝的愈合状况及其他骨骼骨骺的愈合状况鉴定年龄，观察头骨和牙齿的各种特征并对相关特征点进行测量，观察和测量肢骨并依据长骨估算身高，对头骨、牙齿和其他骨骼上的病理现象进行古病理研究，对各种创伤和骨骼上的文化行为进行研究等②。对人骨的骨盆处采集的土样进行重液离心沉淀、制片，在显微镜下进行观察和鉴定③。

另外，碳十四年代测定、古 DNA 研究、同位素研究等在人骨考古中也是极为重要的，其取样和研究方法参照本书的相关章节。

第二节　研究与思考

一、研究

这里主要阐述体质人类学的研究成果。早在 20 世纪 30 年代，李济等老一辈学者在发掘山东省章丘县(今属济南市)城子崖遗址时，就注重对人骨进

---

① 蓝万里、张居中、翁屹、樊温泉：《腹土寄生物考古研究方法探索和实践》，《考古》2011 年第 11 期，第 87—93 页。
② 张君、王明辉：《人骨研究》，中国社会科学院考古研究所著：《科技考古的方法和应用》，文物出版社 2012 年版，第 64—80 页。
③ 蓝万里、张居中、翁屹、樊温泉：《腹土寄生物考古研究方法探索和实践》，《考古》2011 年第 11 期，第 87—93 页。

行研究,并发表了报告①。80 多年以来,研究人员发表了多本专著②及许多研究报告和论文,其研究成果主要可以分为以下 6 个方面。

(一) 古代人种类型的研究

学者们通过观察、测量和研究多个考古遗址中出土的大量人骨和牙齿,归纳出不同地区和不同时期古代居民的体质特征,并将他们分为不同的类型。

1. 依据骨骼的特征区分人种类型

韩康信等总结了中国境内发现的与蒙古人种起源有关的早期智人和晚期智人的材料,认为这些地点出土的古人类虽然在骨骼形态和进化阶段有差异,但是均属于蒙古人种。旧石器时代晚期的智人化石已经存在明显的地区差异,即在地理上和形态学上出现向太平洋蒙古人种过渡的东亚集团和连接蒙古人种和澳大利亚人种的南亚集团,这种多态类型可能就是后来形成中国境内不同蒙古人种类型的主要基础③。

颜訚确认渭河流域仰韶文化的居民、黄河下游大汶口文化的居民、长江中下游的居民和东南沿海新石器时代的居民在体质上各有特征,他们可能分别与传说中的华夏集团、东夷集团和苗蛮集团有关。渭河流域新石器时代早晚各组的颅骨形态学还存在某些差异。例如,西安半坡和华县元君庙倾向于更接近蒙古人种的南亚类型,临潼姜寨一期和庙底沟二期倾向于接近蒙古人种的远东类型。但根据一些主要的人种鉴别特征,他们仍应该接近太平洋蒙古人种,具有东亚和南亚的蒙古人种的代表性特征。黄河下游地区大汶口文化的大汶口墓地和曲阜西夏侯墓地出土头骨的若干测量项目的平均值处在现代波里尼西亚人各组的组间变异范围内,这两处人骨可能与渭河流域仰韶文化的人骨

---

① 李济:《墓葬与人类遗骨》,李济总编辑:《城子崖》,国立中央研究院历史语言研究所,1934 年,第 90 页。
② 中国社会科学院历史研究所、中国社会科学院考古研究所编著:《安阳殷墟头骨研究》,文物出版社 1985 年版。韩康信:《丝绸之路古代居民种族人类学研究》,新疆人民出版社 1993 年版。朱泓:《体质人类学》,吉林大学出版社 1993 年版。韩康信、谭婧泽、何传坤:《中国远古开颅术》,复旦大学出版社 2007 年版。李法军:《河北阳原姜家梁新石器时代人骨研究》,科学出版社 2008 年版。张全超:《内蒙古和林格尔新店子墓地人骨研究》,科学出版社 2010 年版。[英]夏洛特·罗伯兹、基思·曼彻斯特著,张桦译:《疾病考古学》,山东画报出版社 2010 年版。
③ 韩康信、潘其风:《古代中国人种成分研究》,《考古学报》1984 年第 2 期,第 245—263 页。

属于不同的类型①。韩康信认为大汶口文化的头骨形态证明该文化居民的一支与东亚蒙古人种接近，与仰韶文化居民属于同种系。河南省淅川县下王岗新石器时代墓葬出土的头骨形态与黄河下游地区新石器时代的头骨形态属于同一个种族类型。而长江下游新石器时代的人骨具有南亚蒙古人种特征。中国东南地区新石器时代居民在一定程度上与南亚人种接近②。

张振标认为，中国新石器时代的人类颅骨特征明显地存在南、北两个不同的地方类型。长江以北为北部类型，长江以南为南部类型。南部类型以甑皮岩、河姆渡和昙石山等为代表。这一类型的居民广泛分布于我国南部沿海地区，包括浙江、福建、广东和广西等地区。其颅骨特征与现代蒙古人种的南亚类型比较接近。北部类型以永登、半坡、宝鸡、华县、横阵、野店、庙底沟、大汶口、西夏侯、下王岗和房县七里河等11个组为代表。这一类型居民广泛分布于长江以北和黄河流域地区。其颅骨特征与蒙古人种中的东亚类型和西伯利亚类型较为相似③。

朱泓等将众多考古遗址出土的人骨分别命名为古中原类型（图8-1）、古华北类型、古蒙古高原类型、古东北类型、古西北类型和古华南类型等6种④。①古中原类型。其特征为偏长的中颅型以及高而偏狭的颅型、中等偏狭的面宽和中等的上面部扁平度、较低的眶型和明显的低面阔鼻倾向等。属于该类型的人群主要包括仰韶文化、大汶口文化、庙底沟二期文化、山东龙山文化、河南龙山文化的居民及殷商先民中的平民和西村组、瓦窑沟组所代表的周人。这一古代类型的居民在先秦时期曾广泛分布在黄河中下游地区。此外，在其中心分布区以外的一些地方也可以发现他们的踪迹。②古华北类型。其特征是高颅狭面、较大的面部扁平度、中等偏长而狭窄的颅型。其或许是现代东亚人种的重要源头。这一古代类型的居民在先秦时期的内蒙古长城

---

① 颜訚：《大汶口新石器时代人骨的研究报告》，《考古学报》1972年1期，第91—122页。颜訚：《西夏侯新石器时代人骨的研究报告》，《考古学报》1973年2期，第91—126页。
② 韩康信：《中国新石器时代种族人类学研究》，田昌五、石兴邦主编：《中国原始文化论集》，文物出版社1989年版，第40—55页。
③ 张振标：《中国新石器时代人类遗骸》，吴汝康、吴新智、张森水主编：《中国远古人类》，科学出版社1989年版，第62—80页。
④ 朱泓：《中国古代居民的人种类型研究》，中国社会科学院考古研究所编著：《新世纪的中国考古学：王仲殊先生八十华诞纪念论文集》，科学出版社2005年版，第179—185页。张全超：《内蒙古和林格尔县新店子墓地人骨研究》，科学出版社2010年版，第90—103页。

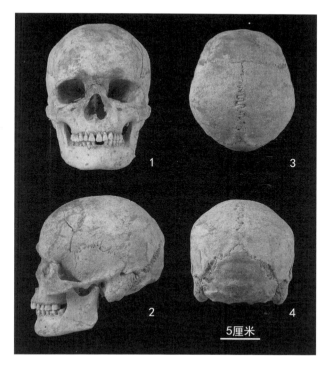

图 8-1　古中原类型（河南省灵宝市西坡墓地出土）
（中国社会科学院考古研究所王明辉副研究员提供，稍作修改）

地带广有分布，应该是该地区最主要的原始土著，其中心分布区可能是在内蒙古中南部到晋北、冀北一带的长城沿线。此外，就目前的资料而言，该类型的居民也扩散到西辽河流域。③古蒙古高原类型。该类型居民的体质特征还保留在年代较晚的蒙古高原地区的匈奴人及年代更晚的鲜卑人、契丹人和蒙古人中，成为这些民族的主导性群体遗传因素。这一古代类型的居民主要分布在先秦时期的内蒙古长城地带及其周围的辽阔草原地区，即现今的蒙古国及我国内蒙古地区。④古东北类型。其特征是颅型较高、面部较宽阔而且颇为扁平、颧宽绝对值较大。其与现代东亚蒙古人种较为接近，但也有一些自己的特征，可能反映出现代东亚蒙古人种的某个祖先类型的基本形态。该类型居民在东北地区先秦时期的分布相当广泛，至少是东北地区远古时期最主要的土著类型之一。⑤古西北类型。其体质特征与现代东亚蒙古人种中的华北类型颇为相似。中国西北地区先秦时期属于蒙古人种范畴的居民中大多数群体的种系特征均属于这一种族类型,先秦时期该类型的居民主要分布在黄河流域上游的甘青地区,向北可扩展到内蒙古自治区的居延地区,向东在稍晚时期可渗透进陕西省的关中平原及其邻近地区。⑥古华南类型。其特征是长颅型、低面、阔鼻、低眶和突颌,可以浙江省余姚市河姆渡、福建省闽侯县昙石山、广东省佛山市河宕、广东省佛山市南海区鱿鱼岗、广西壮族自治区桂林市甑皮岩等遗址的颅骨组为代表。他们在体质特征上与现代华南地区的绝大多数居民(包括南方汉族和少数民族)有所不同。在现代对比组中,他们一般和东南亚一带的居民,如印度尼西亚人及美拉尼西亚人等大洋洲的现代土著比较接近。此外,该类型的前身可一直追溯到旧石器时代晚期的柳江人那里。这种类型的居民在先秦时期可能主要分布在中国南方沿海地区①。

韩康信等强调殷商先民在体质特征上基本是蒙古人种。殷王族祖先的体质可能混有某些类似现代北亚蒙古人种的特征。殷墟中小墓出土的头骨特征一方面与北亚和北极类型存在区别,另一方面与南亚类型也有区别,他们所代表的殷代自由民的基本体质应是现代蒙古人种的东亚类型。在中小墓出土的头骨中大约有8个男性的头骨比较粗壮,有些和北亚蒙古人种相似,其体质形态可能混有某些北方蒙古人种的特点,但若干面部特征和其余中小墓出土头骨的面部特征相当一致。出土这8个头骨的墓葬形制较大,有的有棺和椁,并随葬成组的铜或铅制礼器,有的殉狗甚至殉人,和一般平民小墓有区别,说明他们可能是殷王族成员②。

张君认为,特定地区的居民在体质上可能产生独特的形态。她通过对青海省湟中县李家山卡约文化居民的头骨非测量特征的观察研究,发现李家山居民的体质特质特征不明显,在亚洲蒙古人种中可能占有比较特殊的位置。李家山居民的头骨与埃文克、蒙古、华北、日本及布里亚特等东、北方人群存在相对接近的关系,但目前还不能认为李家山居民与北方人群存在直接的血缘关系。他们与时代较早的青海地区新石器时代居民在体质类型上可能不

---

① 朱泓:《中国古代居民的人种类型研究》,中国社会科学院考古研究所编著:《新世纪的中国考古学:王仲殊先生八十华诞纪年论文集》,科学出版社2005年版,第179—185页。
② 韩康信、潘其风:《安阳殷墟中小墓人骨的研究》,中国社会科学院历史研究所、中国社会科学院考古研究所编著:《安阳殷墟头骨研究》,文物出版社1985年版,第50—81页。

具有一脉相承的关系,这种现象的形成原因可能是他们生活在相对隔离的状态下而产生的"遗传漂变"的结果。因为长期的地域分隔和由此引发的自动遗传过程,对边远地区、岛屿世界、交通不便的山区、沙漠或人烟稀少的沿海地区居民种群的形成起着重要的作用①。

2. 依据牙齿研究区分人群

刘武等按照特纳(Turner)提出的区分中国型牙和巽他型牙的 8 个牙齿形态特征的出现率,对河南省淅川县下王岗和内蒙古自治区察哈尔右翼前旗庙子沟这两个遗址出土的中国北方新石器时代人类牙齿的形态特征进行观察研究,计算结果证明庙子沟与河南省安阳市殷墟遗址之间关系最为密切,而与东南亚地区人类关系较远;下王岗遗址的牙齿形态与庙子沟接近,与殷墟遗址共同构成一个大的人类群体系统;华北地区新石器时代人类牙齿的形态特征与亚洲东北部地区人类牙齿的形态特征极为相似,而与东南亚地区人类牙齿的形态特征有较大差异②。

李法军等通过观察河北省阳原县姜家梁新石器时代遗址出土的人类牙齿的形态特征,发现姜家梁居民的牙齿形态特征属于中国型牙,但自身又具有某些特征,与同时代的下王岗组和庙子沟组相比,姜家梁组与庙子沟组的关系更为密切③。

张旭等对新疆地区的小河墓地和流水墓地出土的古代人类牙齿进行了非测量性状的观察与研究,结果表明小河墓地古代人类的牙齿非测量性状所反映出的形态特征是极其复杂的,这种形态特征或许与这一区域内早期的人群迁徙与基因交流存在一定意义上的因果关系;而 1 000 多年前生活在流水地区的古代人类,其牙齿的形态在很大程度上继承自黑海地区的中石器、新石器、青铜时代的古代先民,这种形态特征的继承或许可以为探索流水墓地

---

① 张君:《从头骨非测量特征看青海李家山卡约文化居民的种族类型》,《考古》2001 年第 5 期,第 80—84 页。
② 刘武、朱泓:《庙子沟新石器时代人类牙齿非测量特征》,《人类学学报》1995 年第 14 卷第 1 期,第 8—20 页。刘武:《华北新石器时代人类牙齿形态特征及其在现代中国人起源与演化上的意义》,《人类学学报》1995 年第 14 卷第 4 期,第 360—380 页。
③ 李法军、朱泓:《河北阳原姜家梁新石器时代人类牙齿形态特征的观察与研究》,《人类学学报》2006 年第 25 卷第 2 期,第 87—101 页。

古代人类的人群构成提供一些线索①。

(二) 探讨文化交流与人种类型复杂化的关系

韩康信等通过比较中国山东临淄出土的周代至汉代人骨和日本西部的弥生人、绳纹人的综合测量数据,确认蒙古人种东亚类群中的一支在历史时期曾经向东部海洋地区扩展②。

王明辉的研究表明,新石器时代早中期中国北方居民的体质形态比较单纯,未发现明显的混血现象,他们可能是当地更早时期居民的直系后裔。不同遗址或不同文化间的人群流动性相对较小,不同体质形态的人群间的基因交流和体质特征的混杂现象较少,说明当时不同人群间的交流是相对有限的。到了新石器时代晚期的仰韶时代,在同一考古学文化的内部出现了不同体质形态的人群的现象。到龙山时期,不同考古学文化和不同地区人群间的交流更加频繁,基因混杂程度逐步加深,而且在同一考古学文化的同一遗址的人群内部出现了不同体质因素的混杂。青铜时代中国北方不同考古学文化和不同地区间的文化交流和基因交流都得到更广泛的发展,而且在同一文化的同一遗址内部出现了截然不同的两种体质类型的混杂现象。这应该与生产力的发展、文化的交流和人群的迁徙以及血缘的混杂有关,并直接促进了中国北方地区文明的进步与发展。也许正是由于文化交流和基因混杂形成的体质类型上的多样性,在某种程度上成就了中国北方居民良好的身体素质,同时也确立了他们在对外竞争中的优势地位,为初步形成中华民族在体质形态上的多元一体格局奠定了基础③。

(三) 历代人群的身高研究

方圆等采用公式推算法,对距今约 9 500 年的福建省漳平市奇和洞遗址出土的奇和洞Ⅱ号女性个体的身高、体重等身体特征进行了研究,发现在新

---

① 张旭、朱泓:《新疆于田流水墓地青铜时代人类牙齿非测量性状》,《人类学学报》2014 年第 33 卷第 4 期,第 460—470 页。
② 韩康信、中桥孝博:《中国和日本古代仪式拔牙的比较研究》,《考古学报》1998 年第 3 期,第 289—308 页。
③ 王明辉:《新时代晚期至青铜时代中国北方居民体质特征的变化及相关问题》,中国社会科学院考古研究所考古科技中心编:《科技考古》(第二辑),科学出版社 2007 年版,第 161—179 页。

石器时代成年女性个体中奇和洞 II 号女性个体的身高较高,甚至高于福建地区现代成年女性的平均水平;奇和洞 II 号女性较好的身体特征的发育状况显示,处于更新世晚期向全新世过渡时期的奇和洞人可能具有较好的营养状况;在新石器时代早期,中国华南地区古代人类的身高和体形特征已经形成,与北方地区人群的差异已经出现①。

孙蕾等依据陈世贤和张继宗的黄种人的身高推算公式,对河南省郑州市荥阳薛村遗址和新郑多处汉、唐和宋代墓葬的成年人骨的肢骨进行了观察和测量,分别以肱骨、股骨和胫骨的最大长度推算出 3 个时期两性的平均身高;对两性的平均身高进行的独立样本 T 检验显示,汉、唐和宋代两性的平均身高均为男性大于女性,两性的身高存在显著性差异;两性的身高随着时代的发展大致呈下降的趋势,但身高的时代差异均不明显。郑州地区汉、唐和宋时期两性的身高呈现出的下降趋势,应该与这段历史时期中原地区汉民族与中国其他地区异族交流、融合有关,也可能是因为居民生存压力的增加和饮食的影响等造成的②。

(四)新石器时代人类体质变化与环境变化的关系

吴秀杰等对中国北方地区全新世人群的头面部的形态特征进行了研究,发现近万年来中国全新世人群的体质特征仍在进化。他们认为,世界各地人群体质特征相似的演化趋势表明,全新世人群的头骨形态特征的微观演化受人类进化机制的制约,头骨缩小的原因与气候、环境及人们生活方式的改变有一定的关系。全新世时期全球气候逐渐转暖,人类的生存空间扩大,但在此期间也发生过气候突变的现象。气候和环境的变化使人类的体质特征受到影响。另一方面,随着人口的增加及认识自然能力的提高,人们的生活方式由游牧到定居,由采集到农耕,由狩猎到饲养,劳动量逐步减少,获取食物的手段逐步稳定。人们逐渐转变成吃柔软的、耕作出来的食物,咀嚼器官逐渐退化,上下颌骨、牙齿、头骨和肌肉不像过去那么强壮,因此带来面骨的缩

---

① 方园、范雪春、李史明:《福建漳平奇和洞新石器时代早期人类身体大小》,《人类学学报》2015 年第 34 卷第 2 期,第 202—215 页。
② 孙蕾、朱泓:《郑州地区汉唐宋成年居民的身高研究》,《人类学学报》2015 年第 34 卷第 3 期,第 377—389 页。

小和弱化①。

(五) 研究人口的年龄和性别与探讨社会发展

王建华通过研究黄河中下游地区史前人口的年龄构成和性别构成,对古代社会组织结构进行探讨。他认为,由于人类具有社会属性,人口的性别和年龄构成都受到社会因素的影响,在特定的时期会反映出特定的现象。据统计,裴李岗时期、仰韶时代、大汶口文化、龙山时代和二里头时期的人口的年龄结构中儿童占较大比例,青、壮年人口次之,老年人口比例很小。黄河中下游地区史前人口在不同性别的人口的年龄构成上存在着变化。女性人口在婴儿时期和青年时期的大量死亡,直接导致了史前时代男多女少的现象。男多女少决定了社会的婚姻形态不可能是单一的一夫一妻制,更不可能是绝对的一夫多妻制。为了缓和由于生理本能和繁衍后代所引起的社会危机,社会内部在一定范围内会存在一妻多夫的现象,并且在不同社会其具体表现也不同。性比异常现象从裴李岗时代开始,到仰韶时代达到最高值②。

(六) 古病理研究

古病理研究是将现代病理学研究的理论和方法,应用于古代人类遗骸,提取相关病理学信息,进而对古代人类所患疾病进行研究。这类研究不仅可以揭示疾病演化的历史过程,而且能够对疾病的发生、发展以及人类对环境变化的适应性加以诠释。

1. 口腔疾病研究

朱芳武等对广西壮族自治区桂林市甑皮岩遗址出土的 16 具人骨的 283 枚牙齿进行龋齿现象分析,发现甑皮岩遗址人骨的患龋率比同时代居民甚至比现代居民都高得多,其原因有待进一步探讨③。

---

① 吴秀杰、刘武:《中国北方全新世人群头面部形态特征的微观演化》,《科学通报》2007 年第 52 卷第 2 期,第 192—198 页。
② 王建华:《黄河中下游地区史前人口性别构成研究》,《考古学报》2008 年第 4 期,第 415—440 页。
③ 朱芳武、卢为善:《桂林甑皮岩新石器时代遗址居民的龋病》,《人类学学报》1997 年第 16 卷第 4 期,第 271—273 页。

张雅军等以山西省襄汾县陶寺遗址中晚期人骨的龋齿、牙周病和牙齿釉质发育不全3个指标作为观察项目,对其进行了口腔疾病的调查与研究,结果表明陶寺人群的龋齿率在3%左右,数值不高,其原因可能有两个方面：一是调查人群的平均年龄相当低;二是与陶寺人群的饮食中有一定比例的肉食量有关。墓葬和灰坑出土的人骨个体中半数以上都有牙周病。约三分之一的陶寺人群在其儿童生长发育过程中受到机体代谢压力的影响,如常患感染性疾病、发烧或营养失调等,从而在牙齿釉质上留下发育不全的证据①。

何嘉宁采用斯科特(Scott)定义的臼齿磨耗级别系统对陶寺、上马、延庆3组人牙的第一、第二臼齿磨耗情况进行观察,并通过主轴回归分析对其磨耗速率进行比较和讨论。发现在经济类型上,陶寺和上马属于农业经济,但狩猎在陶寺的经济生活中占有一定的地位;延庆的畜牧业比较发达。这3组人牙均表现出下颌的臼齿磨耗速率快于上颌的特点,但是在性别上没有明显差异②。

刘武等对新疆、内蒙古和内地几处考古遗址出土的古代居民的牙齿磨耗、牙齿疾病、牙齿生前脱落及咀嚼肌发育情况等进行观察并开展对比,发现生活在青铜—铁器时代的新疆和内蒙古地区的居民牙齿平均磨耗与内地新石器时代居民大体接近。但是在磨耗方式上,新疆和内蒙古地区的居民呈现出一些可能反映其生活或行为方式的特殊磨耗。内地居民的龋齿发病率高,边疆地区的居民牙齿生前脱落更为普遍。他们认为,生活在青铜-铁器时代的新疆和内蒙古地区的居民的食物比内地居民的食物更为粗糙坚硬,含颗粒成分高;新疆和内蒙古地区的居民牙齿的特殊磨耗、牙齿生前脱落等现象说明边疆地区居民的生活环境比较恶劣。此外,边疆地区居民的龋齿病出现率比内地居民要低,这是因为他们摄入富含碳水化合物的谷物类的比例较低。这些发现进一步提示,在青铜和铁器时代的新疆和内蒙古地区的居民的经济生活中,狩猎和采集仍占有较为重要的地位,农业经济的比重相对较低③。

---

① 张雅军、何驽、尹兴喆:《山西陶寺遗址出土人骨的病理和创伤》,《人类学学报》2011年第30卷第3期,第265—273页。
② 何嘉宁:《陶寺、上马、延庆古代人群臼齿磨耗速率的比较研究》,《人类学学报》2007年第26卷第2期,第116—124页。
③ 刘武、张全超:《新疆及内蒙古地区青铜—铁器时代居民牙齿磨耗及健康状况的分析》,《人类学学报》2005年第24卷第1期,第32—53页。

何嘉宁通过观察中国北方地区新石器时代至清代的陶寺、碾子坡和周原等8个遗址的人骨标本所患牙周病的情况，得出以下3个认识：①牙齿的生理性萌出是牙周炎之外造成古代人类牙周附着丧失的另一个重要原因，并且其发病率随着牙齿的磨耗或年龄的增加而增高；②所统计的8组古代北方人群的牙周炎的齿患率为8.4%～29.6%，表明古代人类的牙周病似乎并不特别严重；③中国北方地区距今4000余年来，古代人群的牙周炎的发病率没有明显的变化，牙周炎的发病率似乎与文化发展变化的关系不大[①]。

2. 骨骼创伤研究

创伤是指人的身体受外物侵害所造成的生理性损伤，骨骼受到创伤之后主要表现为骨折，古代人类的创伤主要多发于颅骨和四肢长骨，并可简单地划分为两大类，即开放性创伤和闭合性创伤。

魏东等对新疆维吾尔自治区巴里坤县黑沟梁墓地出土人骨的创伤研究表明，当时使用不同形制的武器已经是很普遍的现象。当时哈密地区与黑沟梁墓地古代居民共存的人群之间或在黑沟梁墓地古代人群的内部，曾发生过激烈的争斗，创口集中在人体的颅顶部与下肢下端[②]。

张林虎等对新疆维吾尔自治区鄯善县洋海墓地出土的青铜时代居民的颅骨创伤进行初步分析与研究，发现颅骨创伤在洋海墓地的男女性居民中均有出现，且集中在30～50岁，考虑到古代文献的记载和民族学资料的研究均认为女性和中老年的个体极少主动参与群体的暴力行为，结合样本中所体现出的创伤模式，洋海墓地古代居民极有可能是被动参与了保卫自己的领域或者所占有资源的集体的暴力行为[③]。

韩康信等发现距今5000年到2000年分布于中国西北部的新疆、青海、甘肃、陕西和中原的河南、东部的山东和东北部的黑龙江等多个墓地出土的

---

① 何嘉宁：《中国北方部分古代人群牙周状况比较研究》，北京大学考古文博学院编：《考古学研究》（七），科学出版社2008年版，第558—573页。
② 魏东、曾雯、常喜恩、朱泓：《新疆哈密黑沟梁墓地出土人骨的创伤、病理及异常形态研究》，《人类学学报》2012年第31卷第2期，第176—186页。
③ 张林虎、朱泓：《新疆鄯善洋海青铜时代居民颅骨创伤研究》，吉林大学边疆考古研究中心编：《边疆考古研究》（第8辑），科学出版社2009年版，第327—335页。

人头骨中存在穿孔现象,经研究证明,当时存在开颅术①。

3. 疾病研究

张君对新疆维吾尔自治区拜城县多岗墓地出土的人骨标本的健康状况的研究表明:①在患龋率方面,不同墓葬等级之间不存在大的差异。②在筛状眶和多孔骨肥厚方面,男性的出现率(19%)比女性(4.2%)高得多,这或许说明男性与女性之间确实存在身体状况上的差异,男性更易感染能引起贫血的各类疾病,如疟疾、腹泻或寄生虫感染等,或许是男性的食物中的肉类摄取量远不能满足需求量;从年龄分布看,筛状眶主要集中出现在较年轻的个体,也许是因为年轻个体对环境的反应更加敏感,他们的骨骼也更容易受到由疾病带来的损伤。③在退行性关节病方面,男性与女性之间表现差异大的部位是脊椎、手和足部,这3个部位都是男性明显高于女性。另外,男性与女性之间的病征在上下肢的表现也不同,上肢的肩、肘、腕部位都是女性略高于男性,下肢的膝盖和足都是男性高于女性,这种差异或许暗示了男性与女性有不同的劳作分工。多岗墓地的古代居民以游牧为主,并有一定程度的种植农业。男性在长期的放牧过程中,行走时间长、行走距离远,这样下肢受到的压力应该会多一些,因此,退行性关节病多出现在下肢②。

王明辉对中原地区比较典型的河南省舞阳县贾湖遗址和河南省灵宝市西坡墓地出土的人骨进行了相应的古病理学研究。口腔疾病研究显示,在龋齿、牙周病、齿根脓疡、牙结石和牙釉质发育不全等疾病的发病率上,西坡墓地的发病率都明显高于贾湖遗址;身体骨骼的研究显示,西坡墓地在退行性关节病、骨质疏松症和贫血等的发病率上也明显高于贾湖遗址。这些可能暗示了从渔猎采集经济向农业经济的转变过程中,古代人群的健康状况呈逐渐恶化的趋势。结合考古学研究的成果,可以认为农业经济虽然对古代人群的健康有一定程度的负面影响,但农业经济的发展,提供了更稳定的食物供应,养活了更多的人口,使得古代遗址的规模不断扩大,为向文明社会的转化奠

---

① 韩康信、谭婧泽、何传坤:《中国远古开颅术》,复旦大学出版社2007年版。
② 张君:《多岗人群的古病理研究》,中国社会科学院考古研究所、新疆维吾尔自治区阿克苏地区文物局、拜城县文物局编著:《拜城多岗墓地》,文物出版社2014年版,第241—302页。

定了物质基础①。

朱泓等通过对内蒙古自治区科尔沁左翼中旗哈民忙哈遗址人骨死亡年龄的统计与分析,发现房址内人骨的平均死亡年龄为26.8岁,男性平均死亡年龄为34.3岁,女性的平均死亡年龄为30.6岁;群体的死亡高峰期集中在未成年期、壮年期和中年期,无老年期个体;在哈民忙哈遗址与庙子沟遗址这两个史前灾难遗址的成因方面,两者之间存在着明显的共性,即均可能与某种急性传染病的突然爆发有关。F40的人骨堆积应为古代人类有意识地将遗骸逐次拖入房内、集中堆放而形成。鉴于其他房址内的死者狰狞的体态和随身佩戴玉器的证据,房内的人骨堆积很可能是当时人死后的原始场景②。

蓝万里等通过对属于春秋战国时期的河南省新郑市龙湖兴田遗址出土的人骨腹部采集土壤进行研究,发现当时有的人体内存在钩虫卵。这个地区现在也是钩虫病的流行区③。

(七) 古代人群的习俗和行为研究

特定的风俗习惯往往会在古代人群的骨骼和牙齿上留下痕迹,为我们探讨特定时空范围内的人类行为提供了科学的证据。

1. 人工拔牙、头骨枕部畸形和口颊含球的习俗

韩康信等研究了在中国东南地区部分新石器时代居民的人骨,发现人骨中有3种特殊的风俗习惯,即人工拔牙、头骨枕部畸形和口颊含球的习俗。人工拔牙就是有意识地拔除特定的牙齿。对新石器时代拔牙材料的调查表明,最早及最流行的拔牙形态是拔去一对上侧门齿,其他形式的拔牙不多。除个别遗址外,拔牙都严格限定在上颌牙(门齿和犬齿)。拔牙的年龄在14～15岁的性成熟期。出现拔牙风俗的原因可能比较简单,即与取得婚姻资格的仪式有关,可能是在由血亲婚配关系向族外婚的转变过程中产生的。有人工拔牙

---

① 王明辉:《中原地区古代居民的健康状况——以贾湖遗址和西坡墓地为例》,《第四纪研究》2014年第34卷第1期,第51—59页。
② 朱泓、周亚威、张全超、吉平:《哈民忙哈遗址房址内人骨的古人口学研究——史前灾难成因的法医人类学证据》,《吉林大学社会科学学报》2014年第1期,第26—33页。
③ 蓝万里、张居中、翁屹、樊温泉:《腹土寄生物考古研究方法探索和实践》,《考古》2011年第11期,第87—93页。

风俗的遗址以山东和江苏北部一带最多。最早的拔牙风俗可溯源到位于黄河下游和长江下游地区之间的大汶口文化早期。以后可能朝西南方向流传到江汉地区的屈家岭文化,并一直保留到现在的云、贵、川地区的一些少数民族中。这一风俗向南可能通过史前的江南居民,经浙、闽、粤沿海流传到珠江流域,并且可能在不晚于早商时期由大陆沿海传到台湾①。

韩康信等还通过对中国和日本古代拔牙风俗的比较研究,证明二者具有大致相近的沿海环境和相似的生理特点,但二者之间的系统演变关系尚缺乏明显联系。就目前考古材料所示,中国古代实行仪式拔牙的证据主要见于沿海省区和台湾地区,出现拔牙风俗的遗址属于大汶口、青莲岗、马家浜、屈家岭和华南地区的印纹陶文化及台湾的史前文化。中国仪式拔牙风俗很可能开始于大汶口—青莲岗新石器时代文化分布地区。日本主要岛屿上明确的仪式拔牙证据出现在仙台湾附近的绳文时代中期之末,并在绳文时代晚期之末频繁出现(大约距今4 000年)。以后,这种习俗在不同地区的弥生时代人骨上也能观察到,可能还延续到随后的古坟时代。从时代来看,中国沿海地区的仪式拔牙的兴盛期及消退期都比日本的相应时期早约2 000年左右。中国新石器时代的拔牙风俗中不存在性别之间的明显差异,在日本的绳文时代文化中,拔牙的出现率和拔牙的形式存在性别差异。中国沿海地区和日本的仪式拔牙开始的时间都是在青春期,即12～15岁之间。中国的仪式拔牙的齿种主要包括上颌侧门齿和中门齿及犬齿,其他齿种十分罕见;日本的拔牙形式比中国更加复杂,犬齿和下门齿都是拔除对象。中国新石器时代的拔牙风俗可能沿渤海湾传至辽东半岛和朝鲜半岛,甚至到达日本。但目前还缺乏确凿的证据,目前仅在朝鲜半岛的勒岛遗址中发现有明确无误的拔除一对上犬齿的两例女性的头骨,时间约为公元前1世纪,比日本在距今4 000年前就发现拔牙的实例要晚数千年②。

头骨枕部变形即用人为因素使颅部改变形状,形成畸形颅,俗称扁头,是一种古老的风俗习惯(图8-2)。最早发现于中国旧石器时代晚期的山顶洞

---

① 韩康信、潘其风:《古代中国人种成分研究》,《考古学报》1984年第2期,第245—263页。
② 韩康信、中桥孝博:《中国和日本古代仪式拔牙的比较研究》,《考古学报》1998年第3期,第289—306页。

人 102 号女性头骨上,可能是幼年缠头造成的变形。分布于我国东南部的一些新石器时代的居民中也有头骨枕部变形的现象。这种畸形颅在山东、苏北一带的大汶口文化分布地区尤为普遍。已经发现有此种畸形颅的遗址有山东的大汶口、王因、西夏侯、呈子、三里河、野店及江苏的大墩子和圩墩等。造成这种畸形颅的原因显然存在人为的因素,但究竟是出于何种目的、使用何种方法或器械有意改变头骨的形状,目前尚不清楚。

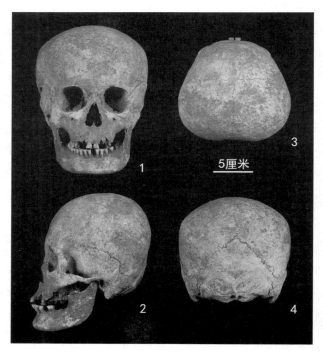

图 8-2 变形头骨(辽宁省建平县牛河梁遗址出土)
(引自《牛河梁》图二一,稍作修改)

口颊内含球的习俗目前只发现在大汶口文化居民中。由于含在口颊中的小石球长期与臼齿外侧面摩擦,形成了磨蚀面。磨蚀严重的可以影响到齿冠和齿根乃至齿槽骨,有的甚至使颊齿齿列挤向舌侧,齿槽骨萎缩直至引起严重的齿病。这种习俗的实际出现率不清楚,因为若含球的时间不长,则不一定在牙齿或齿槽骨表面留下明显的磨擦痕迹。球的质料以石制的居多(硬度很高的石英岩),也发现了少数陶质球,球的直径为 1.5～2.0 厘米。有此种习俗的个体其左右两边的牙齿颊面上往往存在磨蚀面，但只发现含1粒石球。由此可见，石球经常在口腔里被左右移动位置。在大多数留有石球摩擦痕迹的个体的墓葬里没有石球随葬，估计石球和埋葬习俗之间没有必然的联系。从山东王因大汶口文化早期墓葬的情况来看，这种习俗多数出现在女性个体身上。何时开始含球尚不清楚，现在发现的含球年龄最小的一个个体只有6岁，可能暗示此习俗始于幼年。这种习俗的出现率无法确切统计，但从墓葬中出土的石球和陶球数大大少于个体数判断，有此种习俗的个体只占很少的比例。这种习俗的出现率和拔牙习俗的出现率明显不同。

上述3种习俗在出现时间、文化性质和地理分布之间存在共生和平行关系①。

2. 跪坐的证据

由于长期保持跪坐姿势致使跖骨和脚趾骨长期相互挤压而形成骨骼的变异，这种变异可称为"跪踞面"，由于这种姿势使得受力点除位于下肢的趾骨之外，还包括膝盖部分，因而有时也会在髌骨上形成骨刺。王明辉对山东省滕州市前掌大墓地出土的人骨进行了跪踞面的研究，发现左右第一跖骨上部前端跖骨头后侧形成一圆形勺状凹坑，河南省安阳市殷墟妇好墓出土的玉人跪坐姿势显示出当时人的跪坐方式，即当时人在跪坐时双膝并拢着地，双脚并拢，臀部坐于脚跟上，双脚的脚尖朝向前面，长期用这样的姿势跪坐，就会形成上述的骨骼变形。类似现象还出现在山西省垣曲县垣曲商城遗址出土的人骨中②。

3. 骑马的证据

在骑乘状态下，人体下肢应有前屈并外展的动作，与被骑乘物接触的主要是股骨的背侧面。如果这种骑乘运动开始于个体发育期，并且是一种经常性行为，个体的股骨就会显示出弯曲度大和股骨颈深度凹陷的现象。魏东对新疆维吾尔自治区巴里坤县黑沟梁墓地出土人骨的四肢长骨进行研究，发现

---

① 韩康信、潘其风：《古代中国人种成分研究》，《考古学报》1984年第2期，第245—263页。
② 王明辉：《滕州前掌大墓地人骨研究报告》，中国社会科学院考古研究所编著：《滕州前掌大墓地》，文物出版社2005年版，第674—727页。王明辉：《垣曲商城遗址出土人骨鉴定报告》，中国国家博物馆田野考古研究中心、山西省考古研究所、垣曲县博物馆编著：《垣曲商城（二）——1987—2003年度考古发掘报告》，科学出版社2015年版，第721—723页。

该墓地的人骨中个别个体的股骨大转子和股骨嵴相对发达,表明该个体股骨外展和内收的功能都很强大,而股骨颈部的深度凹陷,也表明该个体的股骨可以外展的程度要大于凹陷小的个体。结合该遗址所处地域的古环境分析和考古学研究的推论,当时已经存在骑乘行为,这些股骨特征是骑乘行为所致[①]。

二、思考

通过人骨考古研究,对位于不同地区的新石器时代多个文化与不同的人种类型的对应关系有了比较全面的认识,对商代晚期的王族祖先和一般平民的体质特征区别有所把握,探讨了山东地区汉代人群和日本西部地区古代人群的亲缘关系,对文化交流促进人种类型的复杂化及提高身体素质有了新的认识,对环境变化与体质变化的关系、不同朝代的男性与女性的身高差异、人口性别、年龄与社会组织结构的对应等问题提出独到的见解,罗列出古代人群的口腔疾病、骨骼创伤与疾病等实证,对于拔牙等古代人群的习俗、长期保持跪坐和骑马等姿势造成的骨骼变形等都有比较深入的研究。人骨考古在探讨古代人群的研究中发挥了重要的作用。

在肯定现有研究成果的基础上,需要思考的问题有4点。

第一,继续关注新石器时代至历史时期的人头骨特征研究。在继续完善和把握新石器时代不同地区存在特有的人种类型的基础上,如何探讨具体的考古学文化及类型内部是否存在少数个体差异,如何进一步探讨夏商周三代及历史时期位于不同地区及遗址的人骨群体特征,认识人群交流、文化融合对原史时期和历史时期的人群体质特征的影响。从长时段的历史进程中把握不同地区、不同人群的体质特征及其变迁,是今后持续努力的一个方向。

第二,对肢骨的研究需要进一步深入。狩猎采集与农耕饲养这两种生业方式是不同的,其劳动的动作亦存在明显的差异,不同的人群在长时间里持续进行这样不同的劳作,会在肢骨上留下可以观察到的特征。换言之,如何

---

① 魏东,曾雯,常喜恩,朱泓:《新疆哈密黑沟梁墓地出土人骨的创伤、病理及异常形态研究》,《人类学学报》2012年第31卷第2期,第176—186页。

依据肢骨上的特征推测当时的生业状况,也是需要认真探讨的问题。

第三,加强测量数据的统计学研究。在长期的人骨考古研究中,积累了极为丰富的测量数据,这些数据不但涉及人骨的各个部位,更为重要的是反映了居住在不同地区的不同人群的特殊形态特征,如何从统计学的角度进行探讨,更加准确地揭示研究对象的具体特征,进行创新性的研究。

第四,开展多角度的研究。除了对人骨进行体质特征的研究之外,应该考虑有计划地开展对于人骨的年代学研究、古DNA研究和同位素研究,尤其要注意把不同领域的研究聚焦到具体的个体上,全面汇集具有典型特征的单个个体的信息,结合新石器时代人种类型的分布和特征、原史时期和历史时期的人群体质特征,开展全方位的探讨。

本章小结

任何一个考古遗址都是古代人类活动后遗留下来的,考古学研究离不开对具体人骨的研究。通过研究,在区分古代人种的类型、探讨文化交流与人种类型复杂化的关系、推测历代人群身高、探究新石器时代人类体质与环境变化的关系、通过分析人口年龄和性别研究社会发展及古病理方面,都取得了一系列重要成果。今后的研究还需要在思路和方法上有新的提高。

第九章

动物考古

内容提要 在田野考古中建立科学的动物遗存取样方法,确立对考古遗址出土的各种家畜进行科学鉴定的标准,通过对考古遗址中出土的动物遗存进行鉴定、观察、测试及各种统计和分析,并结合动物遗存出土的考古背景及考古学文化进行探讨,认识不同时空范围内古代人类利用动物的各种行为,探讨其形成的原因、规律性特征及在中国历史发展进程中的作用和影响。

第一节 概述和方法

一、概述

动物考古学属于考古学的研究范畴,其研究目的包括认识古代存在于各个地区的动物种类、推测当时的自然环境及探讨古代人类与动物相关的各种行为。

动物考古学的研究对象包括考古遗址出土的无脊椎动物和脊椎动物这两种动物遗存。考古遗址中出土的无脊椎动物主要是属于腹足纲的螺类和属于瓣鳃纲的贝壳这两大类。而脊椎动物则主要包括鱼类、爬行类、鸟类和哺乳类等4种。分布在各个地区、各个时期的考古遗址中出土的包括贝类的螺壳和贝壳以及鱼类、爬行类、鸟类和哺乳类等动物的骨骼，都是被当时居住在那里的人们食用后废弃或有意识地摆放后遗留的。动物考古根据均变论的"将今论古"的原则研究古代动物遗存。根据动物分类学的原理，认定动物种属、组成及演化关系；根据动物解剖学的原理，判断动物的形态特征；根据动物地理学的原理，确定各种动物的分布范围；根据动物生态学的原理，判断各种动物的多种行为特征。而埋藏学和文化生态学则为我们探讨古代动物遗存的出土背景、研究古代人类与动物相关的各种行为，提供科学的依据和社会学的启示。在此基础上，结合考古学的文化背景进行探讨，认识古代人类利用动物资源的行为，研究动物在古代人类的物质文化和精神文化中的作用和地位，构建人与动物同行的历史。

二、方法

动物考古的方法包括野外采集和室内整理两部分。

野外采集动物骨骼的方法应视发掘的性质及发掘的具体情况，采用随时发现随时采集或针对性采集的方法。随时发现随时采集主要指在发掘过程中按照发掘单位采集出土的动物遗存。针对性采集主要指采集灰坑、房址和关键柱等特定遗迹单位的全部动物遗存，分为取土、筛选和水洗浮选3种方法。

室内整理包括对动物遗存进行清洗、粘对、鉴定、测量、称重、观察动物遗存表面痕迹、记录资料和定量统计等8个方面的内容。清洗即把动物遗存清洗干净，这样可以保证全面准确地观察骨骼的特征及骨骼上残留的人工或自然损伤的痕迹，同时也可以保证测量的准确性。粘对是对破碎的动物骨骼进行拼合，骨骼愈完整，其特征就保留得愈多，从而为我们的鉴定和研究创造更好的条件。鉴定包括确定贝类的种属和左右，鱼类、爬行类、鸟类和哺乳类的种属、骨骼部位、左右、年龄和性别等。测量就是按照统一的标准，对动物遗存的关键位置进行测量，其目的是为以后的各种研究提供精确的数据，提高动物考古研究的科学性。称重就是核定动物遗存的重量,是一种从量化的角度判断出土动物遗存多少的方法,动物遗存表面痕迹观察可以获取有关动物的生活史及人类行为的重要信息。记录资料就是将全部鉴定、测量和观察结果都记录下来,然后输入电脑,也可以在整理动物骨骼时直接输入电脑,为最终做成数据库,进行各种整理、分析和研究奠定基础。定量统计包括各种动物数量的统计、各种动物的牙齿和骨骼等测量数据的统计及各种动物的肉量统计①。

另外,碳十四年代测定、DNA 分析、碳、氮稳定同位素分析和锶同位素分析等在动物考古研究中也是极为重要的方法②,这些内容详见本书的相关章节。

第二节　研究与思考

一、研究成果

中国动物考古学研究的开端可以追溯到 20 世纪 30 年代德日进、杨钟健所著的《安阳殷墟之哺乳动物群》③。研究者对出土的动物遗存进行种属鉴定及一定程度的量化统计,测量了各种动物的头骨和牙齿,将动物分为本土野生动物、家养动物和外地引进的动物 3 类;通过分析各种动物的生态习性,了解了中国北方的气候变化及其与南方的文化交流;在鉴定家猪时,除骨骼形态外,还首次发现幼年的标本较多,与野生状态下的年龄结构不同,借助这个人为作用的年龄结构判断家猪;这些具体的研究结果极为重要,其研究思路和方法对于现在的动物考古学研究仍然具有重要的启示意义。

---

① 袁靖:《动物考古》,中国社会科学院考古研究所:《科技考古的方法与应用》,文物出版社 2012 年版,第 81—89 页。
② 袁靖:《中国动物考古学》,文物出版社 2015 年版,第 67—73 页。
③ 德日进、杨钟健:《安阳殷墟之哺乳动物群》,《中国古生物志》丙种第十二号第一册,1936 年版。

80年来,中国动物考古主要研究成果有10余本专著、译著和论文集[①],还有300余篇对考古遗址出土的动物遗存的鉴定和研究论文。动物考古的研究成果主要表现在以下5个方面。

(一)主要家养动物的起源、出现及其意义

袁靖等通过研究,较为全面地探讨了中国主要家养动物的起源、出现及其意义,大致可以分为以下8个方面。

1. 狗

中国最早出现的家养动物是狗,发现于距今约10 000年左右的河北省徐水县南庄头遗址,主要有4条证据:一是下颌骨的形状明显像狗,与狼的区别明显;二是齿列的长度变短,尺寸比狼要小;三是牙齿排列紧密,而狼的排列则比较稀疏;四是下颌骨的各个测量点的尺寸都明显小于狼。

当时人类饲养狗的目的可能主要是为了狩猎、看守家园或作为宠物。狗的家畜化可以导致人类狩猎的策略、战术或技术发生某些变化。不过这种行为并未给人类提供多少稳定的肉食来源,没有对人类的生活方式产生重大影响。尽管如此,狗作为人类最早驯化的家畜,帮助人类积累了把野生动物驯化为家养动物的经验,奠定了人类后来驯化多种家养动物的基础。从这一点上看,狗的出现,在人类文明史的发展进程中具有重大的意义。

---

① B.格罗莫娃著,刘后贻等译:《哺乳动物大型管状骨检索表》,科学出版社1960年版。魏丰、吴维棠、张明华、韩德芬:《浙江余姚河姆渡新石器时代遗址动物群》,海洋出版社1989年版。[瑞士]伊丽莎白·施密德著,李天元译:《动物骨骼图谱》,中国地质大学出版社1992年版。郭郛、[英]李约瑟、成庆泰著:《中国古代动物学史》,科学出版社1999版。陈全家、王善才、张典维:《清江流域古动物遗存研究》,科学出版社2004年版。武仙竹:《长江三峡动物考古学研究》,重庆出版社2007年版。[德]安格拉·冯登德里施著,马萧林、侯彦峰译:《考古遗址出土动物骨骼测量指南》,科学出版社2007年版。河南省文物考古研究所编:《动物考古》(第1辑),文物出版社2010年版。罗运兵:《中国古代猪类驯化、饲养与仪式性使用》,科学出版社2012年版。[美]西蒙·赫森著,侯彦峰、马萧林译:《哺乳动物骨骼和牙齿鉴定方法指南》,科学出版社2012年版。[美]Elizabeth J. Reitz, Elizabeth S. Wing著,中国社会科学院考古研究所译:《动物考古学》,科学出版社2013年版。河南省文物考古研究所编:《动物考古》(第2辑),文物出版社2014年版。袁靖:《中国动物考古学》,文物出版社2015年版。

2. 家猪

迄今为止所知最早的家猪发现于河南省舞阳县贾湖遗址,距今大约9 000年。主要有8条证据:第一,齿列排列不正常,在下颌骨上发现存在齿列扭曲的现象,这是比较典型的家猪的特征;第二,全部臼齿中线性牙釉质发育不全的标本占较高的比例,处于人工饲养的家猪种群的线性牙釉质发育不全所占的比例之内,明显高于野猪所占的比例;第三,牙齿几何形态测量的结果显示其接近家猪,而与野猪差距很大;第四,2岁以下的猪占全部猪的81%,年龄结构偏年轻,不同于野猪种群的年龄结构模式;第五,个体数量占全部哺乳动物的25%以上,远远大于自然状态下野猪种群在全部哺乳动物中的比例不超过10%的现象;第六,在墓葬中发现随葬猪的下颌,与在后来数千年里的众多遗址中发现的随葬家猪的现象一脉相传;第七,碳、氮稳定同位素的分析结果显示,猪和属于同一遗址的人的食物结构十分相似,意味着其与人工喂养有关;第八,古DNA证据显示,其线粒体DNA特征与现代家猪具有遗传连续性。

数千年来,还没有一种家养动物像家猪一样,既是中国人最主要的肉食资源,同时,又在精神领域里扮演了重要的角色。在历史时期,家猪的饲养技术推广到整个东亚地区,在促进人类社会的经济生活和文化生活的发展中起到了重要的作用。

3. 绵羊

绵羊在距今5 600年到5 000年的甘青地区的考古遗址中突然出现,而后向东部扩散,在距今约4 500年左右进入中原地区。主要有7条依据:第一,在距今5 600年到5 000年的马家窑文化石岭下类型和马家窑类型的墓葬里发现随葬羊骨;第二,在中原地区多个距今约4 000多年的龙山文化遗址中突然发现绵羊的骨骼,自龙山文化及以后的各个历史时期的遗址里都发现羊骨。从历时性的角度观察,绵羊的出现有一个明显的从无到有、自西向东的发展过程。第三,中原地区龙山文化的绵羊骨骼的尺寸大小,与商周时期可以判定是家养绵羊的骨骼的测量数据十分接近。第四,在龙山文化遗址存在多例单独捆绑后埋葬羊的现象;另外,还发现绵羊的肩胛骨上有灼痕,这种现象与古代的占卜活动有关;第五,在距今约4 000年左右的山西省襄汾县陶寺遗址中发现当时存在剪羊毛的证据,这是对绵羊的次级产品开发。第六,多个遗址中出土绵羊的古 DNA 分析结果显示,在当时的绵羊中世系 A 占据主要地位,还存在世系 B 的绵羊,世系 A 和世系 B 的绵羊起源于西亚,由此推测,家养绵羊很可能是通过文化交流,从中国境外将已经被驯化的绵羊传入中国;第七,黄河中上游地区的多个遗址中出土的绵羊的碳、氮稳定同位素分析结果显示,其食物主要以 C_3 类植物为主,其中也包括少量的 C_4 类植物,可以认为是人工喂养了小米的秸秆等 C_4 类农作物所致。

家养绵羊可以给人类提供肉食及奶制品,在古代的祭祀活动中也发挥了重要的作用,羊毛还可以为人类的衣着提供原材料,提高人类抵御风寒的能力。获取羊毛和编织毛织品还带动了手工业中专门领域的发展。

4. 黄牛

黄牛在距今 5 600 年到 5 000 年的甘肃地区的遗址中突然出现,而后向东部扩散,在距今约 4 500 年左右进入中原地区。主要有 6 条依据:第一,多个位于黄河流域中上游地区的遗址出土了黄牛骨骼,其形状整体上较为纤细,与商周时期可以明确判断是家养黄牛的骨骼形状特征十分相似。第二,这些黄牛骨骼的尺寸大小,与商周时期可以明确肯定是家养黄牛的测量数据十分接近。第三,这些黄牛遗存的数量及其在全部哺乳动物中所占的比例都达到一定的程度,特别是在同一个遗址的不同时期的文化层中出土的黄牛的数量大致都有一个从早到晚、逐渐增多的过程。第四,在属于河南龙山文化的几个遗址中都发现单独埋牛的现象,到后来的夏商周三代时期,埋葬黄牛的现象更为普遍。第五,对多个遗址中出土的黄牛骨骼进行古 DNA 研究,其结果显示它们大多属于西亚地区的黄牛世系 T3,这为我们探讨黄牛的来源提供了一个科学的依据,黄牛进入中国经历了与绵羊相同的过程。第六,通过对黄河中上游地区的多个遗址中出土的黄牛进行碳、氮稳定同位素分析,其结果显示从龙山时代到二里头时期,黄牛的食性由以 C_4 类植物为主发展到完全属于 C_4 类植物,可以认为是人工喂养了小米的秸秆等 C_4 类农作物所致。这个过程反映出人类对黄牛饲养方式的进步。

家养黄牛的出现,除了使人类获取肉食资源的来源多样化,在精神领域发挥重要作用之外,其最大的贡献是在历史时期广泛用牛犁地,牛耕极大地提高了古代农业劳动的生产率,带动了古代农业经济的发展,是中国农业发展史上一个划时代的进步。

5. 马

在距今 4 000 年到 3 600 年的甘肃地区的几个遗址中发现可能和随葬及祭祀活动相关的马骨，表明当时可能已经存在驯化的马，至少在黄河中下游地区，家马的出现不早于距今约 3 300 年左右的商代晚期。因为在属于商代早期的多个遗址中都发现了大量的动物骨骼，但是都没有发现马骨的证据。在距今约 3 300 年左右的商代晚期的河南省安阳市殷墟遗址中突然出现家马。证明其为家马的证据主要有 3 条：一是在这个遗址中发现 100 多座车马坑和马坑。在同样属于商代晚期的其他遗址中也发现车马坑和马坑；二是马骨及牙齿的测量数据都与家马相似；三是古 DNA 分析与碳、氮稳定同位素分析结果也证实殷墟的马属于家马。由此可以确定在距今约 3 300 年左右，黄河中下游地区存在家马。甘青地区可能是马传入中原地区的通道，还有一种可能是马通过内蒙古东部地区，自北向南进入中原。另外需要强调的是，即使在甘青地区，家马出现的时间与世界上最早的家马相比，也要相差数千年，由此可见，家马或饲养家马的技术均由中国境外传入的可能性相当大。

家马的出现，在提供肉食资源及精神领域中具有一定的作用，但它最主要的作用是极大地提高了人类的运输能力，尤其是作为战马，在战争中发挥了重要的用途。它促进了人类的迁徙、民族的融合、语言和文化的传播以及整个社会历史的进步。从这个角度上看，家马是对人类历史影响最大的一种家养动物。

6. 鸡

距今约 3 300 年左右的河南省安阳市殷墟遗址已经存在家鸡。主要有两条依据：一是通过测量和观察这个遗址出土的鸡的头骨，判断其为家鸡。二是甲骨文的证据，殷墟出土的甲骨文中显示出"鸡"和"雉"两个字的写法有明显的区别。"鸡"字和"雉"字都作为名词使用，"鸡"一般用作牺牲或田猎的地名，而"雉"则表示禽鸟名或地名。在殷墟的甲骨文中，作为牺牲的动物一般都是家养动物。

鉴于考古遗址中发现的鸡骨始终不多，养鸡仅仅是为了食肉的解释似乎不够全面。鸡能生蛋,获取鸡蛋也许是养鸡的另一个原因,在古代文献中,多次记载养鸡与凌晨打鸣相关,这可能也是当时养鸡的原因之一。

7. 其他家养动物

依据动物考古学和古代文献的研究结果,可以确认距今约 2 370 年左右,新疆维吾尔自治区已经存在家养的骆驼。另外,可以推测距今约 3 300 年左右的商代在河南省东部地区已经养鱼,距今约 2 700 年左右在山东省和江苏省已经饲养鹅和鸭,距今约 2 400 年左右在中原地区已经存在家养的骡和驴。

8. 讨论

上述这些家养动物分别起源或出现于不同的时间和不同的地点,但绝大多数家养动物都首先出现于中国的北方地区。中国古代家畜的起源和出现的过程可以分为两种模式:一种是中国古代居民在与一些野生动物长期相处的过程中,根据自己的需要逐步控制它们,把它们变为家畜。另一种是古代居民通过文化交流的过程,从其他地区直接引进已经成为家畜的动物。

古代人类将野生动物驯化为家养动物,体现了当时的人类利用自然和改造自然的能力。中国古代各种家养动物的起源、出现及发展,不但保证了人类稳定地获取多种肉食资源及奶制品等,而且在促进农业生产和手工业生产、增强军事作战能力、推动交通运输等方面也发挥了重要的作用。另外,在人类的精神领域中也有独到的用途。人类在饲养家畜的过程中形成了畜牧业,畜牧业属于古代农业经济的重要组成部分,在人类历史的发展过程中是不可或缺的[①]。

(二)古代居民获取肉食资源方式研究

袁靖依据古人获取肉食资源方式的特点,将其归纳为 3 类:完全通过渔猎活动获取肉食资源的依赖型,以渔猎活动为主、饲养活动为辅的初级开发型,以饲养活动为主的开发型。

---

① 袁靖:《中国动物考古学》,文物出版社 2015 年版,第 88—112 页。

1. 东北地区

这一地区没有发现新石器时代早期的遗址。在距今 8 000 年到 7 000 年的新石器时代中期,获取肉食资源的方式有两种:依赖型和初级开发型。在距今 7 000 年到 5 000 年的新石器时代晚期到距今 5 000 年到 4 000 年的新石器时代末期,获取肉食资源的方式主要为初级开发型。到先秦时期,获取肉食资源的方式有两种:主要为开发型,也有初级开发型。

2. 黄河流域地区

黄河流域在距今 10 000 年左右,获取肉食资源的方式为依赖型,黄河中上游地区到距今 8 000 年前,获取肉食资源的方式有两种:主要为初级开发型,出现开发型。从距今 6 000 多年以后,获取肉食资源的方式全部为开发型,且饲养家猪活动所占的比例越来越大,直至占据 80% 以上。黄河下游地区在距今 7 000 多年前,获取肉食资源的方式为初级开发型。距今 6 000 年到 4 000 年,获取肉食资源的方式为开发型。但在黄河下游地区饲养家猪的活动比例往往在 50%~60% 左右,最终也没有像黄河中上游地区那样达到绝对多数。这个地区到先秦时期仍然继续保持着开发型的方式。

3. 长江流域地区

长江中上游地区自距今 10 000 年开始,获取肉食资源的方式为依赖型。距今 7 000 年到 4 000 年左右,获取肉食资源的方式为初级开发型,但是注重渔猎活动是这个地区史前时期居民获取肉食资源的一个显著特征,饲养家猪在这个地区史前时期居民获取肉食资源的活动中仅仅占据极其次要的地位。长江下游地区获取肉食资源的方式变迁与中上游地区十分相似,但是在距今 5 300 年到 4 300 年左右的良渚文化时期,在中心遗址里开发型成为获取肉食资源的主要活动。其他遗址获取肉食资源的方式仍然以初级开发型为主。到先秦时期,获取肉食资源的方式为两种:主要为开发型,也有初级开发型。

4. 岭南及周边地区

这一地区在距今 10 000 年到 7 000 年左右,获取肉食资源的方式属于依赖型。距今7 000年到4 000年左右,获取肉食资源的方式有两种:除依赖型之外,出现初级开发型。到先秦时期,获取肉食资源的方式为初级开发型。

5. 讨论

各个地区获取肉食资源的方式各有特征。中国新石器时代的居民由完全依赖于自然环境提供的动物资源的依赖型,到开始开发某些野生的动物资源,把它们作为家养动物的初级开发型,再到主要依靠这类开发的动物资源获取肉食的开发型,这一系列生存活动行为的变化是在肉食量需求的增长及居住地周围自然环境所能提供动物资源的多少这种制约下被动地形成和发展的。这个过程可以称之为"被动发展论"。先秦时期各个地区居民获取肉食资源的方式在延续各自新石器时代的传统方式的基础上继续发展。随着人口的增加、社会的进步,家畜饲养业在各个地区分别得到进一步的巩固、发展或推广、普及,这是与中国自然环境的状况、文化和历史的具体发展过程密切相关的[①]。

(三)利用动物进行祭祀和随葬的特征

1. 新石器时代

袁靖等发现,在中国各个地区新石器时代(距今10 000年到4 000年)的遗址里,发现不少使用整头猪进行祭祀,或者使用猪头或猪下颌随葬的实例。在中国新石器时代的祭祀活动中使用最多的动物是猪。除猪以外,也发现不少用狗随葬的实例。但是,这些实例主要集中在中国黄河下游和淮河下游地区新石器时代的大汶口—龙山文化(距今约6 000年到4 000年左右)。到新石器时代晚期出现使用牛和羊进行祭祀(图9-1)[②]。

[①] 袁靖:《中国动物考古学》,文物出版社2015年版,第113—187页。
[②] 袁靖:《中国动物考古学》,文物出版社2015年版,第188—218页。王吉怀:《试析史前遗存中的家畜埋葬》,《华夏考古》1996年第1期,第24—31页。邵望平、高广仁:《中国史前时代的龟灵与犬牲》,邵望平、高广仁:《海岱区先秦考古论集》,科学出版社2002年版,第291—303页。

图 9-1　河南省柘城县山台寺遗址出土的黄牛骨架
(引自《中国动物考古学》图 34)

2. 商周时期

袁靖等在属于商代早期的偃师商城遗址的祭祀区里发现大量用猪祭祀的证据,在郑州商城发现一定数量的猪,在商代各期的遗址里发现用狗祭祀的实例,这些都可以看作一种自中国新石器时代以来的祭祀行为的延续。值得注意的是,商代早期有一定数量的祭祀坑中存在把牛、羊和猪肢解后埋在一起的现象。郑州商城遗址也发现了使用完整的牛祭祀。真正使用大量的牛进行祭祀的实例发现于小双桥遗址,而大量使用羊进行祭祀的实例发现于殷墟。商代晚期在祭祀中使用的马并非本地所产。家马在商代被引入中国,很快被商代贵族所接受。马作为一种奔跑迅速、可以驾车的动物,在当时可能具有相当特殊的地位。故商王死后要随葬车和马,在王陵里有大量的马坑。可见马在黄河流域从一开始就扮演着十分重要的社会角色。

商代早期祭祀用牲以猪为主,证明它与新石器时代的祭祀活动存在一定联系。随着年代的推进,祭祀品中的动物种类增多,数量也在增加。这些变化有助于区分献祭者的身份。以大量牛或牛与其他动物的组合作牺牲,比用猪作牺牲,能够更加具体地反映出等级制度。车马葬与大规模的人牲是商代晚期王权和祖先崇拜的最高表现形式。通过动物祭祀,我们可以了解商代统治特征的明显变化。

商周时期有把猪、牛和羊的前肢完整地放入墓里的习惯。中型以上的墓葬里分别随葬猪和羊、牛和羊以及猪、牛和羊的前肢。如果在同一座墓里随葬两种以上动物的前肢,这两种以上动物前肢的左、右侧都一定是相同的。随葬动物前肢的墓葬在全部墓葬中占少数。

袁靖等还通过属于商周时期的安徽省滁州市何郢遗址发现多例埋葬狗和猪的现象,但是未见埋葬马、牛或羊的实例,由此认为这可能与何郢遗址属于一般聚落的性质有关,在这个层次尽管不能排除少量使用牛进行祭祀的可能性,但可能主要还是使用狗和猪这些动物进行祭祀,继续沿袭新石器时代以来的祭祀习惯①。

罗运兵对楚墓中的动物牺牲进行了全面梳理,指出楚墓所用牺牲有自身特色,如较多使用水牛、鱼类和禽类牺牲;比照礼制记载有一定相符之处,如实鼎用牲一般去掉头、蹄等,并见有尚前、贵右的礼制影子;较为鲜明地体现了等级分化,如牛牲只见于上大夫以上级别的楚墓中②。

(四)骨器制作工艺研究

马萧林通过对国外相关文献的研究,在简略回顾骨器研究概况的基础上,对骨骼特征、骨器生产特征、制骨作坊的定义、分类、分析方法和需要探索的问题等进行了讨论③。

余翀通过对甘肃省秦安县大地湾遗址出土的骨器进行研究,发现当时人制作骨器与获取动物种类的多少及骨器的用途相关。如早期制作骨笄使用鹿科动物的骨骼,到晚期则全部使用猪骨,这可能与晚期饲养家猪的数量明显增多有关。而制作骨锥、骨镞和骨铲等却一直使用鹿科动物的骨骼,这可

---

① 袁靖:《中国动物考古学》,文物出版社 2015 年版,第 219—240 页。
② 罗运兵:《楚墓所见动物牺牲》,楚文化研究会编:《楚文化研究论集》(第十集),湖北美术出版社 2011 年版,第 460—481 页。
③ 马萧林:《关于中国骨器研究的几个问题》,《华夏文物》2010 年第 2 期,第 138—142 页。

能与这些工具对硬度有一定的要求相关①。

李志鹏等通过对河南省安阳市殷墟北辛庄、大司空和铁三路等大型制骨作坊遗址出土的动物骨骼遗存进行鉴定、观察、测量和称重等研究,发现与制作骨器有关的动物骨骼遗存既包括成品、不同阶段的半成品及废品,也包括坯料和边角料等。骨料的来源包括黄牛、水牛、猪、羊和鹿等动物的骨骼,但是以黄牛的骨骼占绝对多数,其中又以掌跖骨为多。其取料的方法主要是锯切,加工的方法则包括切割、削、锉、凿、雕刻和打磨等(图 9-2)。制骨生产的组织管理包括对制骨活动的组织、各种工序阶段产品的督检和工人的协调管理等。晚商时期开始注重发展面向普通市场的商业生产以获得王室或贵族所需的财富,可能是制骨手工业发展的最根本的内在动力②。

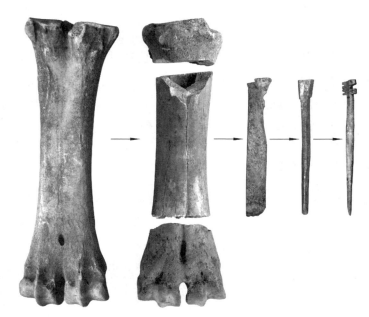

图 9-2　河南省安阳市殷墟遗址制骨作坊骨笄制作模式图
(中国社会科学院考古研究所李志鹏博士提供)

---

① 余翀:《秦安大地湾遗址骨器研究》,《农业考古》2009 年第 1 期,第 8—15 页。
② 李志鹏、何毓灵、江雨德:《殷墟晚商制骨作坊与制骨手工业的研究回顾与再探讨》,中国社会科学院考古研究所夏商周考古研究室编:《三代考古》(四),科学出版社 2011 年版,第 471—484 页。

（五）其他专门研究

1. 家猪的驯化、饲养及仪式性使用

罗运兵全面回顾了中国家猪研究的历史，充实和完善了古代家猪研究的方法；将中国家猪起源时间向前推至距今约 9 000 年；论证了前仰韶时期猪群的南北差异，将中国家猪起源过程概括为"本土多中心起源"，提出了"原生型"与"再生型"两种起源模式；论述了家猪起源动因的"祭祀说"；把家猪饲养早期发展过程归纳为 4 种发展模式，并从文化发展、自然资源和气候变化 3 个方面进行了解释；提出先秦时期可能存在的品种交流现象；阐明了猪骨特殊埋藏习俗多地区起源、多中心发展的过程，揭示了汉水中游地区在这方面的重要地位及其与海岱地区的区别；全面阐述了猪骨特殊埋葬具体含义的"肉食说"及先秦时期流行猪的肢骨随葬的新现象等①。

2. 羊的消费与利用

李志鹏围绕晚商都城羊的消费与利用展开讨论，介绍了国外学者制定的由于食肉、挤奶及剪羊毛而形成的不同年龄模式，论述了河南省安阳市殷墟遗址存在羊肉供应非自给自足的区域，当时的社会可能具备专门化的养羊经济②。博凯龄则通过对山西省襄汾县陶寺遗址出土的绵羊群体中存在大量 3 岁以上成年个体的现象，对比国外学者在西亚地区的同类研究结果，提出当时可能存在剪羊毛的行为，这是首次在中国对古代绵羊除肉食利用之外的次级产品开发模式开展研究③。

3. 白鲟的研究

在长江流域的考古遗址中多次出现白鲟的支鳍骨，但一直没有得到科学的鉴定。莫林恒通过对现生白鲟的研究，认定这种支鳍骨存在于 4

---

① 罗运兵：《中国古代猪类的驯化、饲养及仪式性使用》，科学出版社 2012 年版。
② 李志鹏：《晚商都城羊的消费、利用与供应殷墟出土羊骨的动物考古学研究》，《考古》2011 年第 7 期，第 76—87 页。
③ 博凯龄：《中国新石器时代晚期动物利用的变化个案研究》，中国社会科学院考古研究所夏商周考古研究室编：《三代考古》（四），科学出版社 2011 年版，第 129—182 页。

岁以上的白鲢中，并讨论了湖南省洪江市高庙遗址捕获白鲢的数量、年龄、体重、体长、卡路里、捕捞技术和人工痕迹等，对于白鲢支鳍骨的这一专门研究特色鲜明①。

4. 鳄骨研究

罗运兵对华北地区出土的鳄骨遗存进行了全面梳理，指出那些出自墓葬的材料多与人们开发利用鳄皮制品有关。强调墓葬和都城遗址出土的鳄骨遗存并不能代表扬子鳄真实的生态分布。鳄皮制品（鼍鼓是其中最富代表性的一种）作为身份与地位的象征物，多出现于高等级的贵族墓葬中。西水坡、二里头等遗址出土的鳄骨遗存，为证实古史中的驯龙、御龙的传说提供了宝贵线索②。

5. 骑马的证据

尤悦和李悦在鉴定和研究属于战国时期的新疆维吾尔自治区巴里坤县石人子沟遗址出土的马骨时，发现包括年龄较小的马在内的多匹马骨的胸椎和腰椎上普遍存在明显的背部棘突相压、骨质增生和椎体上出现水平的裂缝这3种异常现象，证明这些马很可能与被人长期骑乘有关。另外，尤悦在该遗址出土的一匹骨骼完整的骆驼的胸椎上，也发现骨质增生的现象，推测这匹骆驼当时可能也是被人骑乘的③。

二、思考

通过动物考古的研究，我们认识到中国古代野生动物的多样性及分布上的地域性特征。古代主要家养动物起源或出现于不同的时间和地点，可分为本土起源和通过文化交流传入两种模式。家养动物出现之后，在不同的地区

---

① 莫林恒：《高庙遗址出土白鲢支鳍骨的鉴定和研究》，湖南省文物考古研究所编：《湖南考古辑刊（第9集）》，岳麓书社2011年版，第260—278页。
② 罗运兵：《灵鼍史影：华北先秦鳄骨遗存解析》《中国考古学会第十五次年会论文集》，文物出版社2013年版，第603—615页。
③ 尤悦、王建新、赵欣、凌雪、陈相龙、马健、任萌、袁靖：《新疆石人子沟遗址出土双峰骆驼的动物考古学研究》，《第四纪研究》2014年第34卷第1期，第173—186页。

和各个时期被利用的方式尽管不尽相同,但是其本质上的多重价值是一致的,即给人类提供稳定的肉食资源,在古代的随葬和祭祀活动中成为不可或缺的重要祭品,在劳役和战争中发挥了特殊的作用,提供制作骨角器和毛织品的原料等,动物与人同行的历史与人类社会历史的发展进程密切相关。

在肯定研究成果的基础上,需要思考的问题有两点。

其一,开展全方位的研究。今后除了对动物遗存进行形态学的研究之外,还应该考虑有计划地开展对于动物遗存的年代学研究、古DNA分析和同位素分析,尤其要注意把不同的研究方法聚焦到某一具有典型意义的个体,汇集最有价值的信息,加强统计学的研究,结合考古学背景,开展全方位的探讨。

其二,以数量更多的具体遗址的动物考古学研究结果充实各个考古学文化的研究。相比新石器时代各个考古学文化类型所属的多个遗址的人工遗迹和遗物的研究和归纳,动物考古学的研究实例数量不多,用少量遗址的动物考古学研究成果去概括数十个乃至于数量更多的遗址的某个考古学文化的获取肉食方式、家畜饲养状况及古人对动物的各种利用方式难免比较片面,从中难以客观地把握规律性的特征。今后要注意在考古发掘过程中大力推广和应用动物考古学的采样方法,开展全方位的研究,用新石器时代考古学区系类型的思路作为指导,在归纳众多考古遗址出土动物遗存的研究成果的基础上,把动物考古学研究推向深入。

本章小结

通过动物考古学研究,我们可以了解古代人类利用的野生动物种类,把握各种家养动物的起源、发展过程及其意义,探讨古代不同时期、不同地区、不同阶层的居民获取动物作为肉食资源的多种方式及其背景,认识不同时空范围内利用动物进行祭祀和随葬的特征与规律,研究骨器制作工艺及其对于一些特定动物的特殊利用方式。今后要注重综合研究,要从考古学类型和文化的角度凝练研究成果、拓展研究内容。

第十章

植物考古

> **内容提要** 植物考古涉及大植物遗存、木材、植硅体和淀粉粒等4种遗存的研究。通过在田野考古中建立科学的取样方法及浮选法,确立考古遗址出土的各种农作物及其他植物、树种、植硅体和淀粉粒的科学鉴定标准,通过对考古遗址中出土的植物遗存进行定性定量的分析和研究,认识包括采集、栽培、祭祀、文化交流及利用木材等方面在内的古代人类与植物的各种关系,探讨其形成的原因、规律性特征及在中国历史发展进程中的作用和影响。

第一节 概述和方法

一、概述

植物考古学的研究目的是认识和了解古代人类与植物的相互关系,复原古代人类生活方式和解释人类社会的发展与过程。

植物考古学的研究对象是通过考古发掘出土的、与人类生活直接或间接相关的植物遗存。与人类生活直接相关的是指那些根据人类的不同需求而被人类利用的植物,如食物、燃料、建筑材料、工具及用具等,与人类生活间接相关的是指那些影响到人类生活的植物,如依附于人工生态环境的杂草和人类活动范围内的自然植被等。

在考古发掘中最有可能发现和获取的古代植物遗存有 5 大类,即大植物遗存(未炭化和炭化)、木材(未炭化和炭化)、孢粉、植硅体和淀粉粒。大植物遗存主要指古代植物的块根和块茎、硬果壳核及植物种子。孢粉是指植物的孢子(苔藓、蕨类的繁殖器官)和花粉(种子植物的繁殖器官)。植硅体是指高等植物根系在吸收地下水时也吸收一定量的可溶性二氧化硅,经植物的输导组织输送到茎、叶、花和果实等处,在植物细胞间和细胞内沉淀下来的固体非晶质二氧化硅颗粒。淀粉粒是指植物的葡萄糖分子聚合而成的长链化合物,以颗粒的形式贮藏在植物的根、茎及种子等器官的薄壁细胞中。大植物遗存和木材的体积相对较大,借助放大镜或体视显微镜就可观察和分析,因此被称为大植物遗存。孢粉、植硅体和淀粉粒均是微小物质,体积以微米计量,必须要在高倍光学显微镜下方可观察到,因此又被统称为微植物遗存。这里要说明的是,由于孢粉分析主要应用于环境考古研究,故本章中没有涉及。大植物遗存和微植物遗存的研究具有互补作用。

二、方法

在植物考古学的研究中,对这几类植物遗存的定性定量结果的分析和解释的思路大体一致,但在样品的采集、植物遗存的提取和植物种属的鉴别上都存在着很大的不同,由此形成了不同的植物考古学研究方法,即大植物遗存研究、木材研究、植硅体分析和淀粉粒分析。以下分别介绍这 4 种植物考古学研究方法。

(一)大植物遗存研究

1. 采样与提取

在考古遗址发掘和调查过程中有针对性地进行土壤采样,采样方法分为剖面采样法、针对性采样法和网格式采样法 3 种。样品的数量和每个土样的土量,需要根据实际情况灵活掌握,基本原则是在时间和经费许可的情况下,尽量多采集,以免日后发现不足的时候,因为发掘结束而无法补救。浮选设备有两种,一种是水波浮选仪,一种是小水桶。

2. 实验室工作方法

实验室工作包括浮选结果的筛分、大植物遗存的分类和鉴定及量化分析3个步骤。浮选结果的筛分就是使用不同规格的分样筛对浮选结果进行筛分,将出土的炭化植物遗骸按尺寸大小进行分组。大植物遗存的分类和鉴定就是将大植物遗存进一步分为块根和块茎残块、硬果壳核及植物种子3类,然后进行种属鉴定。量化分析包括绝对数量统计方法、等级统计方法和出土概率统计方法3个方面。绝对数量统计方法简单,得出的结果在对比分析中仅具参考价值,不能作为唯一的依据;等级统计方法在一定程度上克服了绝对数量统计方法的误差,但是,由于是人为地划分相对数量的等级,其合理性和精确度很难掌握,因此根据登记统计结果做出的分析仍然难免出现误差;而出土概率统计方法则在客观上最大限度地减少了由绝对数量统计造成的误差对分析结果的影响[①]。

一般植物种属的鉴定主要依据各实验室的现代植物标本、各类图片资料、相关专著、图谱和论文[②]。

(二)木材分析

1. 采样方法

在浸水或者干燥保存的木器、木棺和木船等遗物上采样,对于考古遗址出土的木炭样品,可以针对性采样,也可以在发掘过程中随时采样。

2. 实验室工作方法

对于干燥保存的样品要取小块放入水中煮沸使其软化,然后切片,观察横向、径向、弦向微结构,并进行鉴定;对4毫米以上的木炭碎块可直接切片,

---

① 赵志军:《植物遗骸分析》,中国社会科学院考古研究所:《科技考古方法与应用》,文物出版社2012年版,第90—104页。
② 靳桂云、赵志军:《中国植物考古新进展》,中国考古学会编:《中国考古学年鉴(2014)》,中国社会科学出版社2015年版,第141—166页。

做横向、径向、弦向微结构的观察与鉴定。

木材鉴定依据主要参考现代木材的显微结构图谱及各实验室自己制作的对比标本[①]。

考古遗址出土的木材除了可以进行树种鉴定，还可以进行树木年轮分析。详见第三章。

3. 植硅体分析

（1）采样方法

具体采样方法可以分为剖面采样、针对性采样、网格式采样和钻孔采样；在采集土壤样品的同时，还需要采集可能残留植硅体的红烧土、陶片、石器和动物粪便等各类遗物标本[②]。

（2）实验室工作方法

应用常规提取和定量提取两种方法从土壤和各类文物中提取植硅体，然后进行种属鉴定。

植硅体的鉴定依据主要来自各实验室的现代植物的植硅体形态标本和植硅体鉴定图谱等[③]。

4. 淀粉粒分析

（1）采样方法

采样方法包括遗迹中沉积物采样、器物采样、动物和人的牙齿采样。在考古遗址的文化层、窖穴或灰坑采集土壤样品；同时还要在遗址周围采集现代表土样品，作为日后对比分析之用。

（2）实验室工作方法

对土壤、石器等工具及牙结石等不同类型的样品，提取的方法也不同。

[①] 王树芝：《木材分析》，中国社会科学院考古研究所著，《科技考古的方法与应用》，文物出版社2012年版，第108—112页。

[②] 靳桂云：《植硅体分析》，中国社会科学院考古研究所：《科技考古的方法与应用》，文物出版社2012年版，第113—123页。

[③] 靳桂云：《植硅体分析》，中国社会科学院考古研究所：《科技考古的方法与应用》，文物出版社2012年版，第113—123页。靳桂云、赵志军：《中国植物考古新进展》，中国考古学会编：《中国考古学年鉴（2014）》，中国社会科学出版社2015年版，第141—166页。

提取淀粉粒后在显微镜下鉴定种属①。

淀粉粒的鉴定依据主要参考各个实验室的现代标本、现代植物的淀粉粒图谱以及相关论文②。

第二节 研究与思考

一、研究成果

鉴于大植物遗存、植硅体、淀粉粒往往探讨的是相关的问题,这里将这3类放在一起阐述,木材的研究成果则单独介绍。

(一)大植物遗存、植硅体和淀粉粒研究

新石器时代以来的植物遗骸研究开始于20世纪50年代,丁颖在湖北省江汉平原的新石器时代遗址中发现了水稻遗存,说明当时存在水稻种植③。到20世纪90年代初,开始在河南省渑池县班村遗址和江西省万年县仙人洞和吊桶环遗址的考古发掘中应用浮选法提取植物遗骸并开展研究④。1992年,赵志军撰文正式提出植物考古学的命名,阐明了植物考古学的研究目标、研究对象和研究方法⑤。迄今为止发表了两本专著和多篇研究论文⑥。

植硅体研究开始于20世纪80年代末。王永吉等通过对汉代五铢钱的陶范进行分析,发现里面包含大量水稻壳的植硅体,说明古代人类在制作陶范

---

① 杨晓燕:《淀粉粒分析》,中国社会科学院考古研究所著:《科技考古的方法与应用》,文物出版社2012年版,第124—127页。
② 靳桂云、赵志军:《中国植物考古新进展》,中国考古学会编:《中国考古学年鉴(2014)》,中国社会科学出版社2015年版,第141—166页。
③ 丁颖:《江汉平原新石器时代遗址红烧土中的稻谷壳考查》,《考古学报》1959年第4期,第31—34页。
④ 赵志军:《植物考古学简史》,《中国文物报》2009年12月25日。
⑤ 赵志军:《植物考古学概述》,《农业考古》1992年第1期,第26—31页。
⑥ 刘长江、靳桂云、孔昭宸编著:《植物考古:种子果实研究》,科学出版社2008年版。赵志军:《植物考古学:理论、方法和实践》,科学出版社2010年版。

过程中加入了相当数量的稻壳①。迄今为止发表了多篇研究论文。

淀粉粒研究开始于 21 世纪初,吕烈丹在广西壮族自治区桂林市甑皮岩遗址首次开展此项工作。她系统地阐述了如何在石器表面收集采样的方法,并且发现甑皮岩遗址出土石器表面的残余物中包含淀粉粒,主要是芋类植物的淀粉粒,通过与大植物遗存浮选结果的对比,推测甑皮岩遗址的史前居民采集利用的植物中包含了芋类,根茎类植物是甑皮岩先民主要的食物之一②。迄今为止发表了多篇研究论文。

以下分 3 个方面介绍研究成果。

1. 主要农作物的起源和出现研究

(1) 水稻

赵志军的研究证明,位于长江中游的江西省万年县吊桶环遗址出土了距今 12 000 年前后的栽培稻的植硅体,表明当时已经开始了野生稻资源的开发与利用③。浙江省浦江县上山遗址出土了距今 10 000 年左右的水稻遗存④。这些发现都表明,长江中下游地区是稻资源利用历史最悠久的地区,最有可能是稻作农业的起源地。

目前所知的栽培稻出现的时间和地点可以追溯到距今约 12 000 年到 10 000 年左右的长江中下游地区。

(2) 小米

小米具体可分为粟和黍。杨晓燕等通过对河北省徐水县南庄头(距今约 11 500 年到 11 000 年)和北京市东胡林(距今约 11 000 年到 9 500 年)两个遗址出土的石磨盘和石磨棒上提取的淀粉粒进行研究,发现在大约 2 000 多年的时间段里,野生粟的淀粉粒数量有下降的趋势,而驯化粟的淀粉粒数量有

---

① 王永吉、吕厚远、衡平、苍树溪、冯志坚:《植物硅酸体的研究及在我国第四纪地质学中的初步应用》,《海洋地质与第四纪地质》1991 年第 11 卷第 3 期,第 119—120 页。
② 吕烈丹:《甑皮岩遗址出土石器表面残余物的初步分析》,中国社会科学院考古所等编:《桂林甑皮岩》,文物出版社 2003 年版,第 646—651 页。
③ Zhao, Zhijun, The middle Yangtze Region in China is one Place Where Rice was Domesticated: Phytolith Evidence from the Diaotonghuan Cave, Northern Jiangxi. *Antiquity*, 1998, 278: 885—897.
④ 赵志军:《中国古代农业的形成过程——浮选出土植物遗存证据》,《第四纪研究》2014 年第 34 卷第 1 期,第 74—75 页。

上升的趋势，推测在距今 11 000 年前后人类可能已经开始干预甚至栽培野生粟类植物①。

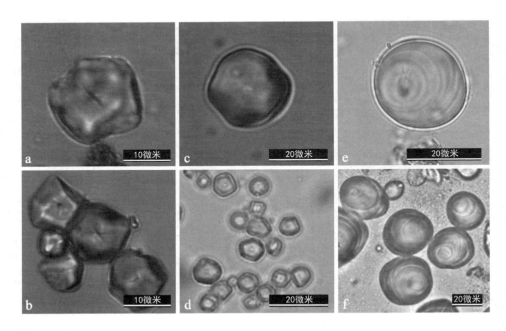

图 10-1　古代与现代淀粉粒比较图

a. 北京市东胡林遗址的粟的淀粉粒　b. 现代粟的淀粉粒　c. 北京市转年遗址的黍的淀粉粒　d. 现代黍的淀粉粒　e. 广东省台山市新村沙丘遗址的棕榈类的淀粉粒　f. 现代贝叶棕的淀粉粒

（中国科学院地理研究所杨晓燕研究员提供，稍作修改）

靳桂云等依据多个遗址的出土状况推测，粟作农业可能在 9 000 年前后萌芽于华北地区；距今 8 000 年前后利用和栽培黍和粟的行为推广到更广大地区，而且可能因为其耐旱等特点，黍首先成为主要的栽培对象②。

赵志军从内蒙古自治区敖汉旗兴隆沟遗址兴隆洼文化时期（距今约 8 000 年到 7 500 年左右）的房址内的土样中浮选出 1 万多粒炭化植物种子，其中炭化

---

① Yang et al., Early Millet Use in Northern China. *Proceedings of the National Academy of Sciences*，2012，109(10)：3726-3730.
② 靳桂云、赵志军：《中国植物考古新进展》，中国考古学会编：《中国考古学年鉴（2014）》，中国社会科学出版社 2015 年版，第 141—166 页。

黍近 1 500 粒,占总数的 15%,炭化粟 60 粒,数量极少;从粒型分析,兴隆洼时期的黍粒还具有一定的野生性状,可见兴隆洼文化时期还处于"似农非农"阶段[1]。

目前所知栽培小米的时间似乎可以追溯到距今 10 000 年左右的华北地区,但最终的确认除淀粉粒之外,还需要炭化种子的证据,黍可能首先成为主要的栽培对象。

（3）大豆

李炅娥等系统地分析了来自中国、日本和韩国的 22 个遗址的 949 个炭化大豆的标本,提出大豆在东亚地区多地起源的观点[2]。

吴文婉等探讨了中国古代大豆属植物的利用与驯化,黄河中游和淮河流域距今 9 000 年到 7 000 年前后的裴李岗文化的居民已经开始利用野生大豆属植物,并且这种传统被黄河中游居民继承下来;距今 5 000 年到 4 000 年的龙山时代,黄河中游地区居民对大豆属植物的利用进一步深化,下游地区的居民也开始利用大豆属植物;与此同时,一定数量的大豆种子呈现驯化的特征[3]。

目前所知栽培大豆出现的时间和地区可以追溯到距今 5 000 年到 4 000 年的黄河中游地区。

（4）小麦

李水城等通过全面地检索考古遗址中出土的麦类遗存,提出中国境内的麦类作物大体上是沿着中亚—新疆—河西走廊—陕西—中原这一途径自西向东逐渐传入的,约公元前 2500 年或更早,小麦进入新疆至河西走廊一线,二里头文化阶段进入中原地区,其传播速度较慢,可能与传入地区的气候环境有关[4]。

赵志军认为,目前小麦的植物考古证据显示,黄河下游山东地区出土的

---

[1] 赵志军:《从兴隆沟遗址浮选结果谈中国北方旱作农业起源问题》,《东亚古物（A 卷）》,文物出版社 2004 年版,第 188—199 页。
[2] Gyoung-Ah Lee *et al*., Archaeological Soybean (*Glycine max*) in East Asia: Does Size Matter? *PLoS ONE*, 2011,11: 1-12.
[3] 吴文婉、靳桂云、王海玉、王传明:《黄河中下游几处遗址大豆属（*Glycine*）遗存的初步研究》,《中国农史》2013 年 2 期,第 3—8 页。吴文婉、靳桂云、王海玉、王传明:《古代中国大豆属（*Glycine*）植物的利用与驯化》,《农业考古》2013 年 6 期,第 1—10 页。
[4] 李水城:《中国境内考古所见的早期麦类作物》,科技部社会发展科技司、国家文物局博物馆与社会文物司编:《中华文明探源工程文集·环境卷》（Ⅰ）,科学出版社 2009 年版,第 191—213 页。

小麦遗存年代最早(距今 4 600 年到 4 000 年),黄河中游地区其次(距今 3 900 年到 3 500 年),黄河中上游的陕西、宁夏、甘肃、青海和新疆地区最晚(距今 3 500 年左右),这种情况可能表明,小麦从西亚向中国的传播是通过欧亚草原通道实现的,就是自西亚出发,穿过中亚,东至南西伯利亚和蒙古高原这条路线[①]。赵志军推测的小麦传入中国的路线与李水城提出的路线差异较大。

由此可以确认,小麦是通过文化交流传入的农作物,至于具体的传入时间和路线,尚有待于今后的发现和研究。

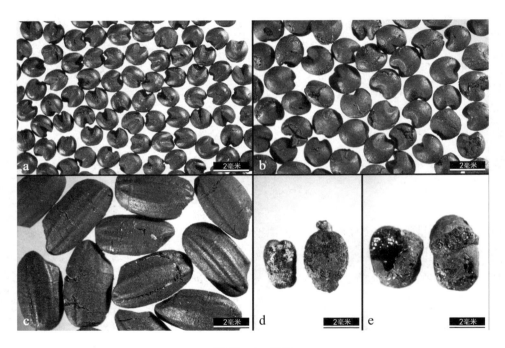

图 10-2 五谷

a. 粟 b. 黍 c. 水稻 d. 小麦 e. 大豆(均出自河南省偃师二里头遗址)
(中国社会科学院考古研究所赵志军研究员提供,稍作修改)

---

① 赵志军:《小麦东传与欧亚草原通道》,中国社会科学院考古研究所夏商周考古研究室编:《三代考古》(三),科学出版社 2009 年版,第 456—459 页。

2. 农业发展研究

这里按照自然地域及考古学文化分期进行区分,阐述不同区域及综合性研究成果。新石器时代的分期参照《中国考古学·新石器时代卷》,即早期约为距今12 000年到10 000年,中期约为距今10 000年到7 000年,晚期约为距今7 000年到5 000年,末期约为距今5 000年到4 000年①。

(1) 东北地区

这一地区没有发现新石器时代早期的遗址。这个地区的北部在新石器时代一直以采集的方式获取植物性食物,从青铜时代开始发现农作物;而南部至少从新石器时代中期的兴隆洼文化开始出现少量农作物,其中以黍为主,粟为辅,当时获取植物性食物的方式以采集为主,在新石器时代晚期的红山文化中种植粟和黍的行为发展缓慢,而在辽东半岛的小珠山文化中开始逐渐成为主要的获取植物性食物的方式。到青铜时代,主要分布在辽河下游地区的高台山文化以种植粟等农作物为主,主要分布在西辽河地区的夏家店下层文化以种植粟和黍为主。从夏家店上层文化至燕文化时期,农业呈稳定发展的趋势②。

(2) 黄河流域地区

依据秦岭、赵志军、张居中、靳桂云和杨晓燕等学者的研究结果③,黄河上游地区没有发现新石器时代早期的遗址。属于新石器时代中期的大地湾一期文化中发现少量的黍,获取植物性食物的方式以采集为主。在属于新石器时代晚期的仰韶文化发现了大量的黍和粟,在新石器时代晚期的前段到后段经历了从以黍为主到以粟为主的转变过程。在新石器时代晚期(距今约5 000年左右)

---

① 中国社会科学院考古研究所编著(任式楠、吴耀利主编):《中国考古学·新石器时代卷》,中国社会科学出版社2010年版。
② 赵宾福:《东北石器时代考古》,吉林大学出版社2003年版,第435—443页。袁靖:《新石器时代至先秦时期东北地区的生业初探》,《南方文物》2016年第3期,第175—183页。
③ 秦岭:《中国农业起源的植物考古学研究和展望》,北京大学考古文博学院、北京大学中国考古学研究中心编:《考古学研究》(九)上册,文物出版社2012年版,第260—315页。赵志军:《中国古代农业的形成过程》,《第四纪研究》2014年第卷第1期,第73—84页。张居中、陈昌富、杨玉璋:《中国农业起源与早期发展的思考》,《中国国家博物馆馆刊》2014年第1期,第6—16页。靳桂云、赵志军:《中国植物考古新进展》,中国考古学会编:《中国考古学年鉴(2014)》,中国社会科学出版社2015年版,第141—166页。杨晓燕、王维维、马志坤、马永超、李泉、李昭、金家梁:《中国古代淀粉研究的进展与问题》,待刊。

发现除粟类遗存外,还包括水稻遗存。到新石器时代末期的马家窑文化和之后的齐家文化以粟作农业为主。到卡约文化时期(其上限相当于商代早期),发现大麦可能是当时最重要的农作物,小麦和粟的数量都明显少于大麦。黄河中游地区(包括华北地区)在新石器时代早期获取植物性食物的方式以采集为主,出现初期的种植黍的行为。在新石器时代中期似乎仍然以采集为主获取植物性食物,但是磁山文化出现数量较多的黍,粟的数量不多。新石器时代晚期的仰韶文化除以粟为主之外,还发现一定数量的水稻。新石器时代末期的龙山文化除粟、黍、水稻之外,又发现大豆。到二里头文化时期,出现小麦。商周时期,种植以粟类为主的5种农作物的方式稳定发展。黄河下游地区没有发现新石器时代早期的遗址。在新石器时代中期的北辛文化已经开始种植粟、黍和稻等农作物,但采集所得仍然是主要的食物来源。新石器时代晚期的大汶口文化以种植粟、黍和稻等农作物为主。到新石器时代末期的龙山文化的农作物中,除粟、黍和稻之外,还发现了小麦。

(3) 淮河流域地区

依据吕烈丹和张居中等的研究结果,淮河上游地区在新石器时代早期以采集的方式获取植物性食物。到新石器时代中期,地理位置偏北的裴李岗文化出现粟、黍和水稻;而地理位置偏南的贾湖文化出现水稻,但数量均不多,当时主要以采集的方式获取植物性食物资源。新石器时代晚期,仰韶文化以种植粟为主、种植黍和水稻为辅,农业在这一阶段开始成为先民获取植物性食物资源的最主要方式。新石器时代末期,龙山文化延续了这种种植方式,在农作物中新增加了大豆。中游地区在新石器时代中期的顺山集文化和双墩文化中出现水稻,但数量不多,当时主要以采集的方式获取植物性食物。这个地区缺乏新石器时代晚期的资料。新石器时代末期的大汶口文化晚期和龙山文化以种植粟、黍和水稻为主,粟和水稻的比例基本相当或略有差异①。

(4) 长江流域地区

依据秦岭、吕烈丹、赵志军、张居中、靳桂云、顾海滨和杨晓燕等学者的研

---

① 吕烈丹:《稻作与史前文化演变》,科学出版社2013年版。杨玉璋、张居中等:《淮河上、中游地区史前稻—旱混作农业模式的形成、发展与区域差异》,《中国科学:地球科学》2016年第46卷第8期,第1037—1050页。

究结果①,在长江上游地区缺乏新石器时代早期至中期的资料。在新石器时代晚期,成都平原于距今约5 100年到4 600年发现黍的数量占绝对优势,有少量的粟。在距今4 600年到4 300年,水稻由出现再发展到占据绝对优势,并出现零星的黍和粟②。在新石器时代末期的宝墩文化发现以种植水稻为主,也发现少量的粟。成都平原的农业种植结构从新石器时代晚期到末期似乎经历了以黍和粟为主到以稻米为主的转变过程。三峡地区新石器时代末期发现的植物遗存显示农作物以黍和粟为主,仅有少量稻米③。长江中游地区在新石器时代早期以采集的方式获取植物性食物,当时已经出现少量的栽培稻。新石器时代中期的彭头山文化主要以采集的方式获取植物性食物,栽培稻的数量开始增多。新石器时代晚期的大溪文化在距今6 000年到5 000年左右逐渐以种植水稻为主,还包括种植少量的粟,采集方式还占有一定的比例。新石器时代末期的屈家岭文化和石家河文化以种植水稻为主,还包括种植少量的粟。长江下游地区在新石器时代早期以采集的方式获取植物性食物,当时已经出现少量的栽培稻。新石器时代中期的跨湖桥文化主要以采集的方式获取植物性食物,栽培稻的数量开始增多。新石器时代晚期的河姆渡文化、马家浜文化和崧泽文化在距今6 000年到5 000年左右逐渐以种植水稻为主,采集行为还占有一定的比例。新石器时代末期的良渚文化和广富林文化以种植水稻为主。

---

① 秦岭:《中国农业起源的植物考古学研究和展望》,北京大学考古文博学院、北京大学中国考古学研究中心编:《考古学研究》(九)上册,文物出版社2012年版,第260—315页。吕烈丹:《稻作与史前文化演变》,科学出版社2013年版。赵志军:《中国古代农业的形成过程》,《第四纪研究》2014年第卷第1期,第73—84页。张居中、陈昌富、杨玉璋:《中国农业起源与早期发展的思考》,《中国国家博物馆馆刊》2014年第1期,第6—16页。靳桂云、赵志军:《中国植物考古新进展》,中国考古学会编:《中国考古学年鉴(2014)》,中国社会科学出版社2015年版,第141—166页。顾海滨:《从城头山遗址的植物遗存看大溪文化的环境背景》,湖南省文物考古研究所、国际日本文化研究中心编:《澧县城头山——中日合作澧阳平原环境考古与有关综合研究》,文物出版社2007年版,第107—114页。杨晓燕、王维维、马志坤、马永超、李泉、李昭、金家梁:《中国古代淀粉研究的进展与问题》,待刊。
② 四川省文物考古研究院、德阳市博物馆、什邡市博物馆:《四川什邡桂圆桥新石器时代遗址发掘简报》,《文物》2013年第9期,第4—12页。万娇、雷雨:《桂圆桥遗址与成都平原新石器文化发展脉络》,《文物》2013年第9期,第59—63页。
③ 赵志军、付罗文:《中坝遗址浮选结果分析报告》,李水城、罗泰主编:《中国盐业考古》第三集,科学出版社2013年版,第394—419页。

(5) 华南地区

这个地区在新石器时代早期至晚期的前段以采集的方式获取植物性食物。张弛等认为,到新石器时代晚期的后段,稻作农业传播到福建和广东沿海地区的时间大致是距今 5 000 年左右,传播到广西及西南地区的时间大致是距今 4 500 年左右①。而广西壮族自治区南宁市顶蛳山遗址出土的植硅体证据则显示,大约距今 6 000 年前后,水稻种植已经出现在这一地区②。在水稻传播到广西地区的时间节点上,两者的认识有一定的出入,客观的判定尚有待于今后的研究。但有一点可以肯定,相比黄河流域、淮河流域和长江流域的农业发展状况,华南地区的农业发展状况明显滞后。

3. 其他专门研究

(1) 农田研究

日本学者宇田津彻朗等于 20 世纪 90 年代开始利用植硅体分析的方法在江苏省苏州市草鞋山遗址开展水田研究,在多个地点采集土样,进行植硅体鉴定和统计,通过植硅体数量的多少,确定水田遗存的范围③。

靳桂云等对属于山东龙山文化的山东省胶州市赵家庄遗址(公元前 2600—2300 年)进行植硅体研究,发现土样中保存了水稻和芦苇等稻田杂草及与水稻具有相似生态环境植物的植硅体。通过定量统计,确认赵家庄遗址田野发掘中发现的耕作区是稻田遗迹,并划定了稻田的区域范围④。

曹洪志等在江苏省昆山市绰墩遗址依据考古发掘现象,采用植物考古学方法进行研究,确认了马家浜文化、马桥文化商周时期存在水田,而马家浜文化时期可能受生产力水平的限制,只能利用低洼平坦的地方修整水田⑤。

---

① 张弛:《华南和西南地区农业出现的时间及相关问题》,《南方文物》2009 年 3 期,第 64—71 页。
② 赵志军、吕烈丹、傅宪国:《广西邕宁县顶蛳山遗址出土植硅石的分析与研究》,《考古》2005 年第 11 期,第 76—84 页。
③ 宇田津彻朗、汤陵华、王才林、郑云飞、柳泽一男、佐佐木章、藤原宏志:《中国的水田遗构探查》,《农业考古》1998 年第 1 期,第 138—152 页。
④ 靳桂云、燕生东、宇田津彻朗、兰玉富、王春燕、佟佩华:《山东胶州赵家庄遗址 4 000 年前稻田的植硅体证据》,《科学通报》2007 年第 52 卷第 18 期,第 2161—2168 页。
⑤ 曹志洪、杨林章、林先贵、胡正义、董元华、章钢娅、陆彦春、尹睿、吴艳宏、丁金龙、郑云飞:《绰墩遗址新石器时期水稻土、古水稻土剖面、植硅体和炭化稻形态特征的研究》,《土壤学报》2007 年第 44 卷第 5 期,第 838—847 页。

郑云飞等在浙江省杭州市茅山遗址考古发掘确认田埂的遗迹范围内,采用植物遗骸和植硅体分析的方法进行研究,为判定水田遗迹提供了科学的证据,同时推测当时可能存在火耕水耨的技术,并估算了单位面积的产量①。

(2) 食物加工方式研究

吕厚远等利用植硅体方法分析了距今 4 000 年前青海省民和县喇家遗址出土的面条遗存,证实了面条是用小米面制作的,这是世界上最早的面条,当时的先民已经具备了对这类植物果实进行脱粒和粉碎的能力②。

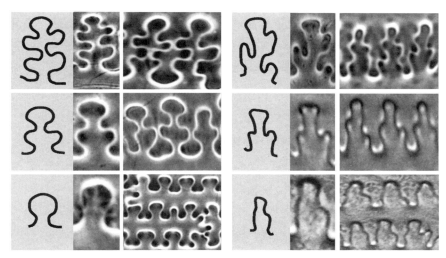

粟稃壳Ω型植硅体　　　　　　黍稃壳η型植硅体

图 10 - 3　现代粟和黍的植硅体比较图

(中国科学院地质与地球物理研究所吕厚远研究员提供,稍作修改)

(3) 探讨古代人类的精神生活

赵志军通过对属于青铜文化的贵州省威宁县鸡公山遗址进行植物考古学研究,发现 99% 以上的植物种子属于稻谷和芸薹这两个种类,未发现一例

---

① 郑云飞、陈旭高、丁品:《浙江余杭茅山遗址古稻田耕作遗迹研究》,《第四纪研究》2014 年第 34 卷第 1 期,第 85—96 页。
② Lu, H. Y., Yang, X. Y., Ye, M. L. et al., Millet Noodles in Late Neolithic China, *Nature*, 2005, 437: 967-968.

杂草植物种子。植物种子群体所表现的数量多、品种单一的现象,很有可能反映的就是当时祭祀活动使用植物的情况。据此推测,鸡公山遗址很可能是一处以祭祀为主要功能的特殊性质的古代遗址。而分布密集的祭祀坑、大量出土的非实用的高领罐等也证实鸡公山遗址是一处祭祀遗址。这样就为确定该遗址的性质提供了具有说服力的植物证据[①]。

(4) 复原古代庭院植被景观及食用瓜果状况

赵志军通过鉴定广东省广州市南越王宫署遗址的水井中出土的属于 40 余个不同的植物种类的种子,可鉴定到种的种类有甜瓜、冬瓜、杨梅、荔枝、柿、君迁子、罗浮柿、枣、南酸枣、乌榄、山鸡椒、楝树、杜英和紫苏,可鉴定到属的种类有悬钩子属、榕属、眼子菜属、方榄、葡萄属、杜英属和苹果属,可鉴定到科的种类有葫芦科、石竹科、樟科和蓼科,农作物有稻谷、粟和大豆等,另外还有未知种属的种子 12 种。全部植物种类在利用价值上大体可以分为观赏与食用两大类。根据出土背景和出土数量分析,悬钩子属、石竹科、杨梅、榕属和眼子菜属等植物种子应该是源于御苑内种植的观赏类植物。甜瓜、荔枝、柿、君迁子、枣、南酸枣、乌榄、方榄和苹果属等是供人食用的。品种丰富的瓜果类植物遗存一方面反映了南越王国上层贵族当时的奢华生活,另一方面也展示了中国先民在瓜果栽培和利用上的悠久历史[②]。

(二) 木材研究

考古遗址出土木材(未炭化和炭化)遗存的树种分析最早开始于 2002 年崔海亭和王树芝的工作[③]。崔海亭等通过对内蒙古自治区敖汉旗大甸子遗址和哈力海吐遗址出土的木炭标本进行种属鉴定,探讨当时的植被。王树芝等对湖北省枣阳市雕龙碑遗址出土的木炭标本进行研究,识别树种有麻栎和杜

[①] Zhao Zhijun, Floatation Technique and Its Application in Chinese Archaeology. *From Concepts of the Past to Practical Strategies*: *The Teaching of Archaeological Field Techniques*. Saffron Press, London, 2007, pp. 233 – 238.

[②] 赵志军:《广州南越宫苑遗址 J264 水井出土植物遗存分析报告》,赵志军:《植物考古学理论、方法和实践》,科学出版社 2010 年版,第 202—221 页。

[③] 崔海亭等:《利用炭屑显微结构复原青铜时代的植被》,《科学通报》2002 年第 47 卷第 19 期,第 1504—1508 页。王树芝、王增林、吴耀利、黄卫东、王杰:《湖北枣阳市雕龙碑遗址房屋建筑出土木炭的研究》《考古》2002 年第 11 期,第 85—88 页。

仲,由此推测当时的气候环境,并肯定这两种树种与当时人们的生活起居有关。到2015年为止发表了多篇研究论文和报告。主要研究成果如下:

1. 遗址和房址出土的木材研究
(1) 黄河上游地区

王树芝等对山西省襄汾县陶寺遗址的773块木炭进行种属鉴定,发现这些木炭属于25个科属的木本植物,其中主要有麻栎属、侧柏和油松,其余还有枣树、柳属、槭树属、黄栌属、稠李、灯台树、榆属、木瓜红和朴属等;陶寺遗址宫殿等大型建筑主要采用柏和松等针叶树作为建筑材料[①]。

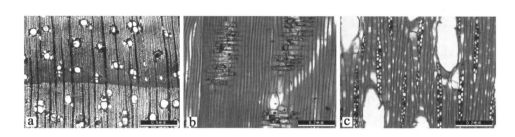

图10-4 陕西省西安市汉代渭河桥的桥桩(树种为桢楠属)切片
a. 纵切面　b. 横切面　c. 径切面
(中国社会科学院考古研究所王树芝研究员提供,稍作修改)

(2) 黄河中游地区

王树芝等对分别属于龙山文化、二里头文化和春秋时期的河南省登封市王城岗遗址出土的炭化碎块进行鉴定,发现木炭标本属于21种木本植物,有麻栎、麻栎属、红锥、青冈、朴树、苦楝、青檀、枣树、柳树、红叶、桦木、柿树、枫香、刚竹属、块根类植物及未能鉴定的种属。通过定量统计,可以推测二里头文化和春秋时期的气候不如龙山时代温暖湿润;由于属于龙山文化的灰坑中麻栎最多,栎木发热量高,适合做燃料,因此可以推断当时人们主要采集栎木作为燃料[②]。

---

① 王树芝、王增林、何驽:《陶寺遗址出土木炭研究》,《考古》2011年3期,第91—96页。
② 王树芝、王增林:《木炭碎块的研究》,北京大学考古文博学院、河南省文物考古研究所编著:《登封王城岗考古发现与研究(2002—2005)》,大象出版社2007年版,第555—567页。

(3) 黄河下游地区

王育茜等在属于大汶口文化时期和周代的山东省青岛市北阡遗址发现有 16 个种属,包括槭树属、桦木属、麻栎、蒙古栎、香椿属、柘属、水曲柳、槐属、苹果属、李属、臭椿属、榉属、榆属、朴属等阔叶树和松属;在这两个时期利用最多的是栎属[①]。

王树芝等对属于山东龙山文化的山东省聊城市教场铺遗址出土的炭化碎块进行研究,发现 20 种木本植物,有侧柏、李树、山丁子、栎树、麻栎、槲栎、核桃楸、枣树、白榆、春榆、朴树、香椿、桑树、红叶、槭树、木犀榄和刚竹等。根据木材的性质,可以推测它们分别用于建筑材料、农具和燃料[②]。

靳桂云等对属于山东龙山文化的山东省日照市两城镇、西公桥、赵家庄和大辛庄等遗址出土木炭的综合研究显示,两城镇遗址居民使用的树种包括麻栎、杜梨、辽东桤木和刚竹等,其中麻栎最多;在上述遗址中,普遍使用赤松、油松等松树类,此外还利用柳属、榆属和构属[③]。

(4) 长江下游地区

铃木三男等在浙江省余姚市田螺山遗址鉴定出针叶树 3 种、阔叶树 51 种,还有若干不明属种;在建筑上用作柱子、垫板和建筑部件的树木依次是楷树、樟树和柏科圆柏属;木器用材最多的是桑属,有木桨、木耜、把手和刀等;此外,还有栎属、荚蒾属、糙叶树、化香树、枫香树、山茶属、朴属、柿属、榉树属、黄檀属、黄檗属、李属、卫矛属、鹅耳栎属、合欢属、五加属、槭树属、南酸枣和山茱萸属等。由于发现用银杏树材加工制作的圆筒形器,而田螺山遗址所在的低矮丘陵地区并不适合银杏树的生长,这类银杏树材有可能是从其他地方输入的;另外,还发现了似为间隔配置的树根遗迹,树种鉴定均为山茶属,

---

[①] 王育茜、王树芝、靳桂云:《山东即墨北阡遗址木炭遗存的初步分析》,《东方考古》(10),科学出版社 2013 年版,第 216—238 页。

[②] 王树芝、王增林、贾笑冰、梁中合:《山东聊城教场铺遗址出土炭化碎块的鉴定以及古代人类对木本植物利用的初步分析》,中国社会科学院考古研究所编:《新世纪的中国考古学:王仲殊先生八十华诞纪念论文集》,科学出版社 2005 年版,第 980—999 页。

[③] 靳桂云、于海广、栾丰实、王春燕、A. P. Underhill、腰希申:《山东日照两城镇龙山文化(4600—4000a. B. P.)遗址出土木材的古气候意义》,《第四纪研究》2006 年第 26 卷第 4 期,第 571—579 页。靳桂云、王传明、赵敏、方辉:《山东地区考古遗址出土木炭种属研究》,山东大学东方考古研究中心:《东方考古》(6),科学出版社 2009 年版,第 289—305 页。

距今 7 000 年前后的人可能已经种植山茶①。

2. 墓葬出土的木材研究

王树芝等通过对辽宁省建昌县东大杖子战国墓地 M47 的二椁一棺进行研究，发现棺底板、各方向的侧板、棺盖板及内椁盖板用的是侧柏属，而外椁壁板、底板、盖板及内椁壁板用的是松木②。

奥山诚义等对陕西省西安市汉墓出土棺上金属饰件内残存的木材和纤维制品的分析，发现了汉代人更多地选择针叶树作为棺木，棺的金属饰件上附着的纺织物为麻类纤维③。

王树芝通过对湖北省枣阳市九连墩楚墓出土的棺椁及随葬的木质品进行研究，确认九连墩 1 号墓的木棺样品皆为梓树属，而椁的材质用了梓木、榆木和糙叶树 3 类木材。随葬的生活用品、生产用具、乐器、兵器和车马器等多属于梓树、葫芦、麻栎、黄杨木、水竹、黄檀、柘木、青檀木和榉属等④。

王树芝等通过对山东省定陶县灵圣湖汉墓 M2 出土的样品进行研究，发现棺为梓木，主室上方椁盖板、主室墓室上方椁顶板和主室上方顶板均为桢楠属，椁室上方盖板、中室南侧室南甬道门框、门板和西南角紧接封土第一层（第四根）为硬木松。黄肠题凑用的是侧柏⑤。

---

① 铃木三男、郑云飞、能城修一、大山干成、中村慎一、村上由美子：《浙江省田螺山遗址出土木材的树种鉴定》，北京大学中国考古学研究中心、浙江省文物考古研究所编：《田螺山自然遗存综合研究》，文物出版社 2011 年版，第 108—161 页。
② 王树芝、高振海、华玉冰、赵志军、齐乌云：《辽宁建昌东大杖子墓地 M47 棺椁木材的鉴定与分析》，《考古》2014 年第 12 期，第 60—63 页。
③ 奥山诚义、冈林孝作、日高慎、冯健、金兰、邵振宇、陈斌：《西安地区汉墓出土木棺金属饰件内残存木材、纤维制品的材质研究》，西安市文物保护考古所（程林泉、张翔宇、张小丽、王久刚）编著：《西安东汉墓》，文物出版社 2009 年版，第 1111—1119 页。
④ 王树芝：《湖北枣阳九连墩 1 号楚墓棺椁木材研究》，《文物》2012 年第 10 期，第 82—88 页转 96 页。王树芝、赵志军、胡雅丽：《湖北枣阳九连墩楚墓出土木质遗物的研究》，中国社会科学院考古研究所：《新世纪的中国考古学（续）——王仲殊先生九十华诞纪念论文集》，科学出版社 2015 年版，第 613—643 页。
⑤ 王树芝、崔圣宽、王世宾：《山东定陶灵圣湖西汉墓 M2 出土木材分析与研究》，山东大学东方考古研究中心：《东方考古》（第 11 集），科学出版社 2014 年版，第 407—418 页。

二、思考

通过植物考古学研究，对于主要农作物的起源和出现的时间、地点都有了阶段性的认识，对于分布于不同地理环境内的旱作农业和稻作农业的发展过程有了比较全面的把握，探讨了当时的水田及耕作方式、加工食物的方法、庭院的设计及精神领域的内容。对于古人在房屋建筑及日常生活、生产用具等方面的用材选择和丧葬时的棺椁用材方面也取得了一批实证性的成果。

在肯定研究成果的基础上，需要思考的问题有两点。

第一，三种研究方法相结合。尝试使用大植物遗存分析、植硅体分析和淀粉粒分析这3种方法对同一遗址出土的植物遗存开展研究，对研究结果进行互相比较和印证，进一步提高认识古代农业及古人获取植物性食物方式的科学性和全面性。

第二，以数量更多的具体遗址的植物考古学研究结果充实各个考古学文化的研究。与新石器时代各个考古学文化类型所属的多个遗址的人工遗迹和遗物的研究和归纳相比，植物考古学研究的实例为数不多，用屈指可数的遗址的植物考古学的研究成果去概括包括数十个乃至于数量更多的遗址的考古学文化的农业状况及获取植物性食物的方式往往比较片面，从中难以客观地把握规律性的特征。在今后的考古发掘过程中应努力推广和应用植物考古学研究的方法，以新石器时代考古学区系类型的思路作为指导，填补空白，深入研究。

本章小结

通过植物考古学研究，可以探讨中国各种农作物的起源及发展过程，认识古代不同时期和地区的居民获取植物性食物的种类和比例，把握不同时空范围内古代人类的各种生产、消费方式及发展规律，考虑特定植物在祭祀行为和文化交流中的作用及意义，认识古代人类在了解各种木材性能的基础上，按照不同的用途选择树木的情况。今后要注重比较研究，要从考古学类型和文化的角度凝练研究成果，拓展研究内容。

第十一章

冶金考古

> **内容提要** 利用金相分析、同位素分析、微量元素分析和电镜观察等多种观察、检测和分析方法,对古代遗址出土的与获取矿料、冶炼、铸造和锻造相关的遗迹和遗物进行研究,全面认识古代冶金技术的形成和发展过程,并探讨其在中国历史和社会发展中的重要作用,是中国古代历史研究中不可或缺的一个组成部分。

第一节 概述和方法

一、概述

青铜是铜和锡的合金,有时还含有铅。作为中国古代文明的象征之一,中国的青铜器以其美轮美奂的造型和高超的制作技术闻名于世,青铜冶铸技术也促进了中华早期文明的发展进程。铁器虽其貌不扬,但因其比青铜器有着更好的使用性能及更高的技术要求而得以开创一个新的时代,特别是中国古代发明的生铁冶炼及利用生铁制钢的技术,不仅是世界冶金史的一大创造,也为秦汉帝国的建立提供了物质基础。对青铜器、铁器、金银器和其他古代使用的金属及其制作技术进行研究，不仅可以了解中国古代金属技术的发展历程，而且可以探讨有关不同地区的文化交流、技术传播以及社会发展的问题。

制作金属器是一个复杂的包含多种工艺的过程，如青铜器铸造的典型工序流程包括多个步骤：矿石开采和冶炼；制作模范芯形成铸型；熔炼合金浇注；铸后修整或补铸、纹刻、镶嵌和彩绘等，最后完成整个工序（图 11-1）。因

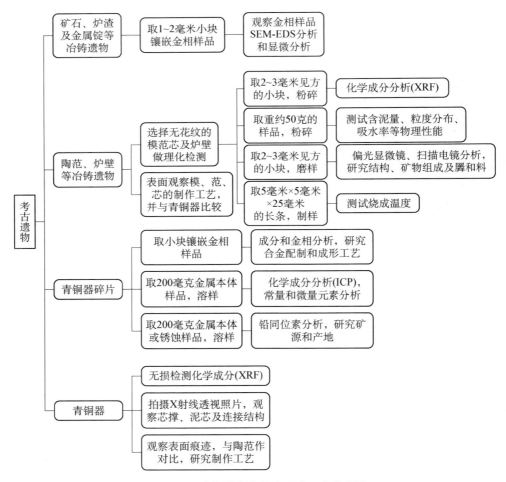

图 11-1 青铜器制作技术研究工作流程图
（中国社会科学院考古研究所刘煜博士提供，稍作修改）

此,冶金考古既需要对其中各种工艺过程、遗留物和产品进行分析,也需要对金属产品的社会属性进行探讨。典型的研究方法主要是对采矿、冶炼遗址进行田野考察和发掘,对矿洞、采矿工具、矿石、炼渣、木炭、冶炼炉或坩埚等遗物进行分析,研究金属矿的采选和冶炼技术;利用铅、锡等同位素分析和微量元素分析,探讨矿料来源和产地;通过铸造遗址的田野调查和发掘,以及铸范、熔炉、炉渣和鼓风管等铸造遗物的分析,研究铸型材料的选择和制作工艺、合金熔炼等问题,并通过铸型(石范、陶范和金属范等)与金属器具的对照观察,结合理化分析技术,复原金属器具的铸造工艺,研究表面加工技术等;利用现代无损和微损分析方法,考察金属制品的合金配制、制作工艺等问题;最后,还要把冶铸遗址、遗物的实地考察、现存传统工艺的调查与实习、文献资料的考订以及古代工艺的复原研究有机地结合在一起,形成一种研究工作的模式。总之,注意把技术的发生、发展、传播和影响的过程与考古学文化的发展过程紧密结合起来,置于历史发展的动态中进行观察和认识,找出它们的内在联系和因果关系,从而解释物质文化生产和社会发展的相关重大问题[1]。

二、方法

田野调查与发掘是冶金考古获取研究资料的主要途径。但范围和面积有限的冶金考古田野调查和发掘,往往制约了我们对古代冶铸技术的认识,如何在矿冶遗址的调查、发掘和采样方法方面争取获得突破性进展,如何在特定的资料中最大限度地提取信息,是冶金考古研究方法的重点所在。认真执行《田野考古工作规程》[2],按照"操作链"研究的思路,判断每一生产环节的产品、废料以及所使用的技术,并且结合冶铸遗物的废弃及堆积方式进行探讨,可在一定程度上复原冶金作坊的主要流程。

---

[1] 孙淑云、柯俊:《冶金史研究方法的探索》,《广西民族学院学报(自然科学版)》2004年第2期,第6—10页。刘煜:《青铜器研究》,中国社会科学院考古研究所著:《科技考古的方法与应用》,文物出版社2012年版,第172—194页。陈建立:《中国古代金属冶铸文明新探》,科学出版社2014年版。

[2] 国家文物局主编:《田野考古工作规程》,文物出版社2009年版。

采样和实验检测分析是冶金考古研究的基本要求。冶金考古的样品包括涉及采矿、冶炼、铸造、锻造、金属表面加工、热处理、使用与废弃等直接与古代金属生产有关的操作工具、原料、设施、废弃物和金属制品等。因此,需要根据冶金考古的研究目的,从操作链方面采集每个生产阶段产生的遗存,以便研究技术特征,或针对社会问题(生产组织管理方面)进行采样,以便研究生产分工和管理模式,因此,采样时应力求能够反映整个遗址的文化面貌,尽可能多地选取来自不同的探方、地层、墓葬及不同分期的样品,必须准确地记录这些遗存的出土层位、单位、名称、器形、样品号、尺寸以及取样部位等信息,对每一块样品都须照相。

对考古样品的检测和分析包括多个步骤,如图 11-2 所示。对矿石、炉渣和金属锭等冶金遗物可选择小块镶嵌金相样品,如果样品比较珍贵,可减小镶嵌样品尺寸,但炉渣样品一般不小于 5 毫米,进行成分和金相分析。也可对矿石、炉渣和金属锭等样品进行显微结构、微量元素和铅锡同位素分析等。

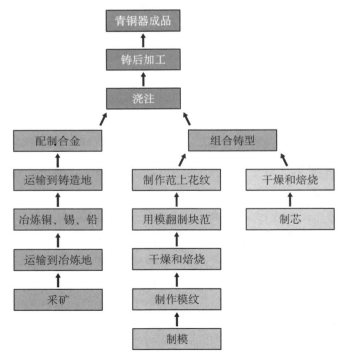

图 11-2　范铸青铜器的制作流程图
(中国社会科学院考古研究所刘煜博士提供,稍作修改)

对陶范和炉壁等冶铸遗物可选取没有花纹的陶模、范、芯和炉壁,进行多种理化检测。如取小块样品,粉碎后利用 X 射线荧光光谱(XRF)分析其化学成分;取重约 50 克的样品,粉碎后测试其含泥量、粒度分布和吸水率等物理性能;取小块样品磨样,通过偏光显微镜、扫描电镜检测,研究其结构、矿物组成及羼和料;取 5 毫米×5 毫米×25 毫米的长条制样,测试其烧成温度,除理化检测之外,还要观察表面有花纹的陶模、范和芯的制作工艺,并与青铜器进行比较。

对于金属器碎片需要应用两种分析方法,一是取小块镶嵌金相样品,通过扫描电镜能谱(SEM-EDS)进行成分和金相分析,研究其合金配制和成形工艺;二是取 200 毫克样品,熔样后使用电感耦合等离子体发射光谱(ICP-OES)、热电离质谱仪(TIMS)和电感耦合等离子体质谱仪(ICP-MS)等方法进行常量、微量元素及同位素测定,研究其矿源和产地等问题。

对于青铜器等完整器物可采用 4 种方法:利用手提式 X 射线荧光光谱(P-XRF)无损检测其化学成分;二是拍摄 X 射线透视照片,观察其芯撑、泥芯及连接结构;三是观察表面花纹与痕迹,与陶范对比,研究其制作工艺;四是在器物表面刮取少量锈蚀样品,进行同位素分析,探讨其产地[①]。

第二节　研究与思考

一、研究成果

早在 20 世纪 20 年代初,中国化学史研究的开拓者王琎就在《科学》杂志发表了《五铢钱化学成分及古代应用铅锡锌镴考》等 6 篇系列文章,利用化学方法研究中国古代金属的合金配比和炼锌技术的起源问题,他还对殷墟出土铜器进行了成分分析[②],所用的方法及获得的结论即使在今天看来也具有重

---

① 刘煜:《青铜器研究》,中国社会科学院考古研究所:《科技考古的方法与应用》,文物出版社 2012 年版,第 172—194 页。
② 王琎:《中国古代金属原质之化学》,《科学》1920 年第 5 卷第 6 期,第 555—564 页。王琎:《中国古代金属化合物之化学》,《科学》1920 年第 5 卷第 7 期,第 672—684 页。王琎:《中国制钱之定量分析》,《科学》1921 年第 6 卷,第 1173 页。王琎:《宋钱成分内之铅》,《科学》1922 年第 7 卷,第 839—841 页。王琎:《五铢钱化学成分及古代应用铅锡锌镴考》,《科学》1923 年第 8 卷第 8 期,第 839—854 页。王琎:《中国黄铜业全盛时代的一斑》,《科学》1925 年第 10 卷,第 495—503 页。

要价值,但限于当时中国的状况,这种研究未能进一步开展。1950年,梁树权等采用重量法测定了44件殷周青铜器的化学成分①。近50年来,研究者们使用多种分析技术研究了大量的金属器,出版了一批专著②,发表了大量的鉴定报告和研究论文,其主要研究成果大致可以分为以下7个部分。

(一) 各种金属制品的起源研究

古代使用的金属有金(Au)、银(Ag)、铜(Cu)、铁(Fe)、铅(Pb)、锡(Sn)、汞(Hg)和锌(Zn)等8种,对这些金属制品在中国的起源问题已有较多的研究成果,有的已经比较清楚,有的则还需进一步研究,这里简要介绍迄今为止的认识。

1. 金

在甘肃省玉门市火烧沟和瓜州县鹰窝树遗址③、内蒙古自治区敖汉旗大甸子的夏家店下层文化遗址④和新疆维吾尔自治区罗布泊地区小河墓地⑤,分别发现了中国年代最早的一批金制品,其年代约为公元前1500年或更早,这些金制品都是古人的饰件,如耳环和鼻饰,均采用自然金锻打而成。

---

① 梁树权、张赣南:《中国古代金属器的化学成分》,《中国化学会志》1950年第17卷第1期,第9—18页。
② 北京钢铁学院:《中国冶金简史》,科学出版社1978年版。北京钢铁学院:《中国冶金史论文集》,《北京钢铁学院学报》编辑部,1986年版。华觉明等:《中国冶铸史论集》,文物出版社1986年版。柯俊主编:《中国冶金史论文集(二)》,北京科技大学1994年版。苏荣誉、华觉明、李克敏、卢本珊:《中国上古金属技术》,山东科学技术出版社1995年版。田长浒主编:《中国铸造技术史(古代卷)》,航空工业出版社1995年版。华觉民:《中国古代金属技术》,大象出版社1999年版。徐金梧主编:《中国冶金论文集》(三·A),北京科技大学2002年版。孙淑云主编:《中国古代冶金技术专论》,中国科学技术出版社2003年版。北京科技大学冶金与材料史研究所等编:《中国冶金论文集》第四辑,北京科技大学2006年版。韩汝玢、柯俊主编:《中国科学技术史·矿冶卷》,科学出版社2007年版。谭德睿、孙淑云主编:《中国传统工艺全集·金属工艺卷》,大象出版社2007年。
③ 甘肃省博物馆:《甘肃省文物考古工作三十年》,文物编辑委员会编:《文物考古工作三十年》,文物出版社1979年版,第143页。
④ 中国社会科学院考古研究所编著:《大甸子——夏家店下层文化遗址与墓地发掘报告》,科学出版社1998年版,第189页。
⑤ 新疆文物考古研究所:《新疆罗布泊小河墓地2003年发掘简报》,《文物》2007年第10期,第4—42页。

2. 银

商代以前的银制品仅出土于甘肃省玉门市火烧沟墓地①，西周至春秋时期银制品的发现地点也很少，仅见于新疆和山东地区，战国时期银制品的出土地点大为增加，主要分布在内蒙古自治区、新疆维吾尔自治区、河北省、陕西省、河南省、山东省、湖北省和江苏省境内②。

3. 铜

根据韩汝玢、柯俊和王昌燧等的研究，在陕西省西安市临潼区姜寨遗址发现的黄铜片是原始黄铜，证明中国最早的铜制品出现的时间大致在公元前4700—前4000年③。根据柯俊等的研究，在甘肃省东乡县林家遗址和永登县蒋家坪遗址均发现青铜刀，证明中国在公元前3000年左右已经存在青铜器。在齐家文化、火烧沟文化和夏家店下层文化均发现有红铜制作的器物，证明自距今4000年左右至距今3500年以前一直存在红铜制作的器物，而以后则基本消失④。

4. 铁

在甘肃省临潭县陈旗磨沟墓地发现公元前14世纪的块炼铁制品，说明当时已经使用了人工冶铁制品；在河南省、陕西省和山西省交界地带集中出现了中原地区最早的块炼铁和生铁制品，并且在内蒙古自治区、甘肃省、陕西省、山西省、河南省、山东省、湖南省和江苏省等地属于春秋时期的遗址里均发现较多块炼铁和生铁制品；而春秋战国之交的一些遗址出土大量经退火处

---

① 甘肃省博物馆：《甘肃省文物考古工作三十年》，文物编辑委员会编：《文物考古工作三十年》，文物出版社1979年版，第143页。
② 黄维、陈建立、王辉、吴小红：《马家塬墓地金属制品技术研究——兼论战国时期西北地区文化交流》，北京大学出版社2013年版。
③ 韩汝玢、柯俊：《姜寨第一期文化出土黄铜制品的鉴定报告》，半坡博物馆、陕西省考古研究所、临潼县博物馆：《姜寨：新石器时代遗址发掘报告》，文物出版社1988年版，第148页。北京钢铁学院冶金史组：《中国早期铜器的初步研究》，《考古学报》1981年第3期，第247—301页。王昌燧编著：《科技考古进展》，科学出版社2013年版，第51—70页。
④ 柯俊：《冶金史》，韩汝玢、柯俊主编：《中国大百科全书·矿冶卷》，中国大百科全书出版社1984年版，第751—759页。孙淑云、韩汝玢：《中国早期铜器的初步研究》，《考古学报》1981年第3期，第287—302页。

理的铁器,证明距今 2 500 年左右生铁冶炼和利用生铁制钢技术体系已经初步形成①。

5. 铅

在河南省安阳市殷墟西区墓地发现的铅礼器和兵器多达 50 多件,证明距今 3 000 年以前已经可以制作铅器②。

6. 锡

在新疆维吾尔自治区罗布泊地区小河墓地出土距今 3 500 年左右的锡环、陕西省宝鸡市強国西周早期墓地出土锡鼎和锡盨,证明至迟距今 2 800 年前已经可以炼锡③。

7. 汞

因考古发现的金属汞较为少见,故其开始冶炼时间尚不明确,但鎏锡或鎏金等使用汞剂技术的出现为研究汞的冶炼起源提供了间接证据④。

8. 锌

炼锌技术起源的年代虽有一定争议,但近年来的田野考古和实验室分析证实,最晚到明代中期已开始冶炼单质锌⑤。

---

① 柯俊:《冶金史》,北京钢铁学院编:《中国冶金史论文集》,《北京钢铁学院学报》编辑部,1986 年版。韩汝玢:《中国早期铁器(公元前 5 世纪以前)的金相学研究》,《文物》1998 年第 2 期,第 87—96 页。陈建立:《中国古代金属冶铸文明新探》,科学出版社 2014 年版。
② 陈光祖:《殷墟出土金属锭之分析及相关问题研究》,宋文薰、李亦园、许倬云、张光直编:《考古与历史文化研究——庆祝高去寻先生八十大寿论文集(上)》,中正书局 1991 年版,第 355—392 页。
③ 梅建军、凌勇、陈坤龙、依斯利斯、李文瑛、胡兴军:《新疆小河墓地出土部分金属器的初步分析》,《西域研究》2013 年第 1 期,第 39—49 页。苏荣誉:《从弓鱼国铜器看西周早期青铜冶铸技术对殷商的继承和发展》,《自然辩证法通讯》1988 年第 3 期,第 30—31 页。
④ 朱寿康:《略论我国有色金属生产的起源和发展》,《有色金属》1980 年第 1 期,第 13—18 页。
⑤ Wenli Zhou, Mercos Martionon, Jianli Chen, Haiwang Liu, Yanxiang Li, Distilling Zinc for the Ming Dynasty: the Technology of Large Scale Zinc Production in Fengdu, Southwest China, *Journal of Archaeological Science*, 39(2012): 908 - 921. 陈建立:《中国古代金属冶铸文明新探》,科学出版社 2014 年版,第 411—441 页。

（二）矿冶遗址研究

近十年来，国内考古界对矿冶遗址的研究取得明显进步，调查和发掘了大量采矿、冶炼和铸造遗址，涉及除金之外的铜、锡、铁、锌、铅、银和汞等7种金属。

李延祥等与多家科研机构合作，致力于对古代矿冶遗址及青铜冶铸炉渣等进行系统分析和研究，其研究范围涉及位于辽宁省、内蒙古自治区、新疆维吾尔自治区、宁夏回族自治区、河北省、山西省、四川省、湖北省、江西省、安徽省、江苏省、浙江省和广西壮族自治区等地区的先秦至明清时期的冶炼遗址，通过对中原地区、辽西地区和河西走廊这3个重点地区早期冶金遗址的全面调查和系统研究，总结出如下一些规律性的认识。

其一，早期采矿遗址皆使用石质采矿工具，因此遗址上留有大量的石锤、石碾盘等工具及数量众多的露天采矿坑。石锤可以作为寻找更多的早期采矿遗址的重要线索。

其二，早期采矿遗址和冶炼遗址通常是分离的，采矿遗址在山中的矿区，而冶炼遗址多在河流沿岸的台地或山坡上，具体选址有安全防卫方面的要求，二者可能相距数十、近百至近千米。寻找早期冶炼遗址，应充分分析地势地貌，在矿区周边进行详细考察。

其三，从距今约4 000年开始，中原、辽西和河西地区普遍出现大规模的青铜冶金活动，与之相关的遗址是成群分布的。一处早期冶炼遗址的出现，可能预示着其周围存在一个冶金遗址群。这对进一步在其他地区寻找早期冶金遗址的工作具有重要的借鉴意义。

其四，从距今约4 000年开始，不同地区形成了各自的青铜产业格局。统观中原地区从二里头时期以来的多个铸铜遗址的分布以及中条山地区的铜矿和冶炼遗址，可以推断中原地区很早就达到了采、冶和铸工序的分离，形成了铜和锡等合金元素各自单独的物料供应链，生产的主要产品是在王权严格控制下，采用复杂的陶范铸造成型的礼器。中原地区将冶、铸分离，把铸造工序置于王权的控制之下，以陶范铸造礼器为特点的产业格局实际上一直持续到春秋战国时期，只是后期的各诸侯承担起了早期王权的控制责任，整个青铜时代中原地区的青铜产业格局实质上没有变化。辽西地区则出现了青铜产业格局的变迁。虽然目前的发现尚不足以完全推断出以夏家店下层文化为主的辽西地区青铜时代早期的产业格局,但从大甸子墓地青铜器显示的物料配比的先进性以及前文提及的开发铜、锡矿产遗址的内涵来看,辽西地区青铜时代早期可能就具有与中原地区相似的青铜产业格局,并有可能是夏商时期中原地区的青铜产业格局的一个组成部分。辽西地区发展到了以夏家店上层文化为主的青铜时代晚期时,其青铜产业格局发生了变化。建立在大井古铜矿基础上的夏家店上层文化冶炼遗址群,因所使用的矿石本身就是铜、锡、铅、砷共生矿,直接冶炼即可获得性能优于纯铜的合金,因此未能实现铜、锡的物料分离和冶铸的分离,只是使用石范将冶炼所获得的成分不稳定的青铜铸造成各种类型的小件器物,形成了一种极为简单而落后的青铜产业格局。辽西地区青铜时代早期到晚期的青铜产业格局的转变实际上是一种倒退。与中原地区相比,河西走廊的青铜产业结构未能实现冶铸分离,通过在冶炼的后期添加含锡等合金元素的矿石来配制青铜,以石范为主铸造小件装饰品和工具等青铜器,其产业格局相对中原落后并持续了1 500多年。

其五,不同的青铜产业格局的背后是不同的管理机制即政权的强大与否在发挥作用。中原地区先进的青铜产业格局与夏商王朝所具有的强大的国家机器是相互促进的,这是中原地区从青铜时代开始成为东亚这个大区域内的文明中心的一个重要的经济技术因素[①]。

通过调查或发掘证明,在全国各地均分布有属于先秦两汉时期的生铁冶铁遗址,如黄全胜通过对广西壮族自治区大量汉唐时期冶铁遗址的调查,首次确认了块炼铁冶炼炉,这是近年来冶铁遗址调查工作的突出成果[②]。

通过发掘重庆市丰都县庙背后冶炼遗址并开展研究,首次获得了与古代炼锌有关的极为丰富的遗迹和遗物,如冶炼炉基、燃料、矿石、冶炼坩埚、炉壁残块、冶炼工具和金属成品锌等,这些发现揭示了古代炼锌的技术特点和冶炼过程。中国古代炼锌遗址的首次发现标志着中国炼锌史研究从文献调研

---

① 李延祥:《中原与北方地区早期青铜产业格局的初步探索》,《中国文物报》2014年2月28日第5版。
② 黄全胜:《广西贵港地区古代冶铁遗址调查与炉渣研究》,漓江出版社2013年版。

和传统工艺调查阶段发展到田野考古调查和发掘阶段①。

(三) 青铜器铸造技术研究

铸造是将熔化的金属注入型腔,待其凝固后使铸件获得一定形状的过程和方法。铸造可再分为浑铸法和分铸法两种。浑铸法即将不同部位的范组合形成铸型,将青铜液从浇口注入一次成形的铸造方法。分铸法指青铜器各部分经两次或两次以上浇注得以成形的铸造方法②。我们可以从材质上将铸型分为石范、陶范、金属范和砂型4类。20 世纪 70 年代之前,奥瓦尔·卡尔贝克(Orvar Kalbeck)、石璋如、陈梦家、万家保、郭宝钧和李济等学者逐渐建立起有关青铜器铸造和陶范研究的正确方法。1970 年以后,众多学者也以陶范为辅助手段研究典型青铜器的铸造工艺。苏荣誉对中国青铜器铸造技术及铸造技术研究史进行了非常详尽的梳理③,现举陶范制作技术、殷墟铜器铸造技术及东周时期是否存在失蜡法铸造工艺的讨论等3个实例简要说明。

1. 陶范制作技术

谭德睿对商周陶范的原料及处理工艺进行了详细的检测和研究,并根据复原试铸的实践推测商周青铜器的陶范铸造工艺流程,这种研究方法对后来的陶范研究起到了示范的作用。通过对古代陶范的基本性能的检测和研究,谭德睿进行了陶范铸造技术的复原实验,试铸了4件青铜器物和1件附件。他认为古陶范的透气性不良,然而其内部丰富的植物硅酸体使其具有良好的充型能力,这一技术是铸造纤细纹饰或薄壁青铜器的关键措施;陶

---

① A. Liu Haiwang, Chen Jianli, Li Yanxiang, et. al., Preliminary Multidisciplinary Study of the Miaobeihou Zinc-smelting Ruins at Yangliusi Village, Fengdu County, Chongqing, In: S. La Niece, D. Hook and P. T. Craddock (eds.), *Metals and Mines: Studies in Archaeometallurgy*. London: Archetype in association with the British Museum, 2007, 170 - 178; Zhou Wenli, Martinón-Torres, M., Chen Jianli, et. al., Distilling Zinc for the Ming Dynasty: The Technology of Large Scale Zinc Production in Fengdu, Southwest China. *Journal of Archaeological Science* 2012.39(4), 908 - 921. 重庆市文物遗产研究院、丰都县文物管理所:《重庆丰都炼锌遗址群 2004—2005 年发掘报告》,《江汉考古》2013 年第 3 期,第 70—86 页。李大地、白九江、袁东山:《炼锌考古探析》,《江汉考古》2013 年第 3 期,第 113—122 页。
② 刘煜:《浑铸》《分铸》,王巍总主编:《中国考古学大辞典》,上海辞书出版社 2014 年版,第 689 页。
③ 苏荣誉:《二十世纪对先秦青铜礼器铸造技术的研究》,泉屋博古馆、九州国立博物馆编,黄荣光译:《泉屋透赏——泉屋博古馆青铜器投射扫描解析》,科学出版社 2015 年版,第 387—445 页。

范缓慢阴干过程中不断捶实湿态陶范能够减低陶范的收缩率；在烧制陶范时控制最高温度防止陶化，这一关键技术是青铜时代得以形成的必备条件；在削模制内范、芯盒制内范和外范翻内范这3种制内范的方法中，外范贴泥条翻制内范是容器类青铜器内范的主要制作方法；青铜器上的范线不一定能够准确反映范块的数量；最迟至商代晚期出现一种用可焚烧的材料制模，用此模型铸成无范线附饰的铸造技术，这一整体陶范铸造技术可称为"焚失法"①。

刘煜和岳占伟等对河南省安阳市殷墟出土的陶范进行了系统研究，发现殷墟陶范、陶模、泥芯的原材料均来自原生黄土。粉砂是制作陶范、陶模、泥芯的理想材料和关键所在。陶范具有高粉砂的特性，陶范中细料范和双层范的细料层的粉砂含量明显高出原生黄土的粉砂含量。通过"洗土去泥"（去掉黏土）来提高陶范的粉砂含量是制作陶范的一道重要工序。陶模的砂含量大多数接近原生黄土的砂含量。大部分泥芯的砂含量明显高于黄土的砂含量，说明在制作这些泥芯时有一个人为加砂的工序。陶范内部空洞的成因应该是加入了诸如牛粪之类的有机物质，有机物质在焙烧陶范时被燃烧掉形成了空洞。陶范内应该加入了消石灰使粉砂之间粘结起来②。

2. 殷墟铜器铸造技术

刘煜通过对河南省安阳市殷墟青铜器制作工艺的研究，认为殷墟青铜器的铸造工艺在二里冈期青铜器的基础上逐渐完善，在其演进过程中实现了铸造工艺的成熟和分铸法的广泛应用，将中国古代的陶铸工艺推向了前所未有的高度，金属芯撑等技术得到推广，在生产过程中实现了针对不同需求的技术运用，到殷墟四期，青铜器的明器化现象与针对不同需求的器物使用不同的技术来降低成本的考虑有关。殷墟一期早段的青铜器分铸法应用较少，到

---

① 谭德睿：《中国青铜时代陶范铸造技术研究》，《考古学报》1999年第2期，第211—250页。
② 刘煜、岳占伟：《殷墟陶范的材料及处理工艺的初步研究》，中国社会科学院考古研究所考古科技中心编：《科技考古》（第一辑），中国社会科学出版社2005年版，第226—236页。刘煜：《殷墟青铜礼器铸造工艺研究综论》，《华夏考古》2009年第1期，第102—113页。岳占伟、荆志淳、刘煜、岳洪彬、James B. Stoltman、Jonathan Mark Kenoyer：《殷墟陶范、陶模、泥芯的材料来源与处理》，《南方文物》2015年第4期，第152—159页。

了殷墟二期,特别是妇好墓的铜器,各种分铸法——先铸、后铸、多次铸接等大量应用,器物形体明显增大,器形的多样和复杂程度上升,附饰、附件明显增加,花纹也空前繁复,铸接痕迹被小心除去,呈现出光滑细致的表面,将陶范铸造工艺推向了一个崭新的高度。此外,殷墟二期泥芯撑形成的空洞明显较二里冈时期和一期早段的空洞细小,说明这一工艺的熟练性增强,三期以后泥芯撑较少。金属芯撑的设置从二期开始规范,三足器的铜芯撑分别设置在外范与腹芯之间,圈足器设在圈足芯与腹芯之间,起到定位和保持壁厚的作用。殷墟青铜器的技术演进经历了延续阶段、成熟阶段和技术延滞阶段这样3个阶段的变化。此外,殷墟四期普遍的工艺简化和明器化,不能简单地认为是处于衰败的现象,而应该看到它的复杂性,即:随着经济的发展、社会观念的改变,技术本身没有突破性的进展,且相对停滞,制作的风格则逐渐摒弃了繁复的形式,趋于实用;而在技术的应用层面,则发生了针对不同需求的器物使用不同的技术来降低成本这一变化,就青铜器生产本身来说,这是另一个层面上的发展[①]。

3. 东周时期是否存在失蜡法铸造工艺的讨论

湖北省随州市曾侯乙墓出土的曾侯乙尊盘等青铜器是否采用失蜡法铸造工艺,是近年来学术界讨论较为热烈的问题。

失蜡法主要是使用蜂蜡一类的材料制成蜡模,表层多次涂覆细泥涂料,边干燥、边加厚,制成的铸型经干燥、脱蜡、烘烤、浇注和修正等多道工序,即可得到整体铸型,浇注后获得无范线的青铜器或部件。

华觉明等主张曾侯乙尊盘均采用了失蜡法铸造,其主要观点可以概括为以下3条:首先,以曾侯乙尊为例,其花纹单元的图案有19种,可形成12种组合结构,空间变化复杂。一个单元至少需用约10块铸范才能成形,这种复杂的结构当然不可能为合范铸造,由于各单元体积甚小,它们也不可能使用组合范范铸。其次,花纹、铜梗和铜撑相互之间都没有焊缝和铸接结构,也没有发现焊接合金痕迹。因此它们不是焊接或铸接,而是一次成形的。最后,

---

① 刘煜:《殷墟青铜器制作工艺的技术演进》,中国社会科学院考古研究所考古科技中心编:《科技考古》(第一辑),中国社会科学出版社2005年版,第296—315页。

铜梗金相组织表明为铸态,排除了锻制的可能性①。

周卫荣等提出的否定失蜡法的观点可以分为抽象的推理和具体的论证两个方面。抽象的推理主要为古代的礼器和兵器等青铜器各有其发展系列,而失蜡法铸件只有少数几件,这是不可思议的。失蜡法只存在短暂的时间,不符合事物的发展规律。春秋以后流行的分铸和焊接技术可铸造出十分复杂的器物,存在范铸尊盘的技术基础。没有需求就没有发明,失蜡法在中国没有产生的基础。中国的气候和土壤条件适合范铸,西方以及东南沿海地区不适宜范铸技术的规模性生产,因此,范铸是中国青铜文化的传统。具体的论证为在制作工艺上显示出小块纹饰只有并不复杂的正、反、S形和C形这样4种结构,均系单合范单独铸造,并可见范缝。另外,小块纹饰焊接到铜梗,构成独立纹饰区②。

张昌平对上述两种观点进行了详细的点评,他倾向于赞同失蜡法的观点,但是也强调还需要作进一步细致而审慎的论证③。可见最终的结论尚有待于今后新的发现与深入的研究。

(四) 青铜器的合金成分研究

1. 西北地区的铜器

孙淑云等通过对甘肃省玉门市火烧沟四坝文化铜器的研究,发现其材质中以红铜为主,其次为锡青铜和砷青铜,三元合金的数量极少;当时以铸造为主要制作工艺,锻制的器物很少。甘肃省及其邻近地区蕴含着丰富的有色金属矿产,铜矿、锡矿、铜砷和铜锡砷多重共生矿的存在,为当时获取铜及其合

---

① 华觉明、郭德维:《曾侯乙墓青铜器群铸焊技术和失腊法》,《文物》1979年第7期,第46—48、45页。中国机械工程学会铸造学会传统精铸工艺鉴定会:《曾侯乙墓青铜尊盘铸造工艺的鉴定》,湖北省博物馆编:《曾侯乙墓》附录14,文物出版社1989年版。华觉明:《中国古代金属技术——铜和铁造就的文明》,大象出版社1999年版,第173页。谭德睿:《中国早期失蜡铸造问题的考察与思考》,《南方文物》2007年第2期,第36—40页。

② 周卫荣、董亚巍、万全文、王昌燧:《中国青铜时代不存在失蜡法铸造工艺》,《江汉考古》2006年第2期,第80—85、61页。周卫荣、董亚巍、万全文、王昌燧:《失蜡工艺不是中国青铜时代的选择》,《中国文物报》2006年7月21日第7版。周卫荣、董亚巍、万全文、王昌燧:《再论"失蜡工艺不是中国青铜时代的选择"》,《南方文物》2007年第2期,第41—48、132页。

③ 张昌平:《关于曾侯乙尊盘是否采用失蜡法铸造争论的述评》,《江汉考古》2007年第4期,第82—90、52页。

金提供了资源条件;火烧沟遗址铜器的材质呈元素多样化的特点,反映了所用矿石是多金属共生矿或混合矿,冶金技术处于较原始的阶段。火烧沟的铜斧等大型工具多为红铜所铸;而耳环等装饰品主要用锡青铜铸造或砷青铜、锡砷青铜热锻而成;刀、锥等小件工具所用材质多样。这一现象说明古代居民虽然认识到铜和铜合金是不同的金属材料,但对二者的机械性能和使用性能的差别没有明确的认识,或者因铜合金较为珍贵,故而用作装饰品。红铜是普遍应用并在生产中发挥主要作用的金属材料[1]。

梅建军等通过对新疆东部地区出土的早期铜器研究,认为这个地区青铜时代冶金发展有两个重要特征:一个重要特征是普遍使用锡青铜,这一特征的形成很可能与整个欧亚草原地带的文化演进存在某种联系;另一个重要特征是使用砷铜。这项研究不仅从冶金技术的角度肯定了新疆东部与甘肃西部的密切联系,而且为探讨甘青地区与欧亚草原地带的文化交流提供了中间环节;铜砷铅三元合金的发现则很可能与新疆西部奴拉赛炼铜遗址有关[2]。

2. 中原地区的青铜器

梁宏刚、廉海平和刘煜等认为,二里头文化时期铜器的数量、种类和规模比龙山文化晚期都有较大的发展,冶铸技术也有跃进式的变化。其材质包括纯铜、锡青铜、铅青铜、铅锡青铜、砷青铜及铅砷青铜等合金类型,具有早期冶金技术从发端迈向成熟和规范的过渡期特点。河南省偃师县二里头遗址在青铜器铸造中可能已存在有意识地使用锡和铅,但是加入锡和铅的技术还没有明显的规律可循;二里头遗址铜器的铸造技术都是范铸法,而且是从单范铸造发展到多范铸造,并采用了复合陶范法,由于铜器形制往往是仿自同期或年代略早的陶器和石器,因此铸造上还保留着一定程度的原始性,代表了中国青铜器块范法铸造的起源和早期发展阶段[3]。

---

[1] 北京科技大学冶金与材料史研究所、甘肃省文物考古研究所:《火烧沟四坝文化铜器成分分析及制作技术的研究》,《文物》2003年第8期,第86—96页。
[2] 梅建军、刘国瑞、常喜恩:《新疆东部地区出土早期铜器的初步分析和研究》,《西域研究》2002年第2期,第1—10页。
[3] 梁宏刚、孙淑云:《二里头遗址出土铜器研究综述》,《中原文物》2004年第1期,第29—39、56页。廉海萍、谭德睿、郑光:《二里头遗址铸铜技术研究》,《考古学报》2011年第4期,第561—575页。刘煜、陈建立、梁宏刚、孙淑云:《铜器制作技术》,中国社会科学院考古研究所:《二里头(1999—2006)》(叁),文物出版社2014年版,第1500—1543页。

孙淑云、郝欣、何堂坤和田建花等对盘龙城遗址出土商代早期铜器进行的成分分析表明，从二里冈时期全部72个容器的数据看，基本上属于以三元铅锡青铜为主、二元锡青铜为辅的合金体系，且铅或锡大于9.5%的器物所占的比例较高。二里冈时期商王都地区铜容器的合金技术继承了二里头晚期青铜容器以铅锡青铜为主、以锡青铜为辅的合金配比的技术路线，同时，与铅含量的变化比较，锡含量的变化范围相对较小。二里冈期的商王都地区青铜容器和同时期其他地区的青铜容器在合金配比上既有共性又有个性，这种异同背后的历史考古学原因有待进一步探讨[①]。

李敏生等对妇好墓出土的65件礼器、12件武器、4件生产工具以及10件残片进行分析，发现妇好墓铜器可以分为铜锡二元合金（含铅量少于2%）和铜锡铅三元合金（含铅量高于2%）两类。前者的数量占分析样本数量的73%，后者的数量占23%。其中铜锡铅三元合金的大多数器物中铅的加入是有意而为，证明当时已掌握冶铸三元合金的新工艺。青铜的硬度与含锡量的多少成正比，大型青铜礼器含锡量低、含铅量高，小件器物含锡量高、含铅量低，这是因为大件器物用锡料多，为节省锡料以廉价铅代替。另一方面，含铅量高能够增加铸液的流动性，使花纹细部清晰，更易于突出礼器的造型和繁缛的纹饰。就大型青铜鼎而言，鼎上部与鼎下部的含铜量和含铅量依次减少，含锡量逐渐增加。此外，成对和成套器物各元素的含量虽有差别，但都属于同一种类型的合金[②]。

赵春燕通过选择属于殷墟一至四期的墓葬中出土的甗、鼎、斝、戈、罍、觚、爵、尊、盉、卣、矛和刀等多种青铜器形，并在同一器物的不同部位取样进行分析，获得如下发现：殷墟一期出土的铜器中铜锡铅三元合金占多数，且合金中锡的含量普遍高于铅含量；殷墟二期的特点是铜锡二元合金占主导地

[①] 孙淑云：《郑州南顺城街商代窖藏青铜器金相分析及成分分析测试报告》，《郑州商代铜器窖藏》，科学出版社1999年版，第125—127页。郝欣、孙淑云：《盘龙城商代青铜器的检验与初步研究》，《盘龙城——一九六三——一九九四年考古发掘报告》，文物出版社2001年版，第517—538页。何堂坤：《盘龙城青铜器合金成分分析》，《盘龙城——一九六三——一九九四年考古发掘报告》，文物出版社2001年版，第539—544页。田建花、金正耀、齐迎萍、李功、汪海港、李瑞亮：《郑州二里岗期青铜礼器的合金成分研究》，《中原文物》2013年第2期，第90—96页。
[②] 中国社会科学院考古研究所实验室：《殷墟金属器物成分的测定报告（一）——妇好墓铜器测定》，《考古学集刊》（第二集），中国社会科学出版社1982年版，第181—193页。

位,且锡含量普遍较高,最高达 25%;殷墟三期铜锡铅三元合金占主导地位,部分合金中铅含量较高,最高达 26%;殷墟四期依然是铜锡铅三元合金为主,但与三期不同的是容器中铜铅合金数量明显增多,部分容器中铅含量较高,最高达 29%。殷墟一至四期铜容器中铅的含量呈逐渐增加的趋势,而锡含量逐渐降低。将青铜器回归到墓葬观察,发现一至四期的中小型墓中铜容器的铅含量逐渐升高,锡含量逐渐降低,铜器兵器的铅含量从一至三期逐渐上升,锡含量逐渐降低,但是四期时铅含量降低、锡含量升高。同一墓葬中,同铭同类的器物其化学组成相似,同铭异类器物的合金成分也十分接近。墓葬的等级越高,其合金中锡的含量越高[①]。

3. 云南地区的青铜器

李晓岑等通过对云南省晋宁县石寨山遗址出土的 30 件金属器进行研究,分析的样品包括铜鼓、贮贝器、铜兵器、铜生产工具、装饰品和马具等。检测结果显示晋宁石寨山青铜器以低锡(Sn＜17%为标准)的铜锡合金为特色,个别铜鼓和贮贝器存在高锡或高铅成分。当时已经使用金、银、铜、铁、锡、铅和汞等多种金属制作器物,除金器和铁器外,还有银金器、银铜器、金银铜器、铜锡合金和铜锡铅合金等;青铜器的制作以铸造方法为主,还采用热锻、铸后冷加工和锻后热冷加工等方法;此外,已经使用汞鎏金和镀锡作为表面的装饰工艺等[②]。

4. 战国—唐代的铜镜

孙淑云等通过对战国—唐代铜镜成分和显微组织的研究,发现铜镜的含锡量较高,一般为 20%～26%,含铅量为 1%～7%。其组织由阿尔法(α)固溶体、阿尔法＋贝塔($\alpha+\beta$)共析体及颗粒状铅组成,不存在贝塔相等热处理相存在。对相应古铜镜成分的青铜进行铸造及热处理实验研究的结果,证实了铸造高锡青铜组织为阿尔法及阿尔法＋贝塔共析组织,制作中不存

[①] 赵春燕:《安阳殷墟出土青铜器的化学成分分析与研究》,《考古学集刊》(第 15 集),文物出版社 2004 年版,第 243—269 页。
[②] 李晓岑、韩汝玢、蒋志龙:《云南晋宁石寨山出土金属器的分析和研究》,《文物》2004 年第 11 期,第 75—85 页。

在急剧冷却的过程。古代铜镜未经淬火和回火等处理方法,铜镜主要是铸造而成的[①]。

(五) 金属器的矿料来源研究

研究者们通过铅同位素分析及其他方法,探讨不同地区出土的青铜器和铜鼓的矿料来源问题。

1. 各种青铜器

金正耀等通过对青铜器中的铅同位素进行研究,发现了一种似乎有规律性的现象。如对河南省安阳市殷墟妇好墓出土的12件青铜器样品进行测定,发现其中5件样品的铅同位素组成特征模式与云南省永善县金沙矿厂遗址十分接近,组成这些青铜器的铅可能全部或部分来自这处矿山。另外,通过对江西省新干县大洋洲商代大墓出土的11件青铜器进行测试,发现样品的铅都属于中国地质上十分罕见的所谓异常铅,是一种高放射性成因铅。再有,发现四川省广汉市三星堆一号和二号祭祀坑的青铜器含有的高放射成因铅的异常铅与新干县大洋洲商墓的异常铅数值极为接近,可能是同一来源。还有,发现殷墟早中期相当数量的青铜器中含有上述异常铅,而晚期含有这种铅的器物突然减少。黄河流域的中原地区、长江流域的赣中地区及西南的巴蜀地区,在商代铸造青铜器时都相当普遍地使用了一种高放射性成因的具有独特来源的铅料。依据到现在为止的地质科学研究资料,已知数处矿山有较高放射成因铅,这些矿山都在滇东黔西地区。但现有的数据表明,它们都与青铜器的相关数据有一定差异,现在还找不到相对应的矿山数据[②]。

彭子成等认为陕西省宝鸡市弭国墓地出土的青铜器的铅同位素比值偏离度显示矿料来源可能不止一处,部分矿源可能来自陕西秦岭山脉和湖北大

[①] 孙淑云、N. F. Kennon:《中国古代铜镜显微组织的研究》,柯俊主编:《中国冶金史论文集》(二),科技大学出版社1994年版,第50—65页。

[②] 金正耀:《晚商中原青铜的锡料问题》,《自然辩证法通讯》1987年第9卷第4期,第47—55页。金正耀、W. T. Chase、平尾良光、彭适凡、马渊久夫、三轮嘉六:《江西新干大洋洲商墓青铜器的铅同位素比值研究》,《考古》1994年第8期,第744—747、735页。金正耀、马渊久夫、Tom Chase、陈德安、三轮嘉六、平尾良光、赵殿增:《广汉三星堆遗物坑青铜器的铅同位素比值研究》,《文物》1995年第2期,第80—85页。

冶铜绿山[①]。彭子成等还认为，江西部分青铜器的矿料主要来源于瑞昌和铜岭古矿区，河南省安阳市殷墟遗址青铜器的矿料部分来源于郑州的古铜矿和大冶的铜绿山古铜矿，而湖北省大冶市的青铜器是用本地的铜料铸成的[②]。

2. 铜鼓

鲁冀邕等对22个广西冷水冲型铜鼓的样本和33个当地铜矿、铅锌矿样本及4个古铜锭、古铅锭样本的化学成分和铅同位素比值进行测定，根据测定结果，以含铅、锡量各占2%为界，5件铜鼓属于锡青铜器，17件铜鼓属于铅锡青铜器。这两类铜鼓的铅同位素比值可分为5个区域，通过比较分析5个区域与铜矿、铅锌矿、古铜锭和古铅锭的铅同位素比值，发现Ⅱ区、Ⅳ区和Ⅴ区的铜鼓的铜、铅矿料来源于铜鼓的分布区及邻区，而Ⅰ区和Ⅲ区的铜鼓的原料可能来自外地，也可能以重熔废旧铜器、铜钱为原料[③]。

云南早期铜鼓有万家坝和石寨山两种类型，彭子成等对6件万家坝铜鼓、6件石寨山型铜鼓、1件古铜矿渣、1件自然铜、6件铜矿和19件方铅矿样品进行铅同位素分析，发现两类铜鼓的铅同位素分布场绝大部分互相重叠，暗示了两类铜鼓所用矿料的来源相同或相近，可能在矿业开发、冶炼和铸造技术上有内在的联系和延续性。万家坝型铜鼓的铅料来源集中在云龙、鹤庆、昌宁、禄丰和昆阳一带，铜矿料来源于牟定、东川和会泽一带。石寨山型铜鼓的铅矿料主要来源于鹤庆、禄丰、姚安、武定和蒙自，铅矿产地除了部分与万家坝型铜鼓相同外，还有向东移的趋势，这与万家坝型铜鼓集中于滇西，而石寨山型铜鼓集中在滇池地区的发展趋势相一致。石寨山型铜鼓的铜矿料来源也以东川和会泽一带为主[④]。李晓岑等通过对6件万家坝型铜鼓、7件石寨山型铜鼓、8处铜矿、1个古铜渣和13处方铅矿的铅同位素分析，认为云南早期

[①] 彭子成、胡智生、卢连成、苏荣誉：《弓鱼国墓地金属器物铅同位素比值测定》，宝鸡市博物馆编辑：《宝鸡㝬国墓地》，文物出版社，1988年版，第639—645页。
[②] 彭子成、孙卫东、黄允兰、张巽、刘诗中、卢本珊：《赣鄂皖诸地古代矿料去向的初步研究》，《考古》1997年第7期，第53—61页。
[③] 鲁冀邕、彭子成、万辅彬：《广西冷水冲型铜鼓的铅同位素考证》，《文物》1990年第1期，第79—84页。
[④] 彭子成、李昆声：《云南铜鼓和部分铜、铅矿料来源的铅同位素示踪研究》，《科学通报》1992年第8期，第731—733页。

铜鼓的矿料几乎都来源于滇西至滇中的滇池一带①。

万辅彬等通过分析研究 26 个麻江型铜鼓样品、32 个含铅金属矿（包括古矿渣）样品的测试结果，确认麻江型铜鼓的矿料来源于该类铜鼓分布区之西部，大致为云南省楚雄地区和滇中地区、贵州省毕节地区、广西壮族自治区西北部和西部②。

3. 综合研究

崔剑锋等在深入总结前人对铅同位素考古研究的基础上，利用多通道等离子质谱于铅同位素考古，提高了实验效率；通过实验研究，证明青铜冶金过程中铅同位素分馏微乎其微，可以忽略；通过铅同位素地球化学省矢量填图的方法，探索了铅同位素考古中的地区重叠效应问题，并对夏商周青铜器矿料的来源问题提出了新的见解，即三代时期青铜的矿料可能来自中原地区；并公布了 83 件中国云南省和越南出土的古代青铜器的铅同位素比值，利用这些数据分别探讨了铜鼓的起源、各型铜鼓的分布、滇文化的社会结构、滇文化和越南东山文化、滇文化和汉王朝之间的文化交流及经济交换等考古学问题，为解释中国云贵高原以及越南等地区的生产和交换等考古学问题提供了重要的科学分析数据③。

华觉明等分析了古文献所载早期铜产地，结合现代地质勘探所揭示的铜矿资源分布和早期采铜冶铜遗址的发掘和研究，辅以铅同位素法等现代检测手段，论证了长江中下游铜矿带和中条山区及其以西地带为商周铜料的主产地。《禹贡》称"荆及衡阳惟荆州……厥贡……惟金三品"，"淮海惟扬州……厥贡惟金三品"，郑玄注："金三品者，铜之色也。"意指不同质地与色泽的铜料。多数学者认为《禹贡》是战国时期的著作，但其中包含有更早年代的史料。《周礼·职方氏》也说："东南曰扬州，其川三江，其浸五湖，其利金、锡、竹

---

① 李晓岑、李志超、张秉伦、彭子成、李昆声、万辅彬：《云南早期铜鼓矿料来源的铅同位素考证》，《考古》1992 年第 5 期，第 464—468、455 页。
② 万辅彬、姚舜安、李世红、鲁冀邕、彭子成、蒋廷瑜：《古代铜鼓矿料来源的铅同位素考证》，《物理》1990 年第 3 期，第 148—152 页。万辅彬：《麻江型铜鼓的铅同位素考证》，《自然科学史研究》1992 年第 11 卷第 2 期，第 162—170 页。
③ 崔剑锋、吴小红：《铅同位素考古研究：以中国云南和越南出土青铜器为例》，文物出版社 2008 年版。

箭",荆州"其利丹、锡、齿、革"。《考工记》《越绝书》《史记·货殖列传》以及李斯《谏逐客书》和《盐铁论·通有》等古籍中,多次提到"吴粤之金锡""荆扬……左陵扬之金""江南金锡",这些区域都是指长江中下游地区。就中国铜矿资源的分布来说,其特点是广泛而又相对集中,全国绝大部分的省、市和自治区都有铜矿,而主要矿区又集中于 4 个地区,依次为长江中下游铜矿带,川滇地区的云南东川、易门等矿区,中条山矿区和甘肃省的白银厂、金川矿区。这四大矿区的储量占全国总储量的三分之二以上,其中尤以长江中下游铜矿带居于首位。长江中下游铜矿带中主要矿区的矿石品位较高,富矿约占 40%,经长期风化作用,次生富集的氧化带厚达数十米至百米,适合于在古代那种技术条件下的开采和冶炼。甘肃白银厂、金川铜矿区储量丰富,而矿物成分较复杂。齐家文化、火烧沟文化出有早期铜器的遗址多与之邻近,有可能是就近取材,但尚无证据表明其在商周时期已形成相当规模的开发。云南省的矿产早在汉代便已开发,见于《史记》《汉书》等典籍。东川矿区就曾发现东汉采冶遗址。徐中舒认为,春秋时期楚国已在云南省楚雄地区设官,管理黄金开采与运输。而铜矿的大规模开采(例如个旧和易门矿区)则主要是在明清时期。所以,商周时期铜料的生产地应在中条山区和长江中下游地区寻找。此外,铜绿山、港下和铜岭 3 处遗址均位于长江中游,属古荆州地区,依据实地考察可知,从湖北省鄂州南部至大冶全境,连接阳新北南纵轴,再到江西省瑞昌县境,与得天独厚的铜矿成矿带相应,先秦时期的采铜冶铜遗址密集。皖南古矿冶遗址位于长江下游,属古扬州区。其中,以地处南陵、铜陵交会地带的大工山、凤凰山和铜官山等处最为集中,从而形成另一处巨大的铜采冶基地。黄河流域已知的古代铜矿遗址以中条山矿区最为重要,分布于山西省南部的垣曲和运城等县市。因为它邻近夏县东下冯遗址、安阳市殷墟、洛阳市北窑西周时期的铸铜遗址和侯马市晋国铸铜遗址,因而是非常重要的先秦时期的铜采冶基地[①]。

(六) 钢铁技术研究

中国可能在公元前 9 世纪左右开始进入铁器时代。自 20 世纪 20 年代以

[①] 华觉明、卢本珊:《长江中下游铜矿带的早期开发和中国青铜文明》,《自然科学史研究》1996 年第 15 卷第 1 期,第 1—16 页。

来,我国学者围绕中国冶铁技术问题展开讨论,近年来取得了较大的收获[1],主要为以下两个部分。

1. 中国古代冶铁技术的特征

中国古代有两种冶铁技术,一种是低温固态还原的块炼铁和块炼渗碳钢体系,一种是高温液态还原的生铁和生铁制钢体系,二者既有一定联系,又有一定区别。甘肃省临潭县陈旗磨沟遗址出土的公元前14世纪的块炼铁制品,把中国人工冶铁制品的开始使用时间提前了约500年,与河北省藁城县铁刃铜钺这一陨铁制品的年代相当,亦与西亚地区有意识地进行冶铁活动的年代相当或略晚,这为研究中国的冶铁起源提供了重要线索。目前,在河南省三门峡市西周晚期虢国墓地出土了3件陨铁制品和3件块炼铁制品,山西省曲沃县天马-曲村遗址出土了属于春秋早期的不成器形的2件生铁残片及春秋中期的条形铁片,陕西省韩城县梁带村M27出土了属于春秋早中期的铁刃铜戈和铁刃铜刀,经鉴定为块炼铁制品。这些说明在以中条山为中心的河南省、山西省和陕西省等传统上的中原核心地区,人工冶铁制品出现的年代可以比较确切地追溯到公元前9世纪左右。因此,中国的生铁冶炼技术正是在块炼铁技术的刺激下,结合中原地区悠久的铸铜技术传统,率先在晋陕豫交界地带发明,并逐步发展成生铁冶炼技术体系。这一技术变化与当时的文化变化以及文化交流状况相关,探寻这种变化的动因对于深入研究中原地区冶铁技术的起源是十分有益的。

2. 生铁技术的传播与交流

多位研究人员重点研究了生铁技术在国内的传播情况,也探讨了生铁技术向其他国家和地区的传播过程,即中国古代生铁与生铁制钢技术的传播是以中原地区为中心,逐渐向周边地区扩散和发展。在铁器和冶铁业的传播和交流过程中,铁器和冶铁技术二者并不同步,遵循了由铁器到铁器原材料,最后到冶铁技术的传播这一过程[2]。主要认识可以概括为3点:一是通过对中

---

[1] 韩汝玢、柯俊:《中国科学技术史·矿冶卷》,科学出版社2007年版。陈建立:《中国古代金属冶铸文明新探》,科学出版社2014年版。
[2] 王巍:《东亚地区古代铁器及冶铁术的传播与交流》,中国社会科学出版社1999年版。白云翔:《先秦两汉铁器的考古学研究》,科学出版社2005年版。陈建立:《中国古代金属冶铸文明新探》,科学出版社2014年版。

国东北地区出土的铁器与朝鲜半岛、日本列岛出土的铁器进行比较,可以看到中原政治势力对东北地区的经营,以及鲜卑、高句丽等古代民族与中原地区之间的战争、经济和文化往来共同促进了生铁技术在东北亚地区的传播和交流,也促进了生铁技术向朝鲜半岛和日本列岛的传播,这一传播过程是长时间、多波次的。二是通过对湖北省老河口市杨营、四川省蒲江、贵州省赫章和威宁、广西壮族自治区兴业和福建省武夷山等地冶铁遗址或出土铁器的研究表明,在春秋战国时期,中原以及邻近的楚地最先具备了生铁技术,生铁技术自产生之后,逐渐向南方传播,大约在战国晚期至汉代,传至西南地区、岭南地区和东南沿海地区,并影响到中南半岛诸国。而在隋唐以后,随着海上丝绸之路的繁盛,中国生产的铸铁制品及生铁冶炼技术也随着贸易和移民传播至东南亚地区。三是通过对甘肃、新疆等地出土铁器的分析及对俄罗斯南西伯利亚地区铸铁制品的调查,发现最迟在战国晚期和汉代,中原地区的生铁制品或技术已传播到新疆维吾尔自治区或更远的地区。

(七)金属器的综合研究

华觉明对中国冶铜术和青铜冶铸生产的产生、青铜冶铸业的采铜和炼铜技术、范铸技术、铸作技术、合金配制、冶铁术的兴起及各种金属手工业的发展都做了系统的论述[①]。

韩汝玢和柯俊等对中国古代采矿技术、早期铜与铜合金技术、古代青铜合金技术、古代有色金属冶炼技术、古代钢铁冶金技术、古代铁器制作技术、古代冶铁炉、古代炼钢技术、古代铸造技术、古代锻造技术及热处理技术、古代金属表面处理技术等做了详尽的论述[②]。

在"中华文明探源工程(二)"中,梅建军负责的课题组通过研究,认为迄今为止发现的中国西北地区的早期铜器在时间和数量上均早于及多于中原和北方地区,表明该地区在中国早期冶金发展史上占据着极其重要的地位。与欧亚草原早期青铜文化的密切联系是西北地区早期铜器兴盛的关键因素之一。中国北方地区是另一个早期冶金术显著发展的重要地区,与西北地区

[①] 华觉明:《中国古代金属技术》,大象出版社1999年版。
[②] 韩汝玢、柯俊主编:《中国科学技术史·矿冶卷》,科学出版社2007年版。

的早期冶金存在密切的关系。北方地区与中原地区之间也存在文化联系与互动。中原地区早期冶金术的发展是中华文明在中原崛起的技术和经济基础之一。青铜礼容器和组合范铸技术在二里头遗址的出现，构成了中原地区冶金术划时代发展的核心内容，也使中原地区成为当时中国的冶金技术中心。这个中心地位的形成，既吸收了来自西北和北方地区的技术因素，也有本地区技术演进的基础。中原、西北和北方地区之间文化互动的加强，是冶金术迅速传播并取得突破的基础和动因[①]。

陈建立认为，西亚和东欧地区早在7 000年前就开始冶铸青铜，用两块石质或泥质单面范(有时也设置芯)合在一起浇筑金属制品，发展了失蜡法铸造和锻造技术。就青铜冶铸技术出现的时间而言，中国并不算早，而且在中国早期铜矿开采、冶炼和铸造中也能找到来自西方的技术因素，但当青铜冶炼技术通过区域交流进入以河南省、山西省和陕西省为中心的中原地区时，中原地区在新石器时代晚期就已经具备的控制高温和制模翻范技术的制陶知识积累基础上，迅速地吸收、消化并改进提高传入的青铜冶炼技术，创造了辉煌的青铜器陶范铸造技术，显示了中原文化兼容并蓄、博采众长的优点。夏商周三代物质文明的集大成者青铜器，特别是种类繁多、造型优美、纹饰独特的礼乐器，堪为中国青铜文化的一大特色，三代青铜器的模块化或标准化的生产及其管理也是复杂社会管理中的重要一环。冶铸技术对于中华文明的起源具有重要的推动作用。

生铁技术体系的建立亦是如此。尽管甘肃省临潭县陈旗磨沟遗址出土了公元前14世纪的人工冶铁制品，但现在还无法否认冶铁术来自西方的可能性。来自西方的块炼铁技术传播到中原地区后，与青铜铸造技术的发展过程相同，仍然集中在河南省、山西省和陕西省交界地带这一中国古代最核心的文化区。在西周晚期和春秋早期集中出现了陨铁、块炼铁和生铁制品，这并不是偶然现象，必有其内在的原因。商周时期青铜器的生产集合了采矿、冶炼、铸造和后期加工等方面的高超技艺，也形成一套严格的管理制度，这为铸铁技术的产生和发展奠定了技术和管理基础。一旦能够把铁从矿石中还原出来，这种铸造技术的传统和管理方面的优势能够促使生铁的冶炼和铸造变

---

① 梅建军：《冶金术研究》，《中国文物报》2009年8月21日第6版。

得十分容易。铸造的生铁脆硬易裂,这个特征限制了它的使用范围。这时,高超的窑炉和高温控制技术又一次发挥了作用。将铁器或生铁原材料放在窑炉内并控制炉内气氛进行退火处理,可改变生铁器物内碳的存在状态和含量,从而提高其韧性,延长其使用寿命。所以,生铁冶炼技术的产生及其体系的建立,是块炼铁技术与青铜器陶范铸造技术相结合的必然结果,也是中原文化吸收外来技术进行再创造的结果,再次体现了兼容并蓄、博采众长的中华文明特质。而生铁冶炼技术的发明及利用生铁制钢技术体系的建立,以及由此导致的先秦两汉时期的农业革命,强化了人类的生存条件,增加了人口,发展了教育,提高了人的素质,为秦汉帝国的形成奠定了基础。

中原地区将金属铸造成器物这一传统在金制品的生产方面也有体现。金制品历来不是中国礼制的载体,其使用方式与制作工艺也明显受到来自西方文化的影响。目前发现的大部分金制品为锻打成形,但在商代晚期的殷墟遗址里,金可能已被铸造成器物。西周晚期至春秋早期,中原地区金的铸造逐渐成熟,如山西省曲沃县的晋侯墓地、河南省三门峡市的虢国墓地和陕西省韩城县的梁代村墓地,均出土有铸造精美的金饰件。金的使用与铸造又一次体现了中华民族这种兼容并蓄、博采众长的精神特质。

正是中原地区具有这种吸收外来技术为己所用、并在外来技术的基础上进行再创造的能力,才在中华文明多元一体的发展中起到了核心作用。中原地区所创立的这种金属铸造技术传统,对周边地区也产生了强烈影响,关于这一点,从中原与周边地区先秦时期的青铜器和战国秦汉时期铁器的使用和生产等各方面都可以找到充足的证据。所以,包括中原地区在内的古代中国创造的冶铸文化,在世界冶金技术及人类文明的发展史上具有重要地位[①]。

二、思考

通过冶金考古研究人员的努力,在各种金属制品的起源研究、矿冶遗址研究、青铜器铸造技术研究、青铜器的合金成分研究、金属器的矿料来源研究、钢铁技术研究及金属器的综合研究等多个方面均取得了丰硕的成果。从

---

① 陈建立:《中国古代金属冶铸文明新探》,科学出版社 2014 年版。

冶金起源到青铜范铸，从生铁冶炼到生铁制钢，中国早期冶金技术是在不断吸收、消化多种外来技术的基础上，逐渐形成了特色鲜明的冶铸技术体系，具有中国特色的青铜冶铸技术促进了中华早期文明的发展进程。中国古代的生铁冶炼及利用生铁制钢的技术是世界冶金史上的一大创造，也为秦汉帝国的建立提供了物质基础。

基于国内矿冶遗址的庞大数量及出土众多相关文物的现实状况，当前的冶金考古需要在田野调查、发掘和采样及实验室内的多种测试和分析方面注意以下4点：

其一，需要进一步强调规范化。针对矿冶遗址调查中的采样、矿冶遗址发掘中的采样和对金属制品的采样问题，开展冶金遗存采样的规范化研究，并最终建立在田野调查和发掘过程中冶金考古和考古的联合研究机制。

其二，需要进一步深化研究。比如，迄今为止仅对一些重要的铜铁冶铸遗址进行了较为系统的研究，但金、银、锡、铅、锌和汞等有色金属冶炼遗址的研究仍处于起步阶段。目前对青铜器陶范铸造技术的研究无论在深度和广度上均有欠缺，尚须通过对不同地区青铜器的总体观察和陶范工艺的深入研究加以解决。现在对钢铁冶金技术的研究大多通过对钢铁文物的检测来进行，但诸如"铸铁脱碳钢""灌钢"和"炒钢"的判定标准仍不明确，需要结合冶铁遗址进行更深层次的调查研究。此外，对宋代以后用煤炼铁引起的钢铁技术的变化以及钢铁技术对社会的影响的研究亟待加强。

其三，需要加强综合研究。以往的冶金考古以个案研究居多，并多从配合考古和历史研究的角度展开，研究人员偏重于提取金属器物和冶铸遗物的科技内涵，缺乏考古学研究的思考，今后需要认真探讨冶金技术这一生产力要素的状况及其变迁，深究其形成的历史原因及在社会历史发展中的重要作用。

其四，需要通过矿冶遗址与金属文物的保护与展示体现冶金考古研究的价值。中国拥有数量众多、历史悠久、技术体系完整的矿冶遗址和大量金属文物，但矿冶遗址和金属文物保护工作难度较大，因此有必要集合多方力量，共同探讨具有中国特色的矿冶遗址管理、研究、保护与展示的工作模式，将保护成果惠及大众，争取实现世界工业遗产零的突破。

本章小结 通过冶金考古研究，大致明确了中国古代金、银、铜、铁、铅、锡、汞和锌等金属的起源或出现的时间和地点，开始对多个地区的采矿、冶炼和铸造过程进行系统的研究，对包括陶范制作在内的青铜器铸造过程进行全面的探讨，分析各个地区不同时间段内青铜器的合金成分，研究青铜器的矿料来源，对中国冶铁技术的起源、传播与交流的研究也逐步走向深入。上述研究大致归纳出在吸收、消化各种外来技术的基础上，逐渐形成特色鲜明的中国冶铸技术体系的过程，从特定的角度彰显了中华文明的特质。今后需要加强规范化、标准化，突出综合研究，做好保护与展示工作。

第十二章

陶瓷器科技考古

> **内容提要** 陶瓷器科技考古是探讨陶瓷器的起源、原料、制作工艺及技术发展过程,认识新石器时代陶器的发明和使用对人类生活产生的影响、瓷器的发明与不断创新对社会进步的作用,研究陶瓷器的起源、原料和制作工艺反映的人类行为特征,更好地揭示古代陶瓷器的科技与文化内涵。

第一节 概述和方法

一、概述

中国陶瓷器具有连续不断、长达万年的工艺发展史,它的发展过程蕴藏着十分丰富的科技与文化内涵。陶器是水、火和土相结合的产物,是一种质地较粗、不透明的黏土制品,由黏土(或加炭化植物、砂和石英等)经成形、干燥和烧制而成,烧成温度大致在600℃~1 000℃左右,按黏土成分的不同和烧制温度的差异,坯体呈红、棕、褐、灰和黑等颜色,从新石器时代开始大量出现,成为当时人类的主要生活用具之一。瓷器是在陶器的基础上发展而来,以高岭土、长石和石英原料,经混合、成形、烧制而成,可上釉或不上釉,特点是坯体洁白、细密,较薄者呈半透明,音响清脆,断面具不吸水性。中国瓷器以青瓷、白瓷和彩瓷为主要品种。相比陶器而言,瓷器的性能及外观达到了一种质的飞跃。陶瓷器的起源与发展是古代中国科技与社会发展的重要表现,承载着工艺技术、劳动分工、生产组织和贸易交流等诸多信息,涉及陶瓷材料学、科技史和艺术史等诸多方面,是奠定古代中国各个地区文化特征多样性的物质基础,对中华文明的形成也做出了重要贡献,陶瓷器研究一直受到考古学、技术史和陶瓷史研究人员的高度重视。

本章阐述的陶瓷器科技考古主要是指借助现代材料的观测、分析手段和数据处理系统,对古陶瓷进行系统的年代、组成、结构、物理性能、成型工艺和呈色机理等的测试分析,阐释古陶瓷产生与发展的技术支撑、资源条件、工艺特征和发展脉络,阐明新石器时代陶器的发明和使用对人类生活产生的影响,明确瓷器的发明与不断创新对社会进步所起的作用,再现古陶瓷蕴含的丰富的科技与人文信息,为传承、保护和利用古陶瓷蕴含的科技与人文资源奠定基础。

二、研究方法

目前常用的陶瓷器科技考古研究方法大致可以归纳为化学组成分析、显微结构与物相分析、物理性能测试与烧成温度分析、痕迹观察及模拟试验研究等方面。所有的研究都必须在充分地了解样品的考古学背景的基础之上,以科学问题为导向,有目的地进行探讨,以下分别阐述。

(一)化学组成分析

主要测定样品的主、次量元素和微量元素,采取有损和无损这两种分析方式。其中,有损分析的取样方法是选取没有纹饰,也不是口沿等重要部位的陶瓷器碎片样品,尤其是对胎料成分进行分析时,需要注意选取陶器和瓷器的胎芯部位。在测试陶瓷器的釉层时,需要从样品表面刮取。检测的仪器有电感耦合等离子体原子发射光谱仪(ICP-AES)、电感耦合等离子体质谱仪(ICP-MS)、中子活化分析(NAA)和X射线电子能谱仪(XPS)等。无损分析可以保证样品的完整性,但在分析结果的精度上有一定的局限性。使用的方法有 X 射线荧光分析(XRF)和质子激发 X 荧光(PIXE)分析等。

(二)显微结构分析

显微结构分析有 3 种方法:一是用岩相显微镜观察陶器的岩相,了解陶胎中羼和料与其他非可塑性颗粒的矿物种类、粒径大小和分布情况等信息,以及黏土、粉砂、砂粒所占的比例,再结合相关样品的自然特征和技术传统,进而探讨陶器的分类、功能、产地、专业化和产品流通等问题。二是观察和分析陶瓷材料形貌、组织和结构的透射电子显微镜分析(ATEM),其分辨率较高,观察到的图像富有立体感和真实感。三是用扫描电子显微镜(SEM)观察瓷器的釉面气泡和呈色机理等。

(三)物理性能和烧成温度分析

陶瓷器的物理性能是体现其质量和制作水平的重要判断标准,对其分析与检测有助于了解古代社会陶瓷器生产的工艺技术和时空差异。从目前的状况来看,考古学研究涉及的陶瓷器物理性能包括吸水率、气孔率、密度、强度、硬度、陶色以及瓷釉的白度和透光度等方面。陶瓷器的烧成温度是陶瓷质量和各项性能的重要决定因素之一,可以在高温膨胀仪上进行测定。

(四)痕迹观察及模拟实验

陶瓷器作为古代人类生产和生活的遗物,保留着丰富的制作和使用痕迹,通过对这些痕迹的观察和整理,能够多方面、多角度地获知与古代社会有关的信息。目前,根据制作痕迹复原陶瓷器坯体成型方式的研究相对较多,对于技术细节痕迹的观察和分析仍需进一步开展工作,而对于技术细节的整理有利于揭示和深化认识与陶瓷器生产有关的社会问题。例如,通过对陶器绳纹拍打方式及其所反映的绳拍制作方式的分析,能够帮助我们了解古代陶匠的技术传统和社会习惯,从而为探索当时陶器生产的组织方式和技术传承积累必要的资料。除此之外,陶瓷器制作过程中遗留的指纹、植物印痕、木拍木纹、编织物痕迹、器底砂粒痕迹以及使用过程中的二次烧痕、煤痕、糊痕和煮开溢出痕迹,都是在田野发掘和资料整理时应予以采集和记录的。

通过肉眼观察可以发现明显的制作和使用痕迹,但一些不易观察的微观痕迹则要借助相应的技术和设备进行采集和分析。常见的技术和设备包括光学显微观察和照相，其可对陶瓷器样本的断面或表面进行观察，获取陶瓷器表面及断面的微结构、遗留痕迹等涉及陶瓷器制作和使用的信息；X 射线照相和工业 CT 观察，可研究泥条盘筑痕迹、不同部件（如腹壁和底）的结合方式、羼和料的形状以及内部气孔大小和排列方式等，进而比较分析陶瓷器的性能、制作方式及技术细节。

模拟实验能够验证基于类比或猜测得出的技术信息的准确性，尤其是对形成某些特殊现象的技术原因的推测，更需要通过技术实验加以验证。模拟实验建立在对大量标本进行观察、分析以及与民族学资料相比较的基础上，通过对相关痕迹和现象的总结，将零散、断缺的信息和环节整合为相对完备的"行为链"①。

第二节　研究与思考

一、研究成果

这里分为陶器研究、原始瓷研究和瓷器研究分别阐述。

（一）陶器研究

20 世纪 20 年代至 30 年代，安特生、李济和梁思永等在观察、描述和分析陶片标本时，特别注意陶器制作遗留的痕迹并推测其成因②。20 世纪 30 年代后期，吴金鼎提出对古代制陶工艺的研究除观察外观之外，还需要探讨陶器的泥料、生产技术与装饰艺术，要开展实验及与现代制陶术进行比较③。多年

---

① 彭小军、刘煜、王增林、吴隽：《古陶瓷研究》，中国社会科学院考古研究所著：《科技考古的方法与应用》，文物出版社 2012 年版，第 160—172 页。
② 安特生：《中华远古之文化》，文物出版社 2011 年版。李济：《西阴村的史前遗存》，张光直主编：《李济文集》（卷二），上海人民出版社 2006 年版，第 169—199 页。梁思永：《山西西阴村史前遗址的新石器时代陶器》，中国科学院考古研究所：《梁思永考古论文集》，科学出版社 1959 年版，第 1—49 页。
③ G. D. Wu, *Prehistoric Pottery in China*. Kegan Paul, London, 1983.

来,研究人员通过不同方法对陶瓷器进行分析,出版了一批专著[①],发表了相当数量的鉴定报告与研究论文。研究成果主要包括以下 6 个方面。

1. 陶器起源的研究

涉及陶器起源的新石器时代早期的陶器在中国南方与北方地区均有发现。河北省徐水县南庄头、北京市怀柔区转年、江西省万年县仙人洞与吊桶环、湖南省道县玉蟾岩、广西壮族自治区桂林市甑皮岩与庙岩等遗址均发现有早期的陶片。最新公布的碳十四测年研究结果表明,湖南省道县玉蟾岩遗址陶片的年代约为距今 18 000 年到 1 7000 年[②],江西省万年县仙人洞遗址陶片的年代约为距今 20 000 年到 1 9000 年[③],这些最新的年代数据与以往这些遗址的年代数据均在距今 12 000 年左右,差距相当大,尽管对如何认识这些年代数据、如何把握这些陶器与陶器是新石器时代的标志之一之间的关系、如何理解后续的 6 000 年以上的空白等问题尚有待于认真探讨,至少目前公布的这些年代数据显示中国是东亚陶器出现年代最早的地区之一。

这里主要从制作工艺的角度进行探讨。吴瑞等对广西壮族自治区桂林市甑皮岩遗址最早一期地层(约为距今 12 000 年左右)中出土的呈圜底釜状的黏土制品(考古研究人员将其称为陶器)进行分析,确定它用捏塑法成型,

---

[①] 中国硅酸盐学会:《中国陶瓷史》,文物出版社 1982 年版。李家治主编:《中国科学技术史·陶瓷卷》,科学出版社 1998 年版。李家治等:《中国古代陶瓷技术科学成就》,上海科学技术出版社 1985 年版。中国科学院上海硅酸盐研究所:《中国古陶瓷研究》,科学出版社 1987 年版。李文杰:《中国古代制陶工艺研究》,科学出版社 1996 年版。罗宏杰:《中国古陶瓷与多元统计分析》,中国轻工业出版社 1997 年版。李家治、陈显求主编:《古陶瓷科学技术 1(ISAC'89)》,上海科学技术文献出版社 1989 年版。李家治、陈显求主编:《古陶瓷科学技术 2(ISAC'92)》,上海科学技术文献出版社 1992 年版。郭景坤主编:《古陶瓷科学技术 3(ISAC95)》,上海科学技术文献出版社 1995 年版。郭景坤主编:《古陶瓷科学技术 4(ISAC99)》,上海科学技术文献出版社 1999 年版。郭景坤主编:《古陶瓷科学技术 5(ISAC'02)》,上海科学技术文献出版社 2002 年版。郭景坤主编:《古陶瓷科学技术 6(ISAC05)》,上海科学技术文献出版社 2005 年版。罗宏杰、郑欣淼主编:《古陶瓷科学技术 7(ISAC09)》,上海科学技术文献出版社 2009 年版。

[②] 吴小红、[以]伊丽莎贝塔·博阿雷托、袁家荣、[美]欧弗·巴尔-约瑟夫、潘岩、曲彤丽、刘克新、丁杏芳、李水城、顾海滨、[以]韦琪·居、[美]大卫·科恩、[美]天朗·娇、[美]保罗·戈德伯格、[以]史蒂夫·韦纳:《湖南道县玉蟾岩遗址早期陶器及其地层堆积的碳十四年代研究》,《南方文物》2012 年第 3 期,第 7—16 页。

[③] 吴小红、张弛、[美]保罗·格德伯格、[美]大卫·科恩、潘岩、[美]蒂娜·阿平、[美]欧弗·巴尔-约瑟夫:《江西仙人洞遗址两万年前陶器的年代研究》,《南方文物》2012 年第 3 期,第 1—6 页。

推测其烧成温度尚未达到250℃,并认为这是陶器的雏形,属于陶器形成过程中的阶段性产物[①]。由于这个烧成温度为热释光测出,是推测的结果,仅能作为参考。周理坤等对河北省徐水县南庄头遗址(距今约10 000年左右)早期陶片的分析表明,这6块早期陶片中,仅1块的原始烧成温度略高于900℃,其余皆介于550℃～900℃之间,他们认为早期陶器的烧成温度不够均匀,总体偏低温,推测当时陶器的烧成方式为平地堆烧[②]。王昌燧等在完善陶器温度测试方法的基础上,通过对北京市门头沟区东胡林遗址(距今约10 000年左右)出土的陶片进行烧成温度测试,确认有3块陶片的烧成温度是在450～500℃之间,另外1块是在500℃～550℃之间,可见新石器时代早期的陶器为低温陶器[③]。总体上看,新石器时代早期的陶器在制作技术上至少有3个特点,即捏塑法成型、平地堆烧和低温烧成。

2. 制陶原料的研究

制陶原料包括制胎的黏土原料、羼合料和彩陶表面的彩绘颜料。学者们对制陶原料开展过多方面的研究,包括化学组成和显微物相等,重点解决陶胎的黏土原料的种类、加工工艺和彩绘颜料的种类等,并已取得较多研究结果。周仁指出,黄河流域一带的土壤主要为红土和沉积土,在化学组成上与古代陶片比较接近。他根据实验和调查的结果认为,该地区新石器时代和殷周时代的红陶、灰陶和黑陶,亦采用红土、沉积土、黑土和其他黏土制作[④]。李家治等认为,新石器时代的制陶原料主要为高铁质黏土,在有的地方还会使用高岭土;到商周时期,人们对原料选择提出更高的要求,集中表现在铁含量的降低和硅含量的提高上;而自商周时期以后,铁含量继续降低和硅含量继续增加,其对由陶过渡到瓷和提高瓷器的质量方面有着决定性

[①] 吴瑞、邓泽群、吴隽、李家治、傅宪国:《甑皮岩遗址出土陶器的检测与分析》,中国社会科学院考古研究所、广西壮族自治区文物工作队、桂林甑皮岩遗址博物馆、桂林市文物工作队编:《桂林甑皮岩》,文物出版社2003年版,第652—661页。吴瑞、吴隽、邓泽群、李家治:《广西桂林甑皮岩遗址陶器的科学研究》,《中国陶瓷工业》2005年第4期,第5—10页。
[②] 周理坤、王涛、李珺、任雪岩、王昌燧:《南庄头遗址早期陶器烧成温度研究》,《岩矿测试》2010年2期,第148—152页。
[③] 王昌燧:《科技考古进展》,科学出版社2013年版,第16页。
[④] 周仁、张福康、郑永圃:《我国黄河流域新石器时代和殷周时代制陶工艺的科学总结》,《考古学报》1964年第1期,第1—28页。

的作用①。李文杰认为,从新石器时代至汉代制作陶胎所用的黏土有普通易熔黏土、高镁质易熔黏土、高铝质耐火黏土、高硅质黏土或瓷石等4个类型②。

研究结果表明,陶工经常在陶器胎体中添加羼合料,加入羼合料主要是为了增强陶器的耐热急变性能和抗烧破能力,以提高陶器的使用性能。早期的岩相分析主要用于鉴别羼和料的矿物种类;自20世纪80年代以来,该方法拓展至物质成分的定量统计(如黏土、粉砂和砂的所占比例)③,岩相分析还可以鉴别出胎体中的夹杂物是人为添加的羼和料,还是黏土自带的非可塑性颗粒④。李家治等对浙江省余姚市河姆渡遗址的夹炭陶进行显微观察,指出此类陶器是在绢云母质黏土中添加炭化植物茎叶和稻壳制成的,并认为这些植物茎叶和稻壳是事先经过燃烧炭化,然后放到黏土中加水拌合后使用⑤。吉姆·史多盟(James Stoltman)等对河南省安阳市殷墟、洹北商城出土的陶器以及商代陶工可利用的土壤进行了岩相分析,在对每个切片内的粉砂、砂所占比例以及砂粒指数进行定量统计和计算的基础上,通过与本地土样的比较分析,发现当时制陶的原料相当广泛,一些原料甚至可能是由外地输入的,根据陶器功能的要求,陶器制作中的选料、配料和筛选等工艺程序可能有所不同⑥。

在新石器时代,彩绘陶器使用的颜料大多为矿物颜料,其通常以矿物中的铁、锰等元素着色。马清林等通过研究甘肃地区古代多个文化的陶器,指出浓黄土、褐铁矿和赤铁矿用作黄色、棕色和红色颜料,软锰矿和磁铁矿用作黑色颜料,重晶石、硬石膏和高岭土等用作白色颜料;另外,用作红彩颜料的

---

① 李家治:《中国陶器和瓷器工艺发展过程的研究》,李家治、陈显求、张福康、郭演仪、陈士萍:《中国古代陶瓷技术科学成就》,上海科学技术出版社1985年版,第1—19页。
② 李文杰:《中国古代制陶工艺研究》,科学出版社1996年版,第329—358页。
③ James Stoltman, A Quantitative Approach to the Petrographic Analysis of Ceramic Thin Sections. *American Antiquity*. 1989, 54(1): 147-160.
④ James Stoltman, The Role of Pertrography in the Study of Archaeological Ceramics, *Earth Sciences and Archaeology*. edlited by Paul Goldberg, Vance T. Holliday, and G. Reid Ferring, Kluwer Academic/Plenum Publishers, New York, 2001. pp. 297-326.
⑤ 李家治、陈显求、邓泽群、谷祖俊:《河姆渡遗址陶器的研究》,中国硅酸盐学会编:《中国古陶瓷论文集》,文物出版社1982年版,第1—4页。
⑥ James Stoltman、荆志淳、唐际根、George(Rip)Rapp:《商代陶器生产——殷墟、洹北商城出土陶器的岩相学分析》,荆志淳、唐际根、高嶋谦一编:《多维视域——商王朝与中国早期文明研究》,科学出版社2009年版,第198—218页。

还有朱砂,用作白彩的还有方解石和硬石膏的混合物等;并强调先民们已掌握多种矿物的显色以及焙烧后显色的变化情况,并能用几种不同的颜料调制色彩①。研究者们还确认了陶器上红陶衣或褐陶衣的原料为含铁量高的红黏土,白陶衣的原料为高岭土,黑陶衣的原料则为与陶胎原料相同的普通易熔黏土。彩陶中红彩的主量元素为硅和铝,较多量元素为铁;黑彩的主量元素为硅和铝,较多量元素为铁和锰;棕彩与黑彩的化学组成相同,但棕彩的锰含量低于黑彩,而铁含量高于黑彩;白彩的化学组成与白陶衣相同,是以高岭土为颜料②。

3. 陶器成型工艺研究

陶器成型工艺研究是揭示其技术特征的重要手段(图 12-1)。20 世纪 80 年代以来,陶器成型工艺研究取得了长足进展。李文杰等从观察陶器表面遗留的制作痕迹的角度,分析新石器时代到青铜时代陶器的成型工艺,认定存在捏塑、泥片贴筑和泥条盘筑等多种成型方法③。另外,还有慢轮和快轮成型技术,于洁以相关民族志调查为基础,提出轮制制陶技术包括经典轮制法、泥条拉坯轮制法和分段轮制法 3 个类型,并指出陶器使用轮制技术的主要标准④。然而,明显的制作和使用痕迹通过肉眼即可观察到,但是要得到一些微观痕迹以及陶器成型工艺的内部特征等信息,则需要借助 X 射线照相、工业 CT 等技术进行观察。其主要是观察泥条痕迹、不同部件(如腹壁和底)的结合方式、羼和料形状以及内部气孔大小、排列方式等,进而认识陶器的性能、制作方式及技术细节⑤。杨军昌利用 X 射线照片,辨识出汉代彩俑的头部和

---

① 马清林、李现:《甘肃古代各文化时期制陶工艺研究》,《考古》1991 年第 3 期,第 263—273 页。
② 李文杰:《中国古代制陶工艺研究》,科学出版社 1996 年版,第 329—358 页。
③ 同上书,第 329—358 页。
④ 于洁:《试论轮制陶器技术及其特点》,《南方文物》2015 年第 4 期,第 128—133 页。
⑤ Roel J. Jansen, Hans F. W. Koens, Cornelis W. Neeft, Jaap Stoker, Scenes from the Past: CT in the Archaeologic Study of Ancient Greek Ceramics. *Radio Graphics*, 2001, 21(2): 315—321. R. H. Johnston、R. E. Alexander 著,郭演仪译:《古陶瓷静电复印 X 射线照相术——一种无损检验和研究工具的新进展》,李家治、陈显求主编:《古陶瓷科学技术国际讨论会论文集 1(ISAC'89)》,上海科学技术文献出版社 1992 年版,第 12—14 页。范黛华:《西亚地区和中国北方新石器时代陶器的成型方法》,李家治、陈显求主编:《古陶瓷科学技术国际讨论会论文集 1(ISAC'89)》,上海科学技术文献出版社 1992 年版,第 6—9 页。

身体中空,而且在彩俑侧面发现一条沿垂直方向的裂缝,据此认为彩俑应为前后两部分分别模制,之后粘接在一起,修整后入窑烧制,再打底施彩①。范黛华(P. Vandiver)等人拍摄了反映山东省日照市两城镇遗址出土的部分陶杯、罐以及把手的内部结构的 X 射线照片。从这些照片中可以清楚地看到陶器壁气孔(白色空间)的排列方式。经过比较,他们发现这些气孔与陶器底部或内壁水平的轮旋痕迹呈对角线,它们的长度是宽度的 10～40 倍,比现代陶器的气孔长;而且,气孔沿水平线 30～45 度排列,反映出陶轮作圆周旋转时力的向量和陶匠用手提升坯体时力的向量;此外,根据 X 射线照片,判断出小容器、器盖和把手是采用快轮拉坯成型的②。

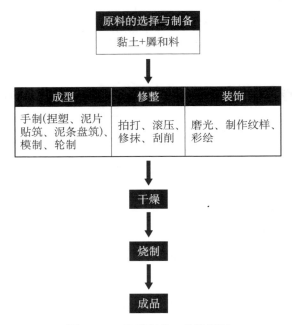

图 12-1　陶器制作工艺流程图
(山西大学历史学院王小娟博士提供,稍作修改)

---

① 杨军昌:《X 光照相技术在文物及考古学研究中的应用》,西安文物保护修复中心编著:《文物保护科学论文集》,文物出版社 2000 年版,第 21—27 页。
② 范黛华、栾丰实、方辉、于海广、蔡凤书、文德安:《山东日照市两城镇龙山文化陶器的初步研究》,《考古》2005 年第 8 期,第 65—73 页。

4. 陶器的烧成研究

（1）陶器的烧成温度

一般情况下，陶器的烧成温度是反映其制作工艺水平的重要指标。前文提到新石器时代早期平地堆烧的陶器的烧成温度可能在450℃～550℃。周仁等对黄河流域新石器时代和殷周时期陶器的烧成温度分析后指出，灰陶和红陶的烧成温度为950℃～1 050℃，黑陶的烧成温度约在1 000℃左右，殷墟时期硬陶的烧成温度高达1 180℃，而山西省侯马市晋国遗址釉陶的烧成温度甚至高达1 230℃，显示了中国古代陶瓷烧制技术不断进步，其应当与窑炉的改进有着密切的关系[1]。李家治通过对陶器烧成温度的测定进一步指出，新石器时代陶器的烧成温度均在1 000℃以下，一般约为950℃；到了商周时期，印纹硬陶烧成温度已提升到1 200℃左右。陶器的烧成温度也是窑炉和高温技术发展的重要体现[2]。彭小军等研究了长江中游地区史前时期的30余处陶窑，认为长江中游地区先后经历了同穴窑、横穴窑和竖穴窑之间的替代演变，并伴随着陶窑形制的变化，其细部结构尤其是建造方式等方面也表现出明显的区域性特征[3]。

（2）黑陶的烧成工艺

周仁等认为，新石器时代的黑陶制作与烧成工艺有密切联系，其通体漆黑的成因跟渗碳有关。在密封的陶窑内，植物在氧气不足的情况下将产生富含碳元素的黑色浓烟，黑烟中的微小碳颗粒逐步渗入陶器的表层，致使陶器外表发黑、致密，此即渗碳工艺[4]。李家治等通过对山东省龙山文化蛋壳黑陶的化学分析，发现它的最大特点是烧失量特别高，这是在烧成将要结束时用熏烟法进行渗碳的结果[5]。李文杰对湖北省秭归县关庙山遗址大溪文化的黑

---

[1] 周仁、张福康、郑永圃：《我国黄河流域新石器时代和殷周时代制陶工艺的科学总结》，《考古学报》1964年第1期，第1—28页。
[2] 李家治：《中国陶器和瓷器工艺发展过程的研究》，李家治等编：《中国古代陶瓷技术科学成就》，上海科学技术出版社1985年版，第1—19页。
[3] 彭小军、郭长江：《长江中游地区史前陶窑及其与陶器生产初探》，《南方文物》2015年第4期，第122—128页。
[4] 周仁、张福康、郑永圃：《我国黄河流域新石器时代和殷周时代制陶工艺的科学总结》，《考古学报》1964年第1期，第1—28页。
[5] 李家治：《中国陶器和瓷器工艺发展过程的研究》，李家治、陈显求、张福康、郭演仪、陈士萍等：《中国古代陶瓷技术科学成就》，上海科学技术出版社，1985年版，第1—19页。

陶研究，认为其采用渗碳工艺制成，渗碳方法有两类，分别是窑内渗碳和窑外渗碳。其中窑外渗碳法包括单个渗碳、扣合渗碳、摞叠渗碳和垫木条渗碳法等。他指出，渗碳层的深浅主要取决于渗碳保温时间的长短，渗碳时间长，胎芯变成黑色；渗碳时间短，仅表皮变成黑色，胎心仍呈原色。这说明大溪文化不同遗址的黑陶工艺极为相近①。

（3）唐三彩的烧成工艺

唐三彩是一种低温铅釉陶器，由于其胎体未烧结、质地松脆，吸水率和气孔率均较高，而被界定为陶器。其始于南北朝，兴于初唐，故称唐三彩，另有宋三彩和辽三彩。唐三彩的烧制采用二次烧成法，其胎体在窑内经过 1 000℃～1 100℃ 素烧，然后将焙烧过的素胎冷却，再施以各种调配好的铅釉，入窑烧制，其烧成温度约为 800℃。在色釉中加入不同的金属氧化物，经过焙烧便会形成多种色彩，但多以黄、白和绿三色为主②。

5. 陶器的产地与流通研究

陶器产地分析是探索和解决古代考古学文化的传播与物料流通的重要手段。王增林等利用中子活化分析技术（NAA）对山东省曲阜市西夏侯、临朐县西朱封和茌平县教场铺等 3 处遗址出土陶器进行分析，指出西夏侯遗址陶器样品的各种化学元素含量相近，其原料应属一源性；教场铺遗址大多数陶器样品的化学元素含量较为相近，其原料应是同一产地，个别标本的化学元素含量略显不同，可能另有来源或采用不同的配方；西朱封遗址的情况较为复杂，部分标本与该遗址其他标本不同，说明陶器成分复杂，来源可能较为广泛，结合西朱封遗址出土的一批龙山时代的大型墓葬，表明该遗址具有较高的等级，应是一方的政治、经济和文化中心，不同来源的陶器可能与其他地方的交流相关③。王增林等还确认了山东地区多个龙山文化遗址出土的陶鬶既有当地制作的，也有别的地方传入的。他还指出，山东地区岳石文化的陶器制作技术传播到河南省偃师市二里头遗址，二里头遗址中高等级的陶器来自不同的

---

① 李文杰、黄素英：《浅说大溪文化陶器的渗碳工艺》，《江汉考古》1985 年第 4 期，第 46—51 页。
② 李家治编：《中国科学技术史·陶瓷卷》，科学出版社，1998 年版，第 467—471 页。
③ 王增林、梁中合、袁靖、田伟之、倪邦发、王平生：《山东地区龙山文化陶器的中子活化分析与研究》，《考古》2003 年第 10 期，第 86—94 页。

地方等①。

崔剑锋等对四川省茂县营盘山和波西这两个地点出土的彩陶进行化学分析,认为在新石器时代晚期,四川省西部岷江上游地区和甘青地区马家窑文化腹地存在着长时间的彩陶贸易,以甘肃省临洮县马家窑遗址等为中心区域的甘肃马家窑文化的腹地是这些彩陶真正的源头②。

此外,有研究指出,同属于二里头文化的河南省登封市南洼遗址出土的作为高级别礼器的白陶并非来自二里头遗址,这两个遗址出土的白陶应该有各自的制陶场所。豫西地区的仰韶文化与甘青地区的马家窑文化之间存在交流,二里头文化中存在某些南方地区文化的因素,上海市广富林文化的来源是多样的,这些都反映了当时南北方不同地区文化的相互交流和影响③。

6. 宜兴紫砂陶性能研究

韩人杰等认为,宜兴紫砂陶壶制作始于明武宗正德年间,明末臻于成熟,相关研究表明,宜兴紫砂制品具有特殊的性能。宜兴紫砂泥的主要矿物成分为水云母,并含有不等量的高岭石、石英、云母屑和铁质等;紫砂制品具有"双重"气孔的结构特征,一种是以链状气孔的形状包围着原始团粒,另一种气孔是团粒内部各矿物之间,在烧成过程中因收缩不一致而形成许多椭圆形及形状不规则的微细气孔,有开口和闭口之分,尺寸一般在 1~3 微米(μm)。由于存在这种特殊结构,从茶水浸出物的溶出量上看,紫砂壶能较好地保持茶的色香和茶味,而且使用越久、器身色泽越发光润④。吴隽等根据不同时期宜兴紫砂陶物理性能的变化规律,发现宜兴紫砂陶各时期的发展演变受到紫砂泥原料的选择、加工处理工艺和烧造技术等多种工艺技术的影响;紫砂壶的气孔特征属于多层气孔状结构,这种气孔结构的特点直接影响它在品茶过程中

---

① 王增林、梁中合、袁靖、田伟之、倪邦发、王平生:《山东地区龙山文化陶器的中子活化分析与研究》,《考古》2003年第10期,第86—94页。王增林、许宏:《二里头遗址陶器样品中子活化分析与研究》,中国社会科学院考古研究所编:《科技考古》(第二辑),科学出版社2007年版,第83—96页。
② 崔剑锋、吴小红、杨颖亮:《四川茂县新石器遗址陶器的成分分析及来源初探》,《文物》2011年第2期,第79—85页。
③ 罗宏杰:《陶制品研究》,《中国文物报》2009年8月21日。
④ 韩人杰、叶龙耕、贺盘发、李昌鸿、高海庚:《宜兴紫砂陶的生产工艺特点和显微结构》,《硅酸盐通报》1984年第4期,第26—36页。

的效果,因此具备优良的使用功能[①]。

(二) 原始瓷研究

1. 原始瓷釉的起源

原始瓷釉是最早出现的釉,记录着釉形成过程的信息[②]。从20世纪60年代开始,其一直是中国陶瓷界和考古界关注的研究课题,许多专家学者做了大量工作,针对中国原始瓷釉的起源,提出多个有重要价值的看法,归纳起来有以下4个方面:第一,起源于易熔黏土。窑炉建造时使用了耐火度低的黏土原料,窑炉内壁局部直接受火的部位被熔化,以及当偶然使用了低熔点的黏土原料制坯时,在火力猛烈的情况下近火部位的黏土表面被熔化所致[③]。第二,起源于草木灰或草木灰配以适量黏土[④]。主要因为商周时期高温釉的化学组成的特点是氧化钙(CaO)、五氧化二磷(P_2O_5)和氧化锰(MnO_2)含量都很高,和草木灰在化学组成上有许多相似之处,其受草木灰在高温下转化成一层玻璃态物质的启发所致。第三,起源于陶衣和泥釉[⑤]。陶衣和泥釉的原料都是与陶胎所用的原料相类似的黏土,不过颗粒度要细得多。第四,柴灰落在制品或窑壁上,与制品或窑壁产生了共熔,或在器物的局部形成闪闪发光且很薄的光亮层,或在高温窑壁上形成的所谓"窑汗"所致[⑥]。一般情况下,原始瓷釉层较薄,且厚薄不均,缩釉出现纹理,玻化不均匀,釉中有气泡,部分器物有剥釉现象,反映了其施釉和烧制技术的原始性(图12-2)。

[①] Juan Wu, Tiejun Hou, Maolin Zhang, Qijiang Li, Junming Wu, Jiazhi Li, Zequn Deng, An Analysis of the Chemical Composition, Performance and Structure of China Yixing Zisha Pottery from 1573 A.D. to 1911 A.D.,*Ceramics International*,2013,(39):2589-2595.
[②] 李家治:《我国瓷器出现时期的研究》,《硅酸盐学报》1978年第3期,第190—198页。
[③] 陈尧成、张筱薇:《夏商原始瓷和瓷釉起源研究》,郭景坤主编:《02古陶瓷科学技术5国际讨论会论文集》,上海科学技术文献出版社2002年版,第32—40页。
[④] 吴隽、张茂林、吴军明、李其江、李家治、邓泽群、江夏:《中国陶瓷釉的多元化起源与初步发展探析》,《中国科学》2011年第2期,第223—228页。
[⑤] 李家治:《浙江青瓷釉的形成和发展》,《硅酸盐学报》1983年第1期,第1—18页。李家治、邓泽群、张志刚:《浙江江山泥釉黑陶及原始瓷的研究》,中国科学院上海硅酸盐研究所:《中国古陶瓷研究》,科学出版社1987年版,第56—63页。
[⑥] 李家治、陈显求、张福康、郭演仪、陈士萍:《中国古代陶瓷科学技术成就》,上海科学技术出版社1985年版,第187—192页。张福康:《中国传统高温釉的起源》,中国科学院上海硅酸盐研究所:《中国古陶瓷研究》,科学出版社1987年版,第41—46页。

图 12-2　湖北省随州市叶家山墓地出土原始瓷釉显微照片
a 和 b：原始瓷釉表面；c 和 d：原始瓷釉剖面
（北京大学考古文博学院郁永彬博士提供，稍作修改）

2. 原始瓷的产地

按照迄今为止的认识，由于高温技术和原料的突破，自公元前 1750 年左右，河南省偃师县二里头遗址开始出现原始瓷，迄今在南方地区和北方地区的考古发掘中均有发现。然而，学者们围绕中国北方地区的陕西省和河南省的商周都邑遗址和贵族墓葬出土的原始瓷的产地问题争论已久。这个争论始于 20 世纪 60 年代，迄今为止主要有 3 种观点：主张"北方当地生产说"的代表人物为安金槐[①]，"南方输入说"的代表人物是周仁和李家治等[②]，"产地多

[①] 安金槐：《谈谈郑州商代瓷器的几个问题》，《文物》1960 年第 8、9 期，第 68—70 页。安金槐：《河南原始瓷器的发现和研究》，《中原文物》1989 年第 3 期，第 189—194 页。
[②] 周仁、李家治、郑永圃：《张家坡西周陶瓷烧造地区的探讨》，《考古》1961 年第 8 期，第 444—446 页。罗宏杰、李家治、高力明：《北方出土原始瓷烧造地区的研究》，《硅酸盐学报》1996 年第 3 期，第 297—301 页。

源说"的代表人物是王昌燧等①。这3种观点的争论延续至今。"北方说"认为，北方出土的商周原始瓷在器类、形制方面具有北方特征，与南方吴城等地的产品有差异，并指出郑州地区的遗址曾见到"烧裂的原始瓷残品"，不应为外地运来。

"南方说"的论据如下：①南北方出土的原始瓷主次量化学元素数据点混处在一个区域，有些甚至重叠在一起；北方出土原始瓷并没有表现出北方陶与瓷胎的高氧化钙含量的特征，其在化学组成上不存在像南方那样承前启后的渊源关系②；②通过运用中子活化方法测量商周时期的陶片、原始瓷和印纹硬陶的主次量和痕量元素组成，发现吴城及其邻近地区很可能是商代原始瓷器的生产与供应基地。自殷墟晚期开始，除吴城地区之外，出现了新的原始瓷的供应地点或地区，它们似乎也在南方③。

"产地多源说"的论据有：①运用电感耦合等离子体原子发射光谱法测量多个遗址的原始瓷和印纹硬陶胎体的微量及痕量元素组成，发现其结果不支持中国北方出土商代原始瓷来源于南方的观点，因而中国古代的原始瓷具有多个产地④；②通过对各地原始瓷胎进行显微结构分析，发现南方窑址的原始瓷样品的粒度总体偏细，北方原始瓷样品含有较粗的颗粒物，掺杂了异源石英，北方原始瓷的制瓷原料和南方明显不同，它们不可能是同一地区生产的⑤。

近年来，在中国南北方地区均发现早于商代的原始瓷，以及白陶和釉陶，为原始瓷的起源研究提供了新材料，今后需要结合这些遗物的考古学背景进行深入研究。

---

① 王昌燧编著：《科技考古进展》，科学出版社2012年版。朱剑、王昌燧、王妍、毛振伟、周广明、樊昌生、曾小敏、沈岳明、宫希成：《商周原始瓷产地的再分析》，《南方文物》2004年第1期，第19—22页。夏季、朱剑、王昌燧：《原始瓷胎料的粒度分析与产地探索》，《南方文物》2009年第1期，第47—52页。
② 罗宏杰、李家治、高力明：《北方出土原始瓷烧造地区的研究》，《硅酸盐学报》1996年第3期，第297—301页。
③ 陈铁梅、Rapp G. Jr.、荆志淳、何驽：《中子活化分析对商时期原始瓷产地的研究》，《考古》1997年第7期，第39—52页。
④ 朱剑、王昌燧、王妍、毛振伟、周广明、樊昌生、曾小敏、沈岳明、宫希成：《商周原始瓷产地的再分析》，《南方文物》2004年第1期，第19—22页。
⑤ 夏季、朱剑、王昌燧：《原始瓷胎料的粒度分析与产地探索》，《南方文物》2009年第1期，第47—52页。

（三）瓷器研究

周仁等于 20 世纪 50 年代开始对瓷器进行研究[①]。数十年来，科研人员在瓷器的科技考古研究中取得不少成果，大致可以概括为 3 个方面：

1. 瓷釉的发展历程研究

釉是附着于陶瓷坯体表面的连续玻璃质薄层，具有与玻璃相类似的性质。釉以石英、长石等为原料，经研磨、加水调制后涂覆于坯体表面，再经焙烧而成。周仁等针对江西省景德镇市景德镇瓷器的原料、胎和釉等进行了具体研究[②]。李家治通过对考古遗址出土原始瓷和瓷器釉的分析，大致将中国瓷釉的形成和发展分为以下几个阶段：商代以前的釉的孕育阶段、商周时期的釉的形成阶段、秦汉到五代时期的釉的成熟阶段、宋代以后的釉的提高阶段[③]。

商代以前釉的孕育阶段。河南省偃师市二里头遗址发现带有透明、光亮和不吸水的原始瓷釉或釉陶，也包括陶器上的陶衣和泥釉[④]。

商周时期釉的形成阶段。商周时期出现的釉是一种高温釉，釉层一般都比较薄，助熔剂含量增至 20％左右，大致可分为两类：第一类含有较高的熔剂，特别是氧化钙的含量较高，氧化铁（Fe_2O_3）的含量一般都较低，主要以钙（Ca）、钾（K）和镁（Mg）等为助熔剂的青色高钙釉，透明度较高；第二类的特点是氧化钙含量较低，其主要助溶剂是氧化铁和氧化钾（K_2O），釉呈现深酱色或黑色，遮盖能力较强，对于不同的装饰效果追求，各有其特点和功能[⑤]。

秦汉到五代时期釉的成熟阶段。这个阶段包括南方的越窑青釉和北方的邢、巩和定窑的白釉。目前学术界普遍认为，浙江省绍兴市小仙坛越窑东汉晚期的青瓷已达到成熟瓷器的标准，釉呈青灰色，厚薄均匀，釉中很少残留

[①] 周仁、郭演仪、李家治：《景德镇制瓷原料及胎、釉的研究》，周仁等著：中国科学院冶金陶瓷研究所专刊《景德镇瓷器的研究》，科学出版社 1958 年版，第 13—45 页。
[②] 周仁、郭演仪、李家治：《景德镇制瓷原料及胎、釉的研究》，周仁等著：中国科学院冶金陶瓷研究所专刊《景德镇瓷器的研究》，科学出版社 1958 年版，第 13—45 页。
[③] 李家治：《中国陶器和瓷器工艺发展过程的研究》，李家治、陈显求、张福康、郭演仪、陈士萍：《中国古代陶瓷技术科学成就》，上海科学技术出版社 1985 年版，第 1—19 页。
[④] 鲁晓珂、李伟东、罗宏杰、许宏、赵海涛、袁靖：《二里头遗址出土白陶、印纹硬陶和原始瓷的研究》，《考古》2012 年第 10 期，第 89—96 页。
[⑤] 李家治：《中国科学技术史·陶瓷卷》，科学出版社 1998 年版，第 86—104 页。

石英和其他结晶,胎釉结合好,无剥釉现象,釉中氧化铁和二氧化钛(TiO_2)的含量均较低,烧成温度达到 1 300℃以上[①]。关于邢、巩、定窑的白瓷釉,其早期瓷釉中助熔剂含量较高,部分瓷釉的氧化钾含量超过氧化钙含量,形成碱钙釉,有些瓷釉中氧化镁(MgO)含量较高,形成钙镁碱釉,这些钙镁碱釉形成中国北方白釉瓷的特点,后期瓷釉中助熔剂降低,氧化物(RO)中的氧化钙和氧化铁含量显著降低,使得釉色光润洁白,出现"类银""类雪"的效果[②]。

宋代以后釉的提高阶段。宋代时期釉多为带不同色调的颜色釉,釉层较厚;以铁着色的青釉内有很多小气泡及微小钙长石析晶和残留石英,使得釉层呈乳浊现象,釉面细腻、光泽柔和;釉色种类较多,其主要取决于釉中氧化铁的含量和烧成温度及气氛,釉中氧化钾和氧化钠(Na_2O)的含量对釉色也有影响。元、明时期青瓷釉中氧化钙含量与宋代青瓷釉接近,部分产品氧化钙含量略低,而氧化钾含量偏高,其和南宋青釉一样均属钙碱釉[③]。

宋代至清代出现较多烧造名瓷的窑口,如官窑、哥窑、汝窑、钧窑、临汝窑、耀州窑、磁州窑、吉州窑、龙泉窑、建窑、德化窑、长沙窑和宜兴窑,以及集各窑之大成的景德镇窑。

2. 瓷器断源和断代研究

由于不同产地、不同时代的古陶瓷在原料来源、原料配方和处理技术方面的变化和不同,其最终的化学组成模式也存在相应的特点和差异。因此,可以利用古陶瓷化学组成的差异来进行古陶瓷的断源和断代。中国科学院上海硅酸盐研究所利用 X 射线荧光分析(EDXRF)方法开展了瓷器断源和断代研究,其以中国数十个窑系和类别的瓷器的化学成分数据库(近万组数据)为比对标准,并研制了针对古陶瓷化学元素测定的标准样品,建立了一整套分析方法,利用多元统计分析处理数据,取得了一定进展[④]。

[①] 李家治:《中国科学技术史·陶瓷卷》,科学出版社 1998 年版,第 116—126 页。
[②] 李家治:《中国科学技术史·陶瓷卷》,科学出版社 1998 年版,第 151—161 页。
[③] 李家治:《简论中国古代陶瓷科技发展史》,《建筑材料学报》2000 年第 1 期,第 7—13 页。
[④] 吴隽、李家治、吴瑞:《EDXRF 在古陶瓷断源断代无损分析中的应用》,郭景坤主编:《古陶瓷科学技术国际讨论会论文集 6(ISAC'05)》,上海科学技术文献出版社 2005 年版,第 502—504 页。

目前利用化学元素的组成对瓷器进行断源和断代研究已取得不少成果。承焕生等利用质子激发 X 荧光分析技术(PIXE)检测了江苏省扬州地区及河南省巩义市黄冶窑出土唐代青花瓷的化学成分,显示扬州出土唐青花瓷的氧化铝和二氧化钛的含量与黄冶窑烧造的唐青花瓷成分接近,二者采用的钴料成分也比较接近,其特点是钴料中锰含量均很低,同时含铁量均不高①。李保平等用电感耦合等离子体质谱仪(ICP-MS)测试了宋元时期磁州窑、吉州窑和龙泉务窑瓷胎的 39 种微量元素,发现微量元素特征能反映 3 个窑口不同种类的瓷胎原料及其矿物组成,因此可对这 3 个窑口产品进行明确区分;磁州窑元代与宋代及金代样品之间、龙泉务窑粗细两组瓷器之间的化学组成特征明显不同,因此可利用微量元素对不同窑口的瓷器进行断源②。

3. 颜色釉瓷呈色机理研究

颜色釉瓷呈色机理一直是陶瓷科技考古研究的重点,其可以揭示颜色釉的成因,对深层次认识中国古代颜色釉瓷的科技与文化内涵具有重要意义。福建省建窑出土曜变天目瓷因其呈色特殊性,引起学者极大关注。陈显求等发现建窑供御油滴残片釉色褐黑,内釉散布略带伸长的油滴斑点,每个斑点都是一个光滑的反射面,反射出比较强烈的银白色光,他用萃取复型法将油滴斑制成透射电镜专用试样,发现油滴斑主要是由一层纳米级尺寸的磁铁矿多晶沿釉表面随机分布,形成强烈反射光线的镜面,才会出现上述色泽③。李伟东等针对宋代建窑、吉州窑和耀州窑兔毫黑釉瓷的兔毫形成机理研究,指出建窑兔毫黑釉的形成机理分为釉面局部液相分离导致氧化铁析晶形成机理、钙长石析晶引起晶间液相分离导致氧化铁析晶形成机理这样两种,吉州窑和耀州的窑兔毫黑釉均为釉面局部液相分离导致氧化铁析晶形成机理所致。在耀州窑兔毫纹中,除赤铁矿晶体外还含有较多的硅

---

① 承焕生、孙新民、郭木森、朱丹、林嘉炜:《唐青花产地的 PIXE 研究》,郭景坤主编:《古陶瓷科学技术国际讨论会论文集 6(ISAC'05)》,上海科学技术文献出版社 2005 年版,第 153—155 页。
② 李保平、赵建新、K. D. Kollereson、A. Greig:《电感耦合等离子体质谱分析在中国古陶瓷研究中的应用》,《科学通报》2003 年第 7 期,第 247—249 页。
③ 陈显求、黄瑞福、陈士萍:《供御油滴和龟背兔毫——建盏中的两个特异的品种》,李家治、陈显求主编:《古陶瓷科学技术国际讨论会论文集 1(ISAC'89)》,上海科学技术文献出版社 1992 年版,第 61—63 页。

酸锆（$ZrSiO_4$）晶体，这是耀州窑兔毫黑釉瓷区别于其他窑口兔毫黑釉瓷的重要依据[①]。

乳浊釉和窑变釉的呈色机理也是学者关注的重点。李伟东等对青瓷钙釉的微观结构及其析晶和分相机理进行分析，发现析晶和分相所形成的显微结构将影响瓷釉的外观，釉中的钙长石微晶导致釉的玉质感，入射光在分相结构上的瑞利散射，使釉呈现青蓝色调[②]。罗永明等采用 X 射线能谱（XPS）分析技术研究了铁（Fe）和铜（Cu）元素在钧瓷紫釉和青釉中的存在形态，发现钧瓷青釉和紫釉中的铁元素有 3 种存在形式，且以氧化亚铁（FeO）为主；铜元素有 4 种存在形式，其中的氧化亚铜（Cu_2O）只存在于釉瓷表层[③]，这一认识为探讨古代钧釉瓷呈色机理提供了有益的资料。

二、思考

经过研究人员的共同努力，在陶器起源、陶器制作的原料、陶器的成型工艺、陶器的烧成温度、陶器的产地与流通、原始瓷釉的起源、原始瓷的产地、瓷釉的发展历程、瓷器断源和断代及颜色釉瓷呈色机理等方面的研究均取得了较多具有重要价值的研究结果，为探讨古代陶瓷制作技术的发明与发展对人类社会历史的影响及促进作用提供了有益的启示。

在肯定研究成果的基础上，仍有 5 点需要认真思考的问题。

其一，探讨陶器的起源及发展还需注重新技术和新方法的引入与适用性研究。对于早期陶器起源的时间、地点以及工艺特征等，尚需进一步深入研究。另外，新石器时代陶器中夹砂、夹碳陶器占有一定比重，如何通过制定相应的特殊样本处理方法和流程，以降低由于夹砂、夹碳陶器的严重非均匀性分布给分析数据的通用性所带来的不利影响，这是必须解决的问题；再有，在进行陶器成分测试时，选择何种仪器以提高数据的可比性，关系到陶器的研

[①] 李伟东、张玮、鲁晓珂、郑乃章、罗宏杰：《中国古代兔毫黑釉瓷的组成及结构》，《建筑材料学报》2011 年第 3 期，第 329—334 页。

[②] 李伟东、邓泽群、李家治：《中国古代钙釉中的析晶和分相》，郭景坤主编：《古陶瓷科学技术国际讨论会论文集 6(ISAC'05)》，上海科学技术文献出版社 2005 年版，第 116—119 页。

[③] 罗永明、潘伟、李淑琴、赵海雷、王俭：《钧釉呈色机理及烧制工艺的研究》，《陶瓷》2000 年第 6 期，第 23—26 页。

究方向,需要慎重考虑。

其二,加强陶器比较研究的关键技术参数与表征指标的研究。在进行陶器比较研究时,需要获取样品的原料处理、烧制工艺、成型技法、关键物相组成和含量、胎体岩相、气孔尺寸大小与分布状态,以及烧成温度等信息的准确定量数据,需要重点解决如何设定标准、确定关键工艺技术参数,在此基础上比较陶器制作工艺的异同,这是科学地探讨不同文化的陶器制作技术与文化跨区域交流互动研究的基础。

其三,原始瓷、瓷釉和瓷器的起源问题。随着考古发掘不断深入,近年在上海市马桥、山西省陶寺、河南省二里头等重要遗址发现了白陶、原始瓷和釉陶等,为探索原始瓷和瓷釉的起源提供了重要资料。白陶有高岭土质、瓷石质和高镁质等,其是否与原始瓷起源有关,白陶工艺结合釉陶工艺是否对原始瓷制作起到推动作用,尚需要认真分析。另外,随着考古材料不断丰富,青瓷、白瓷和青花瓷等的起源问题亦须深入研究。

其四,加强陶瓷民族考古学和模拟实验研究。通过古陶瓷制作的民族学调查和模拟实验研究,可以深层次、全方位地理解古陶瓷制作原料的选取和加工、泥料的配置、陶瓷的成型、装饰和烧成工艺、制作陶瓷的生产组织和管理以及成品的流通、使用和废弃等,进而更好地认识古代人类社会的文化与生活。陶瓷民族学研究已取得一定结果,而模拟实验研究在国内尚处于起步阶段,相关理论、实践与方法还在摸索之中,有待进一步的努力。

其五,陶瓷器工艺研究应回归社会、文化和历史。以往关于陶器的科技考古研究更多侧重于技术层面,对社会层面的剖析不够,对陶器的生产和消费等生产组织方面的研究尚须深入探索。以往关于瓷器的科技考古研究多注重从陶瓷材料学的角度揭示其科技价值,然而每种新瓷品的发明均应有一定的社会背景。比如,认识中国古代社会几次大规模的人口迁徙对南北方制瓷业的影响,应用科技分析的结果对这些影响或变化进行阐释,深层次地揭示瓷器制作工艺与文化内涵的关系。另外,持续对古代各名窑瓷器进行科技考古研究,揭示其技术特征,有利于再现与复仿古代名瓷工艺,以丰富现代社会物质文化生活。

本章小结 研究人员借助材料观测、分析技术和数据处理系统,对古代陶瓷器进行系统的年代、成分、结构、物理性能和成型工艺等方面的测试分析,在陶瓷器的起源、制作原料、成型工艺、烧成工艺、产地与流通、物理化学性能和呈色机理等方面取得较多具有重要价值的研究结果。然而,随着不断发掘出土的考古材料,出现了新的学术增长点,需要持续深入开展陶瓷器制作工艺的研究,着力解决古陶瓷研究中面临的新课题。

第十三章

玉石器科技考古

> **内容提要** 玉石器科技考古就是探讨器物的材质、来源和制作过程。在探讨原料的获取和玉石器制作工艺的基础上,可以认识当时的技术水平、工艺流程,进而讨论当时的生产关系特征,最终参与社会状况的研究。

第一节 概述和方法

一、概述

石器和玉器本身具有特殊的相关性,故放在一章内分别阐述。

石器是考古遗址出土的主要遗物之一,对石器的选材、制作、使用及功能的分析是考古学尤其是史前考古学研究的重要课题之一。它能够为我们认识古代人类文化的各个层面,特别是生产技术领域的各个方面提供十分有价值的资料,有助于开展有针对性的比较研究,探讨与生产力相关的学术问题。

与石器类似,对玉器材质的鉴定和制作工艺的探讨,是从科技考古的角度分析玉器的主要焦点。从原料和工艺的角度开展研究,是认识当时生产状况的重要内容,最终目的是探讨社会性质问题。

二、研究方法

(一)石器

1. 野外采集

在发掘过程中要全面收集所有出土的石器标本,包括原料、石坯、半成品、成品、生产与使用后的废料、碎屑等,必要时可以借助过筛子的方法进行收集。

为了对石器开展全方位的研究,有时可以将石器连同周围的泥土一起装入标本袋中,这样也为石器的残留物分析、淀粉粒分析和动物血迹分析等研究提供了材料保证。在收集过程中,要做好每一件标本的编号与坐标记录,以便在室内进行资料整理与相关研究。总之,取样时的全面考虑是保证后续研究能够顺利进行的关键。

2. 室内分析

室内分析主要包括3个方面。

(1) 石料产地的研究

石料是十分重要的自然资源,而原料对于石器工业的面貌与技术传统有很重要的影响。对磨制石器的原料来源的关注和研究是生产技术研究中的重要内容,详尽地了解遗址周围的地质情况和岩石特性,有利于认识当地石料资源的利用情况和人群活动的特点,有利于在一定程度上认识当时的人地关系。

大多数情况下,需要地质专家用肉眼对石器标本的材质进行鉴定,这种方法快捷无损。但根据研究目的的不同,有时需要对标本的岩性做更精确的鉴定,这就需要使用薄片鉴定法对石料的矿物成分进行定量分析。对于诸如燧石之类矿物成分比较单一的石料,还需要使用电子探针(EPMA)或电感耦合等离子体发射光谱(ICP-AES)进行微量元素的分析。这些方法都是有损或微损的方法,需要慎重使用。但是在探讨石料来源的时候,经常是不可或缺的。

(2) 石器的生产过程研究

石坯、半成品、成品和废料等都是石器生产中不同阶段的产物，根据石器标本以及石器制作过程中在加工地遗留下来的副产品和废料等，进行空间位置分析，可以帮助我们在一定程度上复原当时的生产过程。

另外，定量分析方法可以从量化的角度比较分析石器制作技术的特点，考察是否实现专业化的石器生产。该方法通过使用精度较高的电子数显卡尺测量石器的长度、宽度、厚度和孔径等变量，使用专业的测角工具"万能角度尺"测量刃部的角度；再将全部测量数据输入 Excel 表格中，进行数据统计，对各种变量进行比较分析。

(3) 石器功能及使用方式研究

对石器功能及使用方式的研究主要是借助石器微痕分析。石器微痕分析是通过显微观察技术，在大量的石器制作和使用实验的基础上，对各种不同石质的实验标本在各种不同的使用方式下所产生的各种痕迹进行详细的观察记录，分析不同痕迹所形成的因果关系，并以此为依据，对石器标本上所能观察到的使用痕迹进行辨识，判断工具的使用部位、运动方式和加工对象。微痕分析主要使用高倍法和低倍法[①]。

(二) 玉器

1. 野外采集

其方法与石器大致相同。

2. 室内分析

室内分析主要包括两个方面。

(1) 玉料来源研究

到目前为止，出土玉器的产地研究仍然属于玉器科技考古的难题之一。要解决这个难题，首先需要确定玉器的化学成分与矿物结构。玉器的化学成分分

[①] 王小庆、钱益汇：《石器研究》，中国社会科学院考古研究所著：《科技考古的方法与应用》，文物出版社 2012 年版，第 195—203 页。

析可以分为无损和有损两类,无损检测主要使用 X 射线荧光分析、电子探针显微分析、质子激发荧光分析等技术,对研究对象没有损伤。有损检测必须在研究对象上取样,使用电感耦合等离子体发射光谱等进行检测。通过这些检测,能够获知玉器的主要成分和微量元素成分。分析矿物结构主要通过偏光显微镜和扫描电镜等。

从理论上讲,通过检测和比较出土玉器的关键性稳定同位素和微量元素等,再与玉料产地的关键性稳定同位素和微量元素进行比对,就能最终确定玉料来源。然而,由于玉料产地遍布全国各地,对不同玉料产地差异性的研究明显滞后,缺乏完整的数据库,因而也无法为探讨出土玉器的玉料来源及其他相关问题提供科学的基础资料,目前只能期待矿物学领域的研究取得新的进展。

(2)制作工艺和使用痕迹研究

分为肉眼观察和测量、微痕分析两类。肉眼观察和测量主要针对玉器的长、宽、厚、重量和角度等属性,同时也包括埋藏前后造成的玉器表面的次生变化现象等。对于加工过程中的半成品主要是分辨此玉器处于加工过程中的哪一阶段,以及由于自然或人工所引起的玉石表面的物理或化学变化特征等。微痕分析主要是用硅胶复制玉器或半成品上的微痕,通过扫描电镜进行观察及分析,认识其制作工艺[①]。

第二节 研究与思考

一、研究成果

(一)石器

进入 21 世纪之后,研究人员开始对石器进行相关研究。张海等通过对河

---

① 邓聪、叶晓红、刘国祥:《玉器研究》,中国社会科学院考古研究所著:《科技考古的方法与应用》,文物出版社 2012 年版,第 203—205 页。

南省登封市王城岗遗址和禹州市范围内龙山文化晚期遗址出土的石器进行研究,发现两地均以碳酸盐类的灰岩和白云岩作为主要原料制作石铲,用砂岩制作石刀和砺石,用辉绿岩、变粒岩、碎屑岩和凝灰岩制作石斧,用硅质岩制作石锛和石凿。两地的不同之处是:除砂岩外,王城岗遗址更多地使用碎屑岩制作石刀,禹州市范围内龙山文化晚期遗址则使用少量页岩;王城岗遗址更多地使用变粒岩制作石斧,禹州市范围内龙山文化晚期遗址则更多地使用辉绿岩。通过认识这个地区不同岩性岩石的分布状况,可以将当地的石料资源分为易开发、较易开发和不易开发3类。这说明古人对岩石的岩性已经有了比较充分的认识,能够有目的地采集不同种类的岩石以制作不同类型的石器。张海等还对一些遗址可能在整个聚落群的石器生产与流通方面扮演的重要角色进行了推测[1]。

钱益汇通过对商代重要的东方军事重镇山东省济南市大辛庄商代遗址出土石器的研究,从生产技术与功能的角度,将全部出土的石制品分为3类:石坯、成型品和废料等。根据野外调查和考古标本的观测结果,大辛庄石器原料的来源主要有两种途径:一种是直接从遗址周围的河流沟坎中就地取材;另一种是间接取材,主要来源于南部山区和鲍山一带,通过一次或二次人工搬运等方式将石料或石坯等运送到大辛庄遗址。大辛庄人对石料的选材十分重视,能够把握石料的特性,并在制作石器的过程中很好地加以利用。大辛庄石器制作普遍存在打制、琢制、磨制与磨光、钻孔等基本技术,遵循着一定的制作程序,但不墨守成规。大辛庄人多从石器工具的功能、使用方式和使用效率等角度考虑工具形态的设计,普遍存在二次加工和一器多用等现象[2]。

翟少冬对山西省襄汾县陶寺遗址出土的石制品进行了研究,提出就近选材是陶寺石料选择的策略之一,距离陶寺越近的石料,使用率越高;另外,石料的选择也与石料的物理性质、石器的功能及形状有关。她还通过观察陶寺遗址出土的石制品,结合石器的模拟实验,提出陶寺石制品的生产技术包括选料选型、打片、截断、琢、磨、钻孔和剖光等工序,这些技术都很简单,但是比较费时,其中的打片和磨光是最常用的两种技术。她认为陶寺石制品的生产

---

[1] 张海:《石器原料的产地分析》,北京大学考古文博学院、河南省文物考古研究所:《登封王城岗考古发掘与研究》,大象出版社2007年版,第763—768页。
[2] 钱益汇:《磨制石器类型学的分类原则与术语界定——以大辛庄商代石器为例》,《考古与文物》2010年第1期,第26—30页。

空间不断扩大,生产能力大大超出了聚落本身所需的数量,强大的石器生产能力为陶寺提供了可以和周边地区进行交换的物品,也树立了陶寺在临汾盆地的经济地位,在陶寺的城市化过程中发挥了重要作用[1]。

刘莉等对河南省偃师市灰嘴遗址出土的石铲进行了研究,认为石铲主要利用遗址附近山上大量分布的鲕状白云岩制成。石铲的生产工艺包括打、磨和剖光等。灰嘴遗址是石铲的生产地,其生产由当地的精英控制,可能采用家庭作坊式的生产方式,产品可能输送到二里头遗址,用来交换白陶之类的上层社会用品。灰嘴遗址的石铲生产对确立灰嘴在区域经济的中心地位有着重要作用[2]。

钱益汇通过对河南省偃师市二里头遗址出土石器的研究,确认当时的石料种类有 32 种,以砂岩最多,安山岩、灰岩、片岩、辉绿岩和白云岩等各占一定的比例。二里头附近分布较多的是砂岩、灰岩、白云岩、石英岩和辉绿岩等,就近取材的方式应当是二里头人开采石料最方便快捷的资源获取模式。不同时期的石料种类和利用率差异很大,尤其是二里头四期,总量明显增加,石料利用率达到最大化。在长期的生产实践中,人们对石料这一重要资源特性的认知度越来越高,在开发石料的过程中,总能根据工具的功能特性选择合适的石材,以提高生产效率和使用效率。当时被二里头聚落控制的不同等级聚落都有可能承担石材输送和石器初步加工生产的任务[3]。

(二) 玉器

这里分为玉器工艺研究、玉器材料分析及产地探索两个部分。

1. 玉器工艺研究

汉斯福德(S. H. Hansford)在 20 世纪 50 年代就出版了关于中国玉器的专著,介绍了中国古代玉器的工艺技术,另外还涉及中国"玉"的概念、分类及

---

[1] Zhai Shaodong, *Lithic Production and Early Urbanism in China—A Case Study of the Lithic Production at the Neolithic Taosi Site* (2500 – 1900BCE), Oxford Archpress, 2012.

[2] Li Liu, Zhai Shaodong, Chen Xingcan, *Production of Ground Stone Tools at Taosi and Huizui: A Comparison*, A Companion to Chinese Archaeology, Edited by Anne P. Underhill, Wiley-Blackwell, 2013.

[3] 钱益汇:《石料资源的选择与利用策略》,中国社会科学院考古研究所编著:《二里头(1999—2006)》(叁),文物出版社 2014 年版,第 1374—1385 页。

产地等内容①。

　　随着良渚文化和红山文化的遗址中众多玉器的出土，从工艺技术的角度对这些玉器进行研究的趋势逐渐形成，这些研究开始关注玉器表面残留的加工痕迹，主要研究内容集中在工序和工具上。如牟永抗利用物理和几何学的方法进行分析，指出良渚文化的玉器加工中未使用砣具，他认为那些细如毫发的阴线由若干条划痕拼组而成，与砣具雕琢的区别是显而易见的②。

　　邓聪认为，在玉器开片中起过重要作用的砂绳切割（原文中为线切割）、片切割及砣切割这3项技术属于中国玉器切割技术发展的三部曲③。邓聪通过对环珠江口地区出土的大约公元前2000年前的环和玦的考察，复原了从母岩的鉴别与原石采集、石核与石片生产、环和玦的粗坯加工过程，毛坯研磨过程，琢制穿孔、管钻等钻孔过程以及锯切、抛光等完整的环和玦的制作过程④。邓聪等针对凌家滩遗址出土的水晶耳珰进行模拟实验和观察，认为其凹槽部位是用砂绳切割技术（原文中为线切割）制成⑤。另外，邓聪对兴隆洼、牛河梁及良渚的玉器进行了详细的工艺分析，他认为砂绳切割的技术自东北起源，再向外围扩散，该技术扩散的过程也与各地玉器制作技术渐次发展的脉络相互印证。红山文化和良渚文化的玉器可谓中国新石器时代的巅峰之作，红山玉人、玉龙等可能与萨满原始宗教有关，良渚玉琮、玉璧和玉钺则代表着王与巫的结合，这两个史前文化与早期国家形成具有密切关系⑥。

　　叶晓红通过对山东省临朐县西朱封、河南省偃师市二里头遗址出土的玉

---

① S. H. Hansford, *Chinese Jade Carving*, Lund Hu, London and Braford, 1959.
② 牟永抗：《前言》，浙江省文物考古研究所、上海文物管理委员会、南京博物院编：《良渚文化玉器》，文物出版社、两木出版社1989年版，第1—9页。
③ 邓聪：《中国玉器素材的开片三部曲——谈二里头玉器开片技术（提要）》，杜金鹏、许宏主编：《二里头遗址与二里头文化研究》，科学出版社2006年版，第536—538页。
④ 邓聪：《新石器时代玉石作坊》，李世源、邓聪：《珠海文物集萃》，香港中文大学中国考古艺术研究中心2000年版。
⑤ 邓聪、吕红亮、陈玮：《以古鉴今——玉石切割试验考古》，《故宫文物月刊》2005年第264期，第76—88页。
⑥ 中国社会科学院考古研究所、香港中文大学中国考古艺术研究中心编：《玉器起源探索——兴隆洼文化玉器研究及图录》，香港中文大学中国考古艺术研究中心2007年版，第80—88页。辽宁省文物考古研究所：《红山文化遗址发掘报告》（1983—2003年度），文物出版社2012年版，第537—538页。浙江省文物考古研究所、香港中文大学中国考古艺术研究中心：《良渚玉工》，香港中文大学中国考古艺术研究中心2015年版。

器开展微痕分析,认为龙山时代晚期玉器的开料和二次加工虽存在砂绳切割技术,但以锯片切割技术为主,后者呈现出尺寸渐大的发展趋势,为二里头文化大型片状玉兵器的出现打下了基础①。叶晓红等通过对河南省桐柏县月河一号春秋墓出土玉器的阴刻纹饰进行微痕分析,认为当时的阴刻工艺普遍使用了添加解玉砂的旋转砣具技术,并推测商代晚期阴刻纹饰的盛行,可能与阴刻工具已经发生变革有关(图 13-1)②。这个认识为确定中国古代砣具出

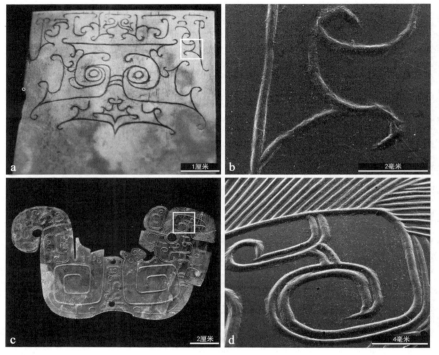

图 13-1 玉器微痕比较图

a. 山东省日照市两城镇遗址出土的玉圭(1:220)上的兽面纹
b. 两城镇遗址出土的玉圭(1:220)上的兽面纹局部 SEM 图
c. 河南省桐柏县月河 1 号墓出土的玉虎(239)
d. 月河 1 号墓出土的玉虎(239)上的阴刻纹局部 SEM 图
(中国社会科学院考古研究所叶晓红博士提供,稍作修改)

---

① 叶晓红:《西朱封龙山文化玉器加工技术研究》,杜金鹏主编:《临朐西朱封龙山文化玉器研究》,科学出版社 2015 年版,第 199—226 页。中国社会科学院考古研究所:《二里头(1999—2006)》(叁),文物出版社 2014 年版,第 1402—1406 页。
② 叶晓红,刘新,蒋宏杰,乔保同:《河南省南阳市桐柏月河一号春秋墓出土玉器阴刻技术的微痕分析》,《南方文物》2015 年第 4 期,第 112—119 页。

现的时间提供了实证性证据,意义重大。

王昌燧等利用带景深扩展技术的数码显微镜和显微CT对西周佣国出土的绿松石珠进行加工痕迹分析,结合现代绿松石模拟打磨实验,认为西周时期的打磨工具应为一种机械转动磨盘,其具备粗磨和细磨两个功能①。

2. 玉器材料分析及产地探索

闻广自20世纪80年代开始对考古遗址出土的玉器进行材质研究。他认为中国古玉主要是闪石玉(原文中为软玉),并列出科学地鉴定闪石玉的显微结构和颜色的标准②。通过对江苏省南部地区新石器时代遗址出土的14件玉器进行鉴定,他指出其显微结构与现在已知各产地的闪石玉的典型显微结构并不相似,推测玉料来源于附近被遗忘的古矿床,并提出闪石玉(原文中为软玉)由透闪石经过"软玉化"过程形成,"软玉化"程度越高,显微结构中的透闪石—阳起石雏晶成束组成的纤维越细,玉料的品质越高③。经闻广检测,辽宁阜新查海遗址(距今约8 000年前)1989年出土的8件玉器均是闪石玉④。

干福熹等对浙江省杭州市余姚良渚遗址群出土的百余件玉器开展了质子激发X荧光光谱分析(PIXE)、X射线衍射(XRD)和拉曼光谱(Raman Spectra)等无损测试,判断这些玉器属于透闪石和透闪石—阳起石,通过测定其微量元素含量,获知两种不同地质成因的透闪石与其所含微量元素的关系,探讨了良渚遗址出土玉器的材质来源⑤。

叶晓红等在考察鄂、豫、陕绿松石矿脉的基础上,对河南省偃师市二里头遗址围垣作坊区出土的绿松石样品和矿区采集样品进行铜同位素组成、稀土元素配分、显微结构、化学成分及物相等分析,初步确定中国北矿带的云盖寺矿是二里头遗址出土绿松石的矿源之一。她通过比较测试的效果,认为铜同

---

① 王昌燧:《科技考古进展》,科学出版社2013年版,第110—119页。
② 闻广:《中国古玉的研究》,《建材地质》1990年第2期,第2—10页。
③ 闻广:《苏南新石器时代玉器的考古地质学研究》,《文物》1986年第10期,第42—49页。
④ 闻广:《中国古玉地质考古学研究的续进展》,《故宫学术季刊》1993年第11卷第1期,第9—30页。
⑤ 干福熹、曹锦炎、承焕生、顾冬红、芮国耀、方向明、董俊卿、赵虹霞:《浙江余杭良渚遗址群出土玉器的无损分析研究》,《中国科学》2011年第1期,第1—15页。

位素结合稀土元素分析在古代绿松石的产地示踪上更具确定性①。

李延祥等利用便携式 X 射线荧光分析仪(PXRF)检测了陕西省洛南县和白河县、湖北省竹山县和郧县、河南省淅川县等东秦岭 5 个不同产地的绿松石样品,并对检验数据进行主成分分析,发现样本在主成分空间中大体聚集为不同的区域,但陕西省白河县、陕西省洛南县、湖北省郧县、湖北省竹山县这 4 个产地的样本相对集中,而河南省淅川县产地的样本较为疏远。他们进一步结合钡(Ba)、钒(V)、铀(U)元素的散点图,基本获得了鉴别不同产地绿松石的依据。此外,提取主成分分析的载荷因子,得出 5 处不同产地绿松石的差异主要体现在碲(Te)、锡(Sn)、锑(Sb)、镍(Ni)、锶(Sr)、钡(Ba)、钒、铀、钼(Mo)这 9 种元素的含量不同方面。他们又利用该方法对二里头遗址出土的 3 件绿松石废料进行分析,寻找其产地,发现其与河口古矿所出绿松石的检测数据产生区域重叠,具有较好的相聚性,该现象说明陕西省洛南县河口绿松石古矿可能是二里头绿松石的来源地之一②。

二、思考

通过研究人员的努力,在一定程度上认识了古人制作玉石器的工艺流程和技术特征。至少在距今 4 000 多年前,古人对岩石的岩性已经有了比较充分的认识,能够按照实际功能的需要,采集不同种类的岩石制作不同类型的石器,当时可能存在区域间的流通和贸易。古人的玉器切割技术经历了砂绳切割、片切割及砣切割 3 个阶段,在商代晚期可能已经发明砣具技术,对玉器产地的研究也取得一定的进展。这些认识从一个侧面反映出当时的玉石器制作技术状况和社会形态。

为了进一步做好玉石器科技考古研究,我们有两点认识。

其一,在研究中强调将今论古。借鉴民族学的调查资料和开展实验考

---

① 叶晓红、任佳、陈国梁、赵海涛、许宏:《二里头遗址出土绿松石器物的来源初探》,《第四纪研究》2014 年第 34 卷第 1 期,第 212—223 页。
② 北京科技大学冶金与材料史研究所、陕西省考古研究院:《陕西洛南河口绿松石矿遗址调查报告》,《考古与文物》2016 年第 3 期,第 11—17、55 页。先怡衡、李延祥、杨岐黄:《便携式 X 荧光光谱结合主成分分析鉴别不同产地的绿松石》,《考古与文物》2016 年第 3 期,第 112—119 页。

古,对于探讨玉石器的生产工艺问题,是十分必要的。这些借鉴和实践过程可以为认识古人的技术及生产行为提供重要的实证性启示。

其二,注重生产关系的研究。对于玉石器的研究,不但要考虑玉石器生产本身的工艺特征,揭示古代文献中鲜有记载的制作工艺流程和技术进步过程,还要研究当时是如何组织生产玉石器的,与其相关的社会生产关系如何,进而探讨当时的政治、经济、贸易和宗教等深层次问题。

本章小结　通过对玉石器的科技考古,认识当地的地质状况,了解古人获取原材料的方式及生产工艺流程,揭示出区域间的贸易与交换系统,有利于考察人与自然环境的关系、生存策略及社会复杂化的状况。今后要进一步突出研究的实证性,注重探讨社会问题。

第十四章

二里头遗址的科技考古研究

内容提要 对考古遗址开展全面的科技考古研究,有助于科学地确定具体遗址的绝对年代,认识自然环境状况以及人骨、动植物遗存的各类特征和青铜器、陶器、石器、玉器、骨角器的材料种类、来源及制作工艺状况,全面深化对于单个遗址的年代、环境、人及农业和手工业状况的认识。这一系列认识都是历史研究中不可或缺的重要内容。

第一节 概述和方法

一、概述

考古学发展到今天,其研究的内容已经由通过发掘出土的遗迹、遗物的形状来确定一处遗迹、一个遗址、一个文化或类型的年代、布局特征、文化面貌,建立完整的古代物质文化谱系和复原古迹的原貌,从而更加直观地认识历史现象,扩大到全面探讨古代社会中各个领域的状况。我们所面对的一处遗迹、一个遗址、一个文化或类型,其实就是特定时空范围内的一段人类历史。考古学需要科学地阐述这段历史。这段历史涉及绝对年代,当时的自然环境，人的体质状况，以获取植物性食物和动物性食物的方式为内涵的生业，以依靠手工劳动、使用简单工具的小规模工业生产为特征的手工业，同生产力一定发展阶段相适应的关系的总和，即经济基础，以及建立在经济基础之上的社会意识形态及与之相适应的政治、法律等制度，即上层建筑。

对于以研究实物证据作为鲜明特征的考古学而言，首先要做的研究就是对单个遗址发掘出土的各类遗迹、遗物开展多角度的观察、测量、测试、分析和研究，认识当时的年代、自然环境、人的体质状况、农业和手工业的状况，这些都是实证性的研究。科技考古在做好这些实证性的研究方面发挥着重要的作用。

河南省偃师市二里头遗址是中华文明形成与早期发展过程中的一处极为重要的都邑性遗址。学术界一般认为，二里头遗址是夏王朝晚期都城。该遗址现存面积约 300 万平方米；可分为 4 期，主要文化遗存属二里头文化；累计发掘面积达万余平方米，发掘大型宫殿建筑基址数座，大型青铜冶铸作坊 1 处，绿松石器制造作坊 1 处，与制陶、制骨有关的遗迹若干处，与宗教祭祀有关的建筑遗迹若干处，以及中小型墓葬 400 余座，其中包括出土成组青铜礼器和玉器的墓葬。此外还发现并发掘了大量其他遗迹和丰富的遗物。二里头遗址是当时中国乃至东亚地区最大的城市遗址，发现有迄今所知中国最早的宫殿、最早的城市干道网、最早的宫殿建筑群、最早的青铜礼器群，以及最早的官营作坊等。其规模宏大、布局严整，是迄今为止可确认的中国最早的王朝都城遗址，开中国古代都邑制度之先河[①]。科技考古从年代测定、环境考古、人骨考古、动物考古、植物考古、冶金考古、陶器、玉器和石器的制作工艺等方面对二里头遗址进行全方位的研究，比较科学地确定了二里头时期的绝对年代，并揭示了当时的自然环境、人的体质、农业和手工业等特征，这些都是二里头遗址研究中不可或缺的内容。

二、研究方法

二里头遗址是迄今为止科技考古各个领域介入最多的一个遗址，研究人

---

① 许宏：《二里头遗址》，王巍总主编：《中国考古学大辞典》，上海辞书出版社 2014 年版，第 305 页。

员依据考古学的研究思路,秉承"将今论古"的原则,借用自然科学相关学科的研究方法与技术,对遗址所在的区域进行勘探、调查和采样,对出土的大量遗物进行多种鉴定、测试和分析,然后结合研究对象各自的考古背景、长时间埋藏过程中可能造成的影响、当时可能存在的人为作用等诸多因素,进行探讨和研究,从而在一定程度上认识二里头遗址各个时期的绝对年代、自然环境特征、人类自身与体质相关的特征、人类的多种生存活动以及生产行为特征等。

第二节 研究与思考

一、研究成果

(一)年代

张雪莲等依据碳十四测定的年代数据,指出二里头遗址一期的年代约为公元前1735—前1705年,二里头四期的年代约为公元前1565—前1530年。她还指出二里头一期的年代上限应该不早于公元前1750年[①]。

(二)自然环境

对自然环境的探讨主要涉及当时的气候及遗址周边的地貌、河流和动植物资源。

1. 气候

王树芝通过对二里头遗址出土的木炭进行树种鉴定,发现多数树种以喜暖湿的为主,由此推测当时的气候总体上是温暖湿润的,尤其是一期、二期的温暖湿润度比四期更高[②]。

[①] 张雪莲、仇士华、蔡莲珍、薄官成、王金霞、钟建:《碳十四测年研究》,中国社会科学院考古研究所编著:《二里头(1999—2006)》(叁),文物出版社2014年版,第1215—1238页。

[②] 王树芝、王增林:《木炭分析:植被、古气候和植被利用》,中国社会科学院考古研究所编著:《二里头(1999—2006)》(叁),文物出版社2014年版,第1269—1276页。

2. 地貌与河流

现在二里头遗址所在的洛阳地区的地貌类型比较简单,主要有基岩山地、黄土覆盖的低山丘陵、黄土台塬和河流阶地等。它们由高到低依次分布,具有明显的成层性。洛阳盆地的北侧为连绵起伏的邙山,盆地南侧为嵩山的余脉万安山,黄河的两条主要支流洛河和伊河分别由西向东和由西南向东北方向从盆地底部流过。盆地底部为伊洛河冲积平原,由河流阶地和河漫滩组成,东西长约40 000米,南北最宽处约15 000米,呈枣核形,海拔一般在110米左右,地势平坦开阔。洛河和伊河在二里头以东汇流,汇流后称伊洛河,在盆地最东端的巩义附近注入黄河。

当时二里头遗址的地貌和河流状况与现在相比差别很大。依据夏正楷等的研究,伊洛河流域多次发生洪水,其中公元前2000年左右的洪水事件属于特大洪水,它不仅淹没了一级阶地,而且也淹没了部分二级阶地,给生活在这两级阶地上的龙山时期的先民们带来严重的灾难。当时的二里头地区是一片汪洋,只有部分二级阶地呈零星的岛屿突兀于水面之上。洪水过后,这里出现了广阔平坦的泛滥平原,平原上由洪水形成的冲积土,土质肥沃,有利于农业的发展。泛滥平原上多为积水的洼地,有利于稻作。洪水还促成了古洛河的决口和改道,从而导致洛河在二里头以西流入伊河,并造成二里头北侧的洛河断流,成为废弃河道,这个地区一改先前两河相夹、地域狭小的封闭状况,在二里头遗址以北形成一个统一的冲积平原。二里头遗址正好位于冲积平原最南端的一个高地,高地四周为地势平坦、土地肥沃的泛滥平原,伊洛河水从高地南侧流过,从高地一直向北,则是连绵起伏的邙山,这种从宏观上呈现出来的依山靠水的地势,大有王者之气,是王朝建都的首选之地[①]。

3. 动植物资源

王树芝等通过木炭研究,证明当时二里头遗址周围分布有大量的栎树阔叶林、杂木林和少量的松柏针叶林,由于在二里头文化二期早段及二里头文化四期晚段发现了大量的栎木木炭,有可能是当时人把栎木作为薪炭材使用

[①] 夏正楷、张俊娜:《古代地理环境》,中国社会科学院考古研究所编著:《二里头(1999—2006)》(叁),文物出版社2014年版,第1239—1263页。

的结果。二里头遗址中发现了有食用价值的栎属和葡萄属木炭,显示出当时的居民有可能采集栎属的橡子和葡萄属的果实食用①。另外,杨杰等通过动物考古研究,发现当时的野生动物包括贝类、鱼类、龟鳖类、鸟类、哺乳类等,具体种属为中国圆田螺、多瘤丽蚌、洞穴丽蚌、剑状矛蚌、三角帆蚌、文蛤、无齿蚌、拟丽蚌、鱼尾楔蚌、圆顶珠蚌、丽蚌、蚌(种属未定)、鲤鱼、龟、鳖、鳄、雉、雕科、欧型目、雁、兔、豪猪、鼠、熊、貉、黄鼬、虎、猫科、大型食肉动物、小型食肉动物、犀牛、野猪、麋鹿、梅花鹿、狍子、獐、小型鹿科等。这些都是当时人渔猎的对象②。由此可见,二里头遗址周围的自然植被及野生动物,为当时人的生活提供了丰富的动植物资源。

(三) 人骨

前面提到二里头遗址曾经发掘了 400 多座墓葬,但是由于早年的发掘和采集工作尚有一定的局限,此次可以研究的人骨数量极少。人骨的考古研究主要包括性别、年龄、病理和食物结构分析等。

1. 性别

王明辉等此次鉴定的人骨总共为 76 个个体。在这批人骨中可以判断性别的有 44 个,约占总数的 58%,其中男性和倾向于男性的有 15 个,约占可判断性别的 34%,约占总数的 20%;女性 29 个,约占可判断性别的 66%,约占总数的 38%;男女性别比例为 0.52∶1,从现有的结果看,呈男性明显少于女性的特征。这种状况属于极少出现的现象,在一般情况下,往往是男性多于女性,即使女性多于男性,两者性别比例的差异也不明显。

2. 年龄

在这些人骨个体中,可准确判断年龄段的有 38 个(包括仅判断为壮年或中年年龄段的个体),占总数的 50%。其中未成年人有 18 个,约占总数的

---

① 王树芝、王增林:《木炭分析:植被、古气候和植被利用》,中国社会科学院考古研究所编著:《二里头(1999—2006)》(叁),文物出版社 2014 年版,第 1269—1276 页。
② 杨杰、李志鹏:《动物群反映的古环境》,中国社会科学院考古研究所编著:《二里头(1999—2006)》(叁),文物出版社 2014 年版,第 1276—1277 页。

24%；最小的只有 0~1 岁，属于刚出生不久就夭折的婴儿；仅有 1 例个体属于老年阶段；其余多数个体为中年或壮年。依照可以明确鉴定年龄的个体统计，平均年龄约为 23 岁，其中男性平均年龄约为 28 岁，女性为 30 岁，整体表现为年龄相当年轻[1]。这种状况也与一般遗址中出土人骨的平均年龄接近或超过 35 岁明显不同。

3. 病理

王巍等从健康状况的角度开展研究，发现当时人患牙周病的概率约为 20%。其中，老年组患病率约为 57%，中年组患病率约为 13%，青年组患病率为 0%；男性患病率约为 19%，女性患病率约为 21%。从中可以看到年龄越大，患牙病的概率越高，而男性和女性之间的差别不大。另外，当时人牙齿的磨耗状况非常严重，可能与其食物特别粗糙有关。当时人还存在关节炎等疾病，其比例为成年人总数的 17% 左右[2]。出现如此低的比例，有几种可能的原因：一是人骨样品的保存状况较差，观察到的病理现象有限；二是采集样品的偶然性所致；三是因为采集的人骨为当时地位较高、体质状况相当好的特殊人群所遗留；四是因为人骨均较年轻，而未感染疾病等。这些原因可能共存，也可能以某种为主，依据现有的认识，还不能轻易下结论。

4. 食物结构

张雪莲通过碳、氮稳定同位素分析，对当时一些人的食物结构开展研究。在此次选取的 22 个样品中，有 20 个样品的碳十三值可以归入一类，它们的最高值为 −7.4‰，最低值为 −10.8‰，平均值为 −8.6‰，可见明显地是以 C_4 类植物为主食。小米为 C_4 类植物，当地的自然植被中以 C_3 类为主，由此，可以推测那些个体的主要食物为小米。另外也有两个个体比较例外，可以归入另一类，其中一个是样品的 C_4 类植物仅占 19%，C_3 类植物占 81%，另一个样品

---

[1] 王明辉：《性别年龄鉴定》，中国社会科学院考古研究所编著：《二里头(1999—2006)》(叁)，文物出版社 2014 年版，第 1279—1283 页。
[2] 王巍、曾祥龙、刘武、张君：《古病理研究》，中国社会科学院考古研究所编著：《二里头(1999—2006)》(叁)，文物出版社 2014 年版，第 1283—1286 页。

的 C_4 类植物占 38%，C_3 类植物占 62%，可见当时的食物是以 C_3 类为主的[①]。我们推测，因为 C_3 类植物中的农作物包括水稻和小麦，在当时以食用农作物为主的大背景下，这两个以 C_3 类植物为主的人基本上没有可能以食用自然植被中的 C_3 类植物为生，他们当时不是吃水稻，就是吃小麦，因此在骨骼中留下了 C_3 类植物为主的印记，而当时整个中国境内的农作物中还不存在大量的小麦，因此，如果推测 C_3 类植物为农作物的话，则非水稻莫属。另外，现有的 5 个样品的氮十五值均偏高。尤其是那两例以 C_3 类植物为主的人骨样品的氮十五值明显偏高，把碳十三中以 C_3 类植物为主和氮十五值偏高这两个指数放到一起，可以发现与新石器时代长江流域地区的人的食性特点极为相似。尽管考古背景提示，全部人骨样品的出土位置不存在特殊性，基本都在同一区域内，考虑后面提到的锶同位素的研究结果，证明二里头遗址中有外来人口，我们认为这两个人骨样品出现的特殊的碳、氮稳定同位素结果有两种可能性：一是因为他们来自以饭稻羹鱼为食物特征的南方地区；二是因为二里头遗址具备种植水稻的自然环境，同时也发现了相当数量的水稻遗存，因此，也不排除这两个人以食用水稻为主，而且还吃了较多的鱼。综合多重证据进行推测，当时食用水稻的人是从南方地区迁入的可能性较大。当然，这个事实的确认及其背后形成的原因，尚有待于日后的深入研究。另外，赵春燕通过对二里头遗址出土陶容器内残余物的碳同位素分析表明，二里头遗址的居民食物中兼具 C_3 类和 C_4 类两种植物，C_4 类植物的比例高于 C_3 类植物。尽管这是从个别器物中发现的结果，但也证明当时至少在特定范围内存在以 C_4 类植物为主的多品种的主食[②]。

锶同位素的分析是科学地探讨人类迁徙的最佳途径。赵春燕此次检测的二里头遗址出土人类遗骸样品分别来自二里头文化二期、三期、四期及二里岗文化晚期。由于二里头文化二期和三期的个体数偏少，不具备讨论的全面性，因此，将全部样品划分为二里头文化时期和二里岗文化晚期两个大的时段来讨论。二里头文化时期的 18 个个体中，本地个体为 11 个，其余 7 个为

[①] 张雪莲、仇士华、薄官成、王金霞、钟建：《食性分析》，中国社会科学院考古研究所编著：《二里头（1999—2006）》(叁)，文物出版社 2014 年版，第 1286—1288 页。

[②] 赵春燕：《陶容器内残余物的碳同位素分析》，中国社会科学院考古研究所编著：《二里头（1999—2006）》(叁)，文物出版社 2014 年版，第 1313—1316 页。

外来个体,迁移比例高达39%;而二里冈文化晚期出土的5个个体中,4个是本地个体,仅有1个是外来个体,迁移比例为20%,相比二里头文化时期呈减少的趋势[①]。

(四)农业

这里所指的农业是一个大农业的概念,即包括农作物栽培和家畜饲养两个部分,以下分别阐述。

1. 农作物

二里头遗址浮选样品采自二里头文化的一期至四期以及二里岗文化的早晚期等6个不同时期的文化堆积,依据赵志军的研究,共发现各种炭化植物种子23 900余粒,经鉴定,大部分为农作物遗存,包括粟、黍、水稻、小麦和大豆等5种不同的种类。

在二里头遗址各期浮选结果中,炭化粟粒不仅在绝对数量上明显地高于其他农作物品种,而且在出土概率上也是最突出的。这两种统计方法的结果都清楚地显示出,作为农产品,粟与二里头遗址古代居民的关系是最为密切的,由此说明在当时人们日常的粮食消费中粟应该是占据第一位的。相对粟而言,各期出土的炭化黍粒的绝对数量要少得多,但出土概率却不低,所有统计数据都在50%以上。这说明黍的重要性虽然远不及粟,但黍在当时人们生活中的地位还是比较稳定的,当地旱作农业生产很可能施行的是以粟为主、以黍为辅的种植制度。

在二里头遗址浮选结果中还有一个重要发现,即稻谷遗存的出土数量相当惊人,其出土概率也相当高,尤其是在属于二里头文化时期的样品中,与粟的出土概率不相上下。根据形态特征和测量数据判断,出土的稻谷遗存似乎应该属于粳稻。环境考古学研究证实,龙山时代乃至二里头文化时期黄河中下游地区的气候条件比现代温暖湿润,当时这个地区多为积水的洼地,利于稻作,在二里头遗址周边地区有可能种植较多的水稻。另一种可能是反映了

---

① 赵春燕:《锶同位素分析》,中国社会科学院考古研究所编著:《二里头(1999—2006)》(叁),文物出版社2014年版,第1288—1294页。

特殊的社会现象,因为这些稻谷出自贵族生活区,即这些稻谷是从其他种植水稻的地区调入,专供贵族食用的。如果是这样,二里头遗址出土谷物的量化统计结果所反映的就不完全是当地的农业生产状况,而应该是当时包括贵族在内的人们的粮食消费情况。

此次浮选发现了3粒属于二里头文化四期的炭化小麦遗存,数量虽少,但仍然具有研究价值。在二里头遗址的二里岗文化晚期浮选结果中发现了5粒炭化小麦遗存,数量虽然也不多,但出土概率并不低,达26%,与同时期的稻谷和大豆的出土概率统计数据相差不大。这也许说明,当小麦传入中原地区后,其价值是逐步被人们所认识的,到了二里岗文化时期,小麦的种植规模和在当时农业生产中的地位都有所提高。

大豆是当今世界上最为重要的一种豆类作物,国内外学术界普遍认为大豆应该起源于中国,此次二里头遗址各期浮选样品中都发现有炭化大豆的遗存,而且各期之间的数量变化幅度不大。这说明自二里头文化一期至二里岗文化晚期的数百年间,大豆在当时的农业生产中始终占有一席之地,其种植规模和比例虽然并不突出,但呈相对稳定的状态。

各时期农作物遗存的量化分析结果显示,二里头遗址的农业生产始终保持着以种植粟类作物为主的特点,即延续着中国古代北方地区旱作农业的传统[①]。

2. 家养动物

李志鹏等的研究证实,在二里头遗址中可以确认的家养动物有狗、猪、黄牛和羊(包括山羊和绵羊)。从二里头文化一期至四期,家养动物在全部动物中一直都占有相当高的比例,野生动物始终没有超过25%。家养动物中狗、猪、黄牛和羊(包括山羊和绵羊)在各期中的比例也有一定的规律,如黄牛和羊的数量自二里头文化一期至四期有逐渐增多的趋势,家猪的比例相应地逐渐减少,而狗的比例基本上没有变化。

二里头文化时期家畜饲养业是古代人类获取动物资源的主要来源,这为

---

① 赵志军:《植物资源的获取和利用》,中国社会科学院考古研究所编著:《二里头(1999—2006)》(叁),文物出版社2014年版,第1295—1316页。

当时居民生活所需肉食来源及其他畜产品提供了稳定的保证。而且牛、羊这两类家畜为食草性动物,所消耗的饲料包括野草及谷物的秸秆等,其食物来源的特点导致它们不会与猪、狗等传统家畜与人争夺食物。黄牛、绵羊和山羊等食草性牲畜的数量在家畜中所占的比例逐步增加,表示当时的居民逐步以食草性动物来开发草本植物这种新的生计资源,推动了当时家畜饲养业规模的扩大与多畜种的家畜饲养方式的发展。

另外,通过研究羊的年龄结构,发现二里头文化二期的资料显示出大部分羊在3岁以前就被宰杀了,这应该是以开发肉食资源为目的的畜产品开发策略。但到了二里头文化四期,大多数的羊在3岁以后才宰杀,年龄超过6岁的羊的比例超过50%,这种宰杀模式与以产羊毛为目的宰杀模式十分相近[①]。

蔡大伟等对二里头遗址的黄牛和绵羊进行线粒体DNA分析,发现全部黄牛都属于普通黄牛,部分黄牛共享相同的单倍型,谱系T3占统治地位,其次是谱系T4和T2,谱系T3和T2起源于近东,谱系T4则源自谱系T3,因此,可以断定这些黄牛的祖先主要来自近东地区。绵羊均属于最早起源于西亚的谱系A[②],由此证明,中原地区饲养的黄牛和绵羊均不是本土起源的物种,而是中外文化交流的结果。

司艺等对二里头遗址动物的食性分析,则为探讨当时家畜的饲养方式提供了有力证据。猪和狗总体上都表现出以C_4类植物为主的食谱类型,可能与粟、黍作物相关,猪和狗食物中的动物蛋白则主要为人类食物残余和生活垃圾,而从氮十五值可以看出,狗的食物中包含了更多的动物蛋白,这应当与其较之猪摄取了更多的人类残羹冷炙、动物骨骼等生活垃圾有关。猪、狗的碳十三值和氮十五值都与人的同类数据较为相近,反映了粟作农业对这两种家畜饮食的影响。二里头遗址的自然环境中以C_3类植物为主,绵羊的食物以C_3类植物为主、C_4类植物为辅,表明绵羊的饲养方式应主要为野外放养,也包括少量的人工添加的C_4类植物。而黄牛食物中明显以C_4类植物为主,与当时人的食性十分接近,应当与摄取粟作农业的副产品如谷物的秸秆等有

---

① 李志鹏、杨杰、杨梦菲、袁靖:《动物资源的获取和利用》,中国社会科学院考古研究所编著:《二里头(1999—2006)》(叁),文物出版社2014年版,第1316—1348页。
② 蔡大伟、孙洋、韩璐、周慧、朱泓:《动物的古DNA研究》,中国社会科学院考古研究所编著:《二里头(1999—2006)》(叁),文物出版社2014年版,第1348—1355页。

关。显然,黄牛的饲养方式主要是人工喂养①。

赵春燕等将遗址出土的二里头文化不同时期的绵羊和黄牛牙釉质的锶同位素比值与遗址当地的锶同位素比值范围进行比较,结果也有与人的结果相似之处。比如,二里头文化二期的绵羊牙釉质的锶同位素比值不在当地的锶同位素比值范围内,其应该是外来的;至二里头文化三期和四期,绵羊牙釉质的锶同位素比值多数在当地的锶同位素比值范围内,说明当地的绵羊数量可能已经占多数。再如,二里头文化二期有 1 头黄牛的牙釉质锶同位素比值在当地的锶同位素比值范围内,而另外 1 头黄牛的牙釉质锶同位素比值是在当地的锶同位素比值范围以外,这说明当地的黄牛和外来的黄牛都存在;至二里头文化三期和四期,当地的黄牛则明显占据了多数②。

（五）手工业

这里所指的手工业包括青铜器、陶器、石器、玉器和骨角器等多个门类,通过研究显示各个门类的手工业生产普遍达到了相当专业化的程度,以下分别阐述。

1. 铜器

刘煜等通过对铜器的汇总研究发现,目前在二里头遗址出土的全部都是熔炼渣,说明在二里头遗址中只进行熔炼和铸造的活动,而获取矿料和冶炼是在其他地区完成的。对豫西晋南地区采矿和冶炼遗址的研究证实了这个推测,在这个地区存在采矿、冶炼遗址分离现象,采矿在山上,冶炼靠近河流,二者相隔距离很远,尽管目前已经初步探明红铜从采矿到冶炼的产业链,锡和铅从采矿到冶炼的产业链尚有待于今后的研究,但当时已经存在长距离地调控重要资源的行为是不容置疑的,这也从一个方面显示出当时政权的强大。

从二里头文化一期到四期,纯铜所占的比例不断减少,青铜的比例不断增加。此外,二里头青铜器普遍含有微量的砷,有些还有铋和银等。二里头

---

① 司艺、李志鹏、胡耀武、袁靖、王昌燧:《动物的食性分析》,中国社会科学院考古研究所编著:《二里头(1999—2006)》(叁),文物出版社 2014 年版,第 1355—1365 页。
② 赵春燕、李志鹏、袁靖:《动物的锶同位素分析》,中国社会科学院考古研究所编著:《二里头(1999—2006)》(叁),文物出版社 2014 年版,第 1365—1371 页。

三期、四期明显地出现大量应用铅锡青铜的状况,特别是四期,铅含量有较大的提高,说明合金材质发生了较大变化,这可能与使用的矿料来源和冶炼技术的变化及进步有关。

二里头时期的铜器材质与器类有一定的对应关系,比如红铜制作的器物以刀、凿、锥、纺轮和笄等生产和生活工具类居多,而青铜合金的制品包括工具类的刀和凿,武器类的戈、钺和镞以及容器等,这些器物对于机械性能有一定的要求,故可以认为当时对铜、锡、铅和砷等合金元素的配比与金属器物的功能关系有一定认识,但是其合金比例很不稳定,显示出这方面技术的原始性。

二里头时期的铸铜技术存在一个发展的过程,比如从单面范铸造到多范合铸,兵器和工具类多采用双面范浇铸,容器和铜铃等则采用组合陶范的办法制作。二里头时期大部分铜器都由浑铸成形,目前尚未见到分铸的器物。早期以素面为主,到后期出现弦纹、乳钉纹、方格纹、圆圈纹或镂孔装饰等。锥、镞和刀等一部分器物经过了热、冷加工,根据用途改变器件的机械性能。

二里头遗址的青铜作坊规模大,延续时间长,作坊内有浇铸工场和烘烤陶范的陶窑,展现出铸铜工艺设施已达到较高的专门化水平[①]。

2. 陶器

依据彭小军等的研究,在龙山至二里头时期,以郑州到洛阳一线为界,东部地区为快轮制陶传统,西部地区为手制陶器传统,而二里头遗址正处于两大技术传统的交汇区域,其制作技术受到两边的影响。

二里头文化一期至四期、二里岗文化时期陶器制作技术的主体比较相近,羼合料均为岩石矿物,包括基性火成岩(Bi)、燧石(Cht)、长石(Fsp)、石英(Qtz)、白云母(Wmca)、黑云母(Dmca)等;成型方法以泥条盘筑为主、模制为辅,存在少量捏制和拉坯制成的器物;一期的纹饰以篮纹为主,二期以后以篮纹和绳纹为主,还有种类繁多的其他纹饰;主要以还原气氛烧制陶器,四期时的少量岳石风格的陶器可能采用氧化气氛。

[①] 刘煜、陈建立、梁宏刚、孙淑云:《铜器制作技术》,中国社会科学院考古研究所编著:《二里头(1999—2006)》(叁),文物出版社 2014 年版,第 1500—1543 页。

从成型技术的组合方式看,二里头遗址出土陶器的技术模式可大致归为泥条盘筑＋拍打(滚压)、泥条盘筑＋刮削、模制＋泥条盘筑、泥条拉坯成型、快轮一次拉坯成型等。在不同时期,这些技术模式的使用频率有所不同,并且与器物的形制功能关系密切。同时,二里头文化一期至四期的一些器类经历了由"圆饼上筑腹"到"底腹连续筑成"的渐进过程;而从四期到二里岗文化晚期,一些陶器又恢复到"圆饼上筑腹"的方式。此外,二里岗文化时期的鬲与二里头文化三期的鬲的成型技术明显不同,尽管都采用模制,但二里岗文化时期的鬲的模制技术较为发达。

二里头遗址出土白陶的烧成温度在 900~1 000℃之间,原始瓷胎的烧成温度应该在 1 100℃之上。

从微量元素、痕量元素的元素组成来看,日常用陶器和个别属于一期至二期早段的陶礼器属于一组,二期至四期的陶礼器及原始瓷器属于另一组,还有 1 件属于四期的陶礼器单独成组。另外,二里头遗址大部分原始瓷和印纹硬陶胎料组成属于南方瓷石的高硅低铝特征,但也有少部分原始瓷与二里头遗址泛灰色的白陶关系密切。

聚类分析显示出二里头遗址不同发掘区出土陶器的元素和物相组成明显不同,这表明它们的矿料来源有所不同,由此可以推测,二里头遗址可能存在两个或多个不同的活动区域,每个区域内都有各自较为固定的制陶原料来源及自己的制陶作坊。日用陶器的制作技术具有极强的多样性,经历了渐进的变化过程。但要强调的是陶礼器制作技术的主体演变并不是很大,结合元素分析结果,可以推测陶礼器的生产可能是在王权或贵族的控制下,由专门的陶工完成的[①]。

3. 石器

钱益汇等的研究证实,二里头遗址利用的石料种类共达 32 种,几乎所有的石料类型都可在伊洛河两侧出露的地层及岩体中找到。二里头遗址出土

---

① 彭小军、吴瑞、吴隽、李家治、邓泽群、鲁晓珂、李伟东、罗宏杰、袁靖、王增林、朱君孝、李清林、王昌燧、李宝平、刘莉、陈星灿、A. Greig、赵建新、俸新月、J. Drennon、M. Lawrence:《陶器生产》,中国社会科学院考古研究所编著:《二里头(1999—2006)》(叁),文物出版社 2014 年版,第 1420—1500 页。

的部分石料标本上保留有明显的河流砾石外形及表面特征,这也证明二里头遗址所用石料部分直接来源于周边的河流中。二里头遗址的居民对于石料的开发是有选择的,主要集中于几种石材,以砂岩为最多,安山岩次之,其余还有灰岩、片岩、泥岩、石英岩和辉绿岩等。这一现象反映了二里头遗址的居民对石料特性已经有了比较清楚的认识,并能够加以充分利用。二里头遗址的居民在对石料的开发和利用过程中,充分结合石材特性和石器功能,一种石料往往用于制作一种或者几种主要的石器工具。比如石镞主要以安山岩、泥岩制作,石锛主要采用安山岩制作,石铲则主要以灰岩和砂岩制成,石斧主要用安山岩和辉绿岩制成,石镰采用安山岩和英安岩的比例都很高,石刀主要以片岩、其次以细粒砂岩制成,而制作砺石的主体岩性为砂岩。二里头遗址的石器制作技术比较成熟,以磨制为主。通过对石器宽度、厚度和刃部角的测量,发现石刀、石铲和石斧等器类的专业化制作程度较高,石镰和石钺次之。这里要指出的是,石刀的专业化制作程度最高,其原因可能与石刀原料主要是片岩,具备较好的层理性有关①。

4. 玉器

邓聪等通过对玉器的研究,发现二里头文化中的玉器以闪石玉为主,其制作工艺的一个特色是完全使用片切割技术生产毛坯,没有发现任何线切割痕迹;然后对毛坯采用琢制、锯切割、管钻穿孔和研磨抛光等技术进行加工。结合实验考古和扫描电镜观察结果,当制作工具的硬度低于闪石玉时,在其钻孔过程中使用解玉砂,对应的钻具可能是石质或者竹质材料。当制作工具的硬度高于闪石玉时,可直接施工,加工面上会出现相应的分布均匀的沟槽。根据扫描电镜测量的沟槽宽度推测,打磨或减地技术中使用的石质工具主要由砂岩制成,这些砂岩按照粒级又可以分为粗粒、中粒、细粒和微粒等,而钻孔、阴刻及切割技术中使用的石质工具可能为石英岩或者石英含量高的硅质岩和安山岩等制成,这些岩石不仅硬度高,而且结构致密。

通过对比二里头遗址出土的绿松石样品与鄂豫陕绿松石矿南、北矿带采

---

① 钱益汇、刘莉:《石器资源的选择与利用策略》,中国社会科学院考古研究所编著:《二里头(1999—2006)》(叁),文物出版社2014年版,第1374—1385页。

集的样品,发现二里头遗址出土的绿松石样品与鄂豫陕绿松石矿北矿带采集的样品在显微结构上无明显差异,所含微量氧化物情况相近,稀土元素特征相似,但与南矿带的样品差异较大。据此可初步推测二里头遗址出土的绿松石可能来自鄂豫陕绿松石矿的北矿带。

二里头遗址绿松石嵌片毛坯的制作使用了打制、研磨和锯片切割技术,毛坯边沿经过仔细打磨,成为各种形状的嵌片,通常一件毛坯制成一个嵌片。管珠毛坯的制作可能使用了打制、锯片切割、研磨和实心钻孔等技术,制成的管珠形状不一,可能与绿松石原料的形态有关。但是,二里头遗址的绿松石制作工艺与龙山文化的同类技术大体相似,没有明显独到的特征[1]。

5. 骨角器等

陈国梁等通过对骨角器的研究,发现当时已经普遍使用具有一定流程的切割法,可以保证按照取料人的意图截取骨角料,而且可以有效地利用原料。二里头遗址的居民在加工骨角器时的切割痕迹具有明显的分布规律,由此可以推测当时加工骨、角和蚌器的技术已经比较成熟。

二里头文化时期的卜骨,无论原料的选取,还是加工制造的方法,都与中原龙山时期的卜骨是一脉相承的,但同时也有自己的创新之处。比如,在卜骨原料的选取上,二里头文化时期除牛、羊和猪3种动物的肩胛骨外,还发现有鹿科动物的肩胛骨。到了二里头文化四期,在制作方法上除灼痕外,还发现了灼和钻兼施的方法[2]。

(六) 小结

综上所述,二里头遗址的绝对年代大致为公元前1750年—前1500年。当时的气候温暖湿润,二里头遗址的居民在土质肥沃、距离邙山不远、濒临伊洛河的二级阶地上建立居住地,当时的气候条件和遗址所在的自然地貌都是十分适宜人的生存、社会发展及对其统领范围内众多聚落的控制的。当时人

---

[1] 邓聪、叶晓红、杜金鹏:《玉器工艺研究》,中国社会科学院考古研究所编著:《二里头(1999—2006)》(叁),文物出版社2014年版,第1385—1427页。
[2] 陈国梁、李志鹏:《骨、角、蚌、牙、贝、螺质遗物》,中国社会科学院考古研究所编著:《二里头(1999—2006)》(壹),文物出版社2014年版,第136—148页。

的健康状况较好。持续发展的多品种的农业生产能够为社会的稳定发展提供粮食保障,多品种的家畜饲养也保证了肉食来源,当时可能还存在对绵羊进行次级产品开发的行为,从一个特定的方面扩大了对于资源的充分利用能力。可持续发展的农业是社会发展的最为重要的经济基础。金属资源的开采、冶炼及长距离的调控方式已经形成,金属器制作工艺开始成熟,属于王专门掌控的生产部门;陶器制作的规模化生产进一步稳定,出现专门用于礼仪或贵族专用的陶器生产部门;当时已经能够做到依据石器的功能特征选择合适的石材制作石器;制作玉器的技术更加专业化,可以进行规模化生产,其产品是为贵族专用的;制作骨角器的技术具备规范化的特征;手工业生产部门的专业化、规模化和规范化不仅可以极大地提高居民及统治阶层的物质生活水平,青铜器和玉石礼器还成为礼仪和等级制度的重要象征物品,这种生产部门的组织架构和运行能力还在完善上层建筑的统治中发挥了特殊的作用。

二、思考

通过全方位的研究,我们认识到稳定适宜的自然环境、具备远距离调控资源的能力、达到较高程度的农业及手工业生产力水平、专业化分工的巩固及当时已经存在人口和家养动物的交流等,均为大约公元前1750—前1500年二里头这个早期国家的形成奠定了很好的自然环境及经济基础。这些认识极大地丰富了通过对人工遗迹和遗物形状进行观察和研究的结果,全方位地展示了二里头遗址的历史。

在肯定成果的基础上,我们也认识到还有3点需要完善。

第一,各个领域的研究层次不尽相同。由于考古人员不能保证把每个时期的各种资料都发掘出来,做到应有尽有。因此,现在有些科技考古研究领域可以按照二里头遗址的分期进行深入的探讨和比较研究,而有些科技考古研究领域开展此项探讨的资料不够完备,暂时只能笼统地以二里头遗址为一个整体进行研究,相互之间缺乏对应关系。

第二,科技考古的内容尚未完全融入考古学研究之中。在《二里头》这本考古报告中,科技考古的全部章节单独成卷,没有和其他人工遗迹和遗物的阐述结合在一起。如果把一个遗址确定为一个特定时空范围内的一段历史的话，那么这段历史应该包括诸多内容，这些内容应该形成一个从绝对年代到自然环境、从人的形态特征到食性分析、从人工遗迹和遗物的形状到制作过程、从农作物种植到家畜饲养、从经济基础到上层建筑的有机的整体。

　　第三，需要重视建设数据库的工作。科技考古各个领域的研究包括大量用数据表示的结果，用数据库的方式将这些结果汇集到一起，可以为深入研究奠定基础。为此要做好元数据的框架，在此基础上逐步充实数据库。鉴于报告的篇幅及互联网的作用，应该在正式发表发掘报告后，将整个数据库放在相关网站上，供研究者使用。

　　总之，如果我们对重要聚落或都邑遗址的考古学发掘和研究都按照全方位地探讨古代历史的思路开展工作，那么就能够形成一段又一段比较完整的特定时空范围内的历史，再按照特定的大的时空框架把这样一段一段的历史组合到一起，我们就能逐步把考古学研究的成果提升到一个全新的属于历史科学的认识，这是我们所期待的发展方向。当然，这样的研究除了继续完善考古学研究的思路和方法之外，还必须建立在对于前面各章中分别提到的具体思考，即进一步完善科技考古各个领域的研究思路和方法的基础之上。

本章小结　通过对于二里头遗址的全方位的科技考古研究，对于二里头遗址的绝对年代、所处的自然环境、当时的农业和手工业都有了比较全面的了解。这样的认识是研究早期国家起源的一个科学前提。今后还要进一步完善科技考古的思路和方法，更加全面地揭示二里头遗址所反映的特定时空范围内的历史。

参考文献

一、书目

A

[德]安格拉·冯登德里施著,马萧林、侯彦峰译:《考古遗址出土动物骨骼测量指南》,科学出版社2007年版。

C

蔡大伟主编:《分子考古学导论》,科学出版社2008年版。

《长沙马王堆一号汉墓古尸研究》编辑委员会编,湖南医学院主编:《长沙马王堆一号汉墓古尸研究》,文物出版社1980年版。

陈建立:《中国古代金属冶铸文明新探》,科学出版社2014年版。

陈铁梅:《科技考古学》,北京大学出版社2008年版。

崔剑锋、吴小红:《铅同位素考古研究:以中国云南和越南出土青铜器为例》,文物出版社2008年版。

崔建新:《气候与文化:基于多源数据分析方法的环境考古学探索》,科学出版社2012年版。

崔银秋:《新疆古代居民线粒体DNA研究——吐鲁番与罗布泊》,吉林大学出版社2003年版。

D

德日进、杨钟健:《安阳殷墟之哺乳动物群》,《中国古生物志》丙种第十二号第一册,1936年版。

E

[美]Elizabeth J. Reitz，Elizabeth S. Wing 著，中国社会科学院考古研究所译：《动物考古学》，科学出版社 2013 年版。

F

方辉主编：《聚落与环境考古学理论与实践》，山东大学出版社 2007 年版。

G

高华中：《沂沭河流域龙山文化兴衰的环境考古研究》，中央文献出版社 2015 年版。

郭郛、[英]李约瑟、成庆泰著：《中国古代动物学史》，科学出版社 1999 年版。

郭景坤主编：《古陶瓷科学技术 3(ISAC'95)》，上海科学技术文献出版社 1995 年版。

郭景坤主编：《古陶瓷科学技术 4(ISAC'99)》，上海科学技术文献出版社 1999 年版。

郭景坤主编：《古陶瓷科学技术 5(ISAC'02)》，上海科学技术文献出版社 2002 年版。

郭景坤主编：《古陶瓷科学技术 6(ISAC'05)》，上海科学技术文献出版社 2005 年版。

郭怡：《稳定同位素分析方法在探讨稻粟混作区先民（动物）食物结构中的运用》，浙江大学出版社 2013 年版。

H

韩康信：《丝绸之路古代居民种族人类学研究》，新疆人民出版社 1993 年版。

韩康信、谭婧泽、何传坤：《中国远古开颅术》，复旦大学出版社 2007 年版。

韩汝玢、柯俊主编：《中国科学技术史·矿冶卷》，科学出版社 2007 年版。

湖南省文物考古研究所、国际日本文化研究中心：《澧县城头山：中日合作澧阳平原环境考古与有关综合研究》，文物出版社 2007 年版。

华觉明：《中国古代金属技术》，大象出版社 1999 年版。

黄维、陈建立、王辉、吴小红：《马家塬墓地金属制品技术研究——兼论战国时期西北地区文化交流》，北京大学出版社 2013 年版。

J

蒋宏耀、张立敏：《考古地球物理学》，科学出版社 2000 年版。

K

科技部社会发展科技司、国家文物局博物馆与社会发展司编：《中华文明探源工程文集·环境卷》（Ⅰ），科学出版社 2009 年版。

科技部社会发展科技司、国家文物局博物馆与社会发展司编：《中华文明探源工程文集·技术与经济卷》（Ⅰ），科学出版社 2009 年版。

《科技考古论丛》编辑组编：《科技考古论丛》，中国科学技术大学出版社 1991 年版。

［英］科林·伦福儒、保罗巴恩著，陈淳译：《考古学：理论·方法与实践》，上海古籍出版社 2015 年版。

L

［英］莱伊尔著，徐韦曼译：《地质学原理》，科学出版社 1959 年版。

李东、李矛利：《科尔沁沙地环境与考古》，吉林人民出版社 2004 年版。

李法军：《河北阳原姜家梁新石器时代人骨研究》，科学出版社 2008 年版。

李家治、陈显求主编：《古陶瓷科学技术 1（ISAC'89）》，上海科学技术文献出版社 1989 年版。

李家治、陈显求主编：《古陶瓷科学技术 2（ISAC'92）》，上海科学技术文献出版社 1992 年版。

李家治等：《中国古代陶瓷技术科学成就》，上海科学技术出版社 1985 年版。

李家治主编：《中国科学技术史·陶瓷卷》，科学出版社 1998 年版。

李士、秦广雍：《现代实验技术在考古学中的应用》，科学出版社 1991 年版。

李文杰：《中国古代制陶工艺研究》，科学出版社 1996 年版。

刘长江、靳桂云、孔昭宸编著：《植物考古：种子果实研究》，科学出版社 2008 年版。

刘建国：《考古测绘、遥感与 GIS》，北京大学出版社 2008 年版。

罗宏杰：《中国古陶瓷与多元统计分析》，中国轻工业出版社 1997 年版。

罗宏杰、郑欣淼主编：《古陶瓷科学技术 7（ISAC'09）》，上海科学技术文献出版社 2009 年版。

罗运兵：《中国古代猪类驯化、饲养与仪式性使用》，科学出版社 2012 年版。

吕烈丹：《稻作与史前文化演变》，科学出版社 2013 年版。

M

莫多闻、曹锦炎、郑文红、袁靖、曹兵武主编：《环境考古研究》（第四辑），北京大学出版社 2007 年版。

P

Prudence M. Rice. *Pottery Analysis*：*A Source Book*. Chicago：The University of Chicago Press，2015.

Q

仇士华：《^{14}C 测年与中国考古年代学研究》，中国社会科学出版社 2015 年版。

仇士华、蔡莲珍：《^{14}C 测年及科技考古论集》，文物出版社 2009 年版。

仇士华、陈铁梅、蔡莲珍：《中国 ^{14}C 年代学研究》，科学出版社 1990 年版。

仇士华主编：《中国 ^{14}C 年代学研究》，科学出版社 1990 年版。

S

山东省文物考古研究所编：《中国临淄文物考古遥感影像图集》，山东省地图出版社 2000 年版。

施雅风主编：《中国全新世大暖期气候与环境》，海洋出版社 1992 年版。

宋宝泉、邵锡惠编著：《遥感考古学》，中州古籍出版社 2000 年版。

宋豫秦：《中国文明起源的人地关系简论》，科学出版社 2002 年版。

苏荣誉、华觉明、李克明、卢本珊：《中国上古金属技术》，山东科学技术出版社 1995 年版。

孙淑云主编：《中国古代冶金技术专论》，中国科学技术出版社 2003 年版。

T

谭德睿、孙淑云主编：《中国传统工艺全集·金属工艺卷》，大象出版社 2007 年版。

汤卓炜编著：《环境考古学》，科学出版社 2004 年版。

滕铭予：《GIS 支持下的赤峰地区环境考古研究》，科学出版社 2013 年版。

田长浒主编：《中国铸造技术史（古代卷）》，航空工业出版社 1995 年版。

W

王昌燧编著：《科技考古进展》，科学出版社 2013 年版。

王昌燧主编：《科技考古论丛》（第二辑），中国科学技术大学出版社 2000 年版。

王昌燧主编：《科技考古论丛》（第三辑），中国科学技术大学出版社 2003 年版。

王巍总主编：《中国考古学大辞典》，上海辞书出版社 2014 年版。

X

西北大学文博学院、中国化学会应化委员会考古与文物保护化学委员会、中国科技考古学会（筹）编：《文物保护与科技考古》，三秦出版社 2006 年版。

[美]西蒙·赫森著，侯彦峰、马萧林译：《哺乳动物骨骼和牙齿鉴定方法指南》，科学出版社 2012 年版。

[英]夏洛特·罗伯兹、基思·曼彻斯特著，张桦译：《疾病考古学》，山东画报出版社 2010 年版。

夏商周断代工程专家组：《夏商周断代工程 1996—2000 年阶段成果报告》，世界图书出版公司 2000 年版。

夏正楷编著：《环境考古学——理论与实践》，北京大学出版社 2012 年版。

Y

杨晶、吴家安：《科技考古》，文物出版社 2008 年版。

杨瑞霞、鲁鹏：《数字环境考古理论与实践》，科学出版社 2013 年版。

[瑞士]伊丽莎白·施密德著，李天元译：《动物骨骼图谱》，中国地质大学出版社 1992 年版。

袁靖：《科技考古文集》，文物出版社 2009 年版。

袁靖：《中国动物考古学》，文物出版社 2015 年版。

Z

张光直：《谈聚落形态考古》，《考古学专题六讲》，文物出版社 1986 年版。

张兰生主编：《中国生存环境历史演变规律研究》（一），海洋出版社 1993 年版。

张丕远、孔昭宸、龚高法、郭其蕴主编：《中国历史气候变化》，山东科学技术出版社 1996 年版。

张全超：《内蒙古和林格尔县新店子墓地人骨研究》，科学出版社 2010 年版。

赵丛苍主编：《科技考古学概论》，高等教育出版社 2006 年版。

赵志军：《植物考古学：理论、方法和实践》，科学出版社 2010 年版。

浙江省文物考古研究所、香港中文大学中国考古艺术研究中心：《良渚玉工》，香港中文大学中国考古艺术研究中心 2015 年版。

中国大百科全书总编辑委员会《考古学》编辑委员会、中国大百科全书出版社编辑部编：《中国大百科全书·考古学》，中国大百科全书出版社 1986 年版。

中国硅酸盐学会：《中国陶瓷史》，文物出版社 1982 版。

中国科学院上海硅酸盐研究所：《中国古陶瓷研究》，科学出版社 1987 年版。

中国社会科学院考古研究所编：《中国考古学中碳十四年代数据集（1965—1991）》，文物出版社 1991 年版。

中国社会科学院考古研究所编著：《胶东半岛贝丘遗址环境考古》，社会科学文献出版社 1999 年版。

中国社会科学院考古研究所编著：《二里头（1999—2006）》（叁），文物出版社 2014 年版。

中国社会科学院考古研究所考古科技中心编：《科技考古》（第一辑），中国社会科学出版社 2005 年版。

中国社会科学院考古研究所考古科技中心编：《科技考古》（第二辑），科学出版社 2007 年版。

中国社会科学院考古研究所科技考古中心编：《科技考古》（第三辑），科学出版社 2011 年版。

中国社会科学院考古研究所科技考古中心编：《科技考古》（第四辑），科学出版社 2015 年版。

中国社会科学院考古研究所：《科技考古的方法与应用》，文物出版社 2012 年版。

中国社会科学院历史研究所、中国社会科学院考古研究所编著：《安阳殷墟头骨研究》，文物出版社 1985 年版。

中华人民共和国国家文物局编（吴小红、陈建立、潘岩、杨颖亮著）：《田野考古碳十四样品采集方法》，文物出版社 2012 年版。

中华人民共和国国家文物局主编（袁靖、黄蕴平、李志鹏、罗运兵、吕鹏、杨梦菲著）：《田野考古出土动物标本采集及实验室操作规范》，文物出版社 2010 年版。

周慧主编：《中国北方古代人群线粒体 DNA 研究》，科学出版社 2010 年版。

周昆叔：《环境考古》，文物出版社 2007 年版。

周昆叔、巩启明主编：《环境考古研究》（第一辑），科学出版社 1991 年版。

周昆叔、宋豫秦主编：《环境考古研究》（第二辑），科学出版社 2000 年版。

周昆叔、莫多闻、佟佩华、袁靖、张松林主编：《环境考古研究》（第三辑），北京大学出版社 2006 年版。

朱诚、李兰、刘万青：《环境考古概论》，科学出版社 2013 年版。

朱泓：《体质人类学》，吉林大学出版社 1993 年版。

朱俊英：《考古勘探》，科学出版社 1996 年版。

Zhai Shaodong, *Lithic Production and Early Urbanism in China — A Case Study of the Lithic Production at the Neolithic Taosi Site*（2500 – 1900BCE），Oxford Archpress，2012.

二、论文

A

安成邦、冯兆东、唐领余、陈发虎：《甘肃中部 4000 年前环境变化与古文化变迁》，《地理学报》2003 年第 58 卷第 5 期，第 743—748 页。

Atahan P., Dodson J., Li X., Zhou X., Hu S., Bertuch F., Sun N., 2011. Subsistence and the Isotopic Signature of Herding in the Bronze Age Hexi Corridor, NW Gansu, China. *Journal of Archaeological Science*. 38：1747 – 1753.

B

北京市发酵工业研究所：《中山王墓出土铜壶中的液体的初步鉴定》，《故宫博物院院刊》1979 年第 4 期，第 94—97 页。

Barton L., Newsome S. D., Chen F., Wang H., Guilderson T. P., Bettinger R. L., 2009. Agricultural Origins and the Isotopic Identity of Domestication in Northern China. *Proceedings of the National Academy of Sciences of the United States of America* 106：5523 – 5528.

C

蔡大伟、汤卓炜、陈全家、韩璐、周慧：《中国绵羊起源的分子考古学研究》，教育部人文社会科学重点研究基地、吉林大学边疆考古研究中心编：《边疆考古研究》（第 9 辑），科学出版社 2010 年版，第 291—300 页。

蔡莲珍、仇士华：《碳十三测定和古代食谱研究》，《考古》1984 年第 10 期，第 949—955 页。

曹兵武：《班村发掘之缘起》，曹兵武：《考古与文化续编》，中华书局 2012 年版，第 265—271 页。

陈铁梅：《加速器质谱碳十四测年在考古研究中的应用》，《考古与文物》1990 年第 2 期，第 100—106 页。

陈相龙、袁靖、胡耀武、何弩、王昌燧：《陶寺遗址家畜饲养策略初探：来自碳、氮稳定同位素的证据》，《考古》2012 年第 9 期，第 75—82 页。

程鹏、朱诚：《试论良渚文化中断的成因及其去向》，《东南文化》1999 年第 4 期，第 14—21 页。

崔之久、杨晓燕、夏正楷：《初论古文化类型演替与传承模式的区域分异》，《第四纪研究》2002 年 22 卷第 5 期，第 434—441 页。

Cai D., Tang Z., Han L., Speller F. C., Yang D., Ma X., Cao J., Zhu H., Zhou H., 2009. Ancient DNA Provides New Insights into the Origin of the Chinese Domestic Horse. *Journal of Archaeological Science*. 36：835–842.

Cai D., Tang Z., Yu H., Han L., Ren X., Zhao X., Zhu H., Zhou H., 2011. Early History of Chinese Domestic Sheep Indicated by Ancient DNA Analysis of Bronze Age Individuals, *Journal of Archaeological Science* 38：896–902.

Chen F. H., Dong G. H., Zhang D. J., Liu X. Y., Jia X., An C. B., Ma M. M., Xie Y. W., Barton L., Ren X. Y., Zhao Z. J., Wu X. H., Jones M. K., 2015. Agriculture Facilitated Permanent Human Occupation of the Tibetan Plateau after 3600 B. P. *Science*, 347：248–250.

Christopher Hawkes, 1954. Archaeological Theory and Methed：Some Suggestions from the Old World. *Anthropologist*, 56：155–168.

Copley M. S., *et al.*, 2003. Direct Chemical Evidence for Widespread Dairying in Prehistoric Britain. *Proceedings of the National Academy of Sciences* 100：1524–1529.

D

邓聪、吕红亮、陈玮:《以古鉴今——玉石切割试验考古》,《故宫文物月刊》2005年第264期,第76—88页。

邓辉、夏正楷、王琫瑜:《利用彩红外航空影像对统万城的再研究》,《考古》2003年第1期,第70—77页。

董豫、胡耀武、张全超、崔亚平、管理、王昌燧、万欣:《辽宁北票喇嘛洞遗址出土人骨稳定同位素分析》,《人类学学报》2007年第26卷第1期,第77—84页。

Dallongeville S., *et al.*, 2015. Proteins in Art, Archaeology, and Paleontology: From Detection to Identification. *Chemical reviews* 116: 2 - 79.

E

Evershed R. P., 2008. Organic Residue Analysis in Archaeology: The Archaeological Biomarker Revolution. *Archaeometry* 50: 895 - 924.

F

范文奇、龚德才、姚政权、李德文:《六安北宋墓出土炭化茶叶疑似物的鉴定分析》,《农业考古》2012年第2期,第212—217页。

方园、范雪春、李史明:《福建漳平奇和洞新石器时代早期人类身体大小》,《人类学学报》2015年第34卷第2期,第202—215页。

G

干福熹、曹锦炎、承焕生、顾冬红、芮国耀、方向明、董俊卿、赵虹霞:《浙江余杭良渚遗址群出土玉器的无损分析研究》,《中国科学》2011年第1期,第1—15页。

高洪兴:《天津南部地区古河道遥感影像特征及其反映深度》,国家遥感中心编:《遥感文选》,科学出版社1981年版,第160—168页。

高立兵:《地面透射雷达(GPR)及其在考古中的应用》,《考古》2000年第8期,第75—86页。

高立兵、闫永利、底青云:《高密度电阻率法在商丘东周城址考古勘探中的应用》,《考古》2004年第7期,第72—78页。

管理、胡耀武、胡松梅、孙周勇、秦亚、王昌燧:《陕北靖边五庄果墚动物骨的C和N稳定同位素分析》,《第四纪研究》2008年第28卷第6期,第1160—

1165 页。

管理、胡耀武、王昌燧、汤卓炜、胡松梅、阚绪杭:《食谱分析方法在家猪起源研究中的应用》,《南方文物》2011 年第 4 期,第 116—124 页。

郭之虞、李坤、刘克新、鲁向阳、李斌、汪建军、陈铁梅、原思训、高世君、袁敬琳、钱伟述、陈佳洱:《北京大学加速器质谱计研究与应用进展》,《自然科学进展》1995 年第 5 期,第 513—516 页。

Gao S. Z., Yang Y. D., Xu Y., et al., 2007. Tracing the Genetic History of the Chinese People: Mitochondrial DNA Analysis of a Neolithic Population from the Lajia Site. *Am J Phys Anthropol*, 133: 1128 - 1136.

H

韩康信:《中国新石器时代种族人类学研究》,田昌五、石兴邦主编:《中国原始文化论集》,文物出版社 1989 年版,第 40—55 页。

韩康信、潘其风:《古代中国人种成分研究》,《考古学报》1984 年第 2 期,第 245—263 页。

韩康信、中桥孝博:《中国和日本古代仪式拔牙的比较研究》,《考古学报》1998 年第 3 期,第 289—308 页。

韩茂莉:《史前时期西辽河流域聚落与环境研究》,《考古学报》2010 年第 1 期,第 1—20 页。

何嘉宁:《陶寺、上马、延庆古代人群臼齿磨耗速率的比较研究》,《人类学学报》2007 年第 26 卷第 2 期,第 116—124 页。

何嘉宁:《中国北方部分古代人群牙周状况比较研究》,北京大学考古文博学院编:《考古学研究》(七),科学出版社 2008 年版,第 558—573 页。

侯亮亮、李素婷、胡耀武、侯彦峰、吕鹏、胡宝华、宋国定、王昌燧:《安阳鄣邓遗址先商文化动物骨骼 C、N 稳定同位素分析先商文化时期家畜饲养方式初探》,河南省文物考古研究所:《安阳鄣邓》,大象出版社 2012 年版,第 452—463 页。

胡耀武、栾丰实、王守功、王昌燧、Michael Richards:《利用 C,N 稳定同位素分析法鉴别家猪与野猪的初步尝试》,《中国科学 D 辑》2008 年第 38 卷第 6 期,第 1—8 页。

胡耀武、王根富、崔亚平、董豫、管理、王昌燧:《江苏金坛三星村遗址先民的食谱研究》,《科学通报》2007 年第 52 卷第 1 期,第 85—88 页。

《华东师范大学学报(遥感专辑 2)》,1992 年。

《华东师范大学学报(自然科学版)》,1998 年第 4 期。

J

吉林大学考 DNA 实验室:《河北阳原县姜家梁遗址新石器时代人骨 DNA 的研究》,《考古》2001 年第 7 期,第 654—661 页。

贾兰坡、张振标:《河南淅川县下王岗遗址中的动物群》,《文物》1977 年第 6 期,第 41—49 页。

靳桂云:《燕山南北长城地带中全新世气候环境的演化及影响》,《考古学报》2004 年第 4 期,第 485—505 页。

靳桂云、赵志军:《中国植物考古新进展》,中国考古学会编:《中国考古学年鉴(2014)》,中国社会科学出版社 2015 年版,第 141—166 页。

K

Kidder Tristram, Liu Haiwang, Xu Qinghai, Li Minglin. 2012. The Alluvial geoarchaeology of the Sanyangzhuang Site on the Yellow River Floodplain, Henan Province, China. *Geoarchaeology*: *An International Journal*, 27, 324 - 343.

L

蓝万里、张居中、翁屹、樊温泉:《腹土寄生物考古研究方法探索和实践》,《考古》2011 年第 11 期,第 87—93 页。

李法军、朱泓:《河北阳原姜家梁新石器时代人类牙齿形态特征的观察与研究》,《人类学学报》2006 年第 25 卷第 2 期,第 87—101 页。

李济:《墓葬与人类遗骨》,李济总编辑:《城子崖》,国立中央研究院历史语言研究所 1934 年版,第 90 页。

李水城:《西拉沐沦河流域古文化变迁及人地关系研究》,教育部人文社会科学重点研究基地、吉林大学边疆考古研究中心编:《边疆考古研究》(第 1 辑),科学出版社 2002 年版,第 269—288 页。

李拓宇、莫多闻、胡珂、张翼飞、王建军:《陕西襄汾陶寺都邑形成的环境与文化背景》,《地理科学》2013 年第 33 卷第 4 期,第 443—449 页。

李延祥:《中原与北方地区早期青铜产业格局的初步探索》,《中国文物报》

2014年2月28日第5版。

廉海萍、谭德睿、郑光：《二里头遗址铸铜技术研究》，《考古学报》2011年第4期，第561—575页。

刘建国：《安阳殷墟遥感考古研究》，《考古》1999年第7期，第69—75页。

刘克新、丁杏芳、傅东坡、潘岩、吴小红、周力平、郭之虞：《北京大学AMS[14]C国际比对样品测量》，《第四纪研究》2007年第27卷第3期，第469—473页。

刘乐山、朱振文：《试论物探在田野考古工作中的应用》，《文物研究》编辑部编：《文物研究》（第七辑），黄山书社1991年版，第429—434页。

刘树人：《我国遥感考古回顾及展望》，《国土资源遥感》，1998年第2期，第20—25页。

刘武：《华北新石器时代人类牙齿形态特征及其在现代中国人起源与演化上的意义》，《人类学学报》1995年第14卷第4期，第360—380页。

刘武、张全超：《新疆及内蒙古地区青铜—铁器时代居民牙齿磨耗及健康状况的分析》，《人类学学报》2005年第24卷第1期，第32—53页。

刘武、朱泓：《庙子沟新石器时代人类牙齿非测量特征》，《人类学学报》1995年第14卷第1期，第8—20页。

Lanehart R. E. , Tykot R. H. , 方辉、栾丰实、于海广、蔡凤书、文德安、加里·费曼、琳达·尼古拉斯：《山东日照市两城镇遗址龙山文化先民食谱的稳定同位素分析》，《考古》2008年第8期，第55—61页。

Larson G. , Liu R. , Zhao X. , Yuan J. , Fuller D. , Barton L. , Dobney K. , Fan Q. , Gu Z. , Liu X. , Luo Y. , Lv P. , Andersson L. , Li N. , 2010. Patterns of East Asian Pig Domestication, Migration, and Turnover Revealed by Modern and Ancient DNA. *Proceedings of the National Academy of Sciences of the United States of America* 107：7686 - 7691.

Liu X. , Jones M. , Zhao Z. , Liu G. , O'Connell T. , 2012. The Earliest Evidence of Millet as a Staple Crop: New light on Neolithic Foodways in North China. *American Journal Physical Anthropology* 149：283 - 290.

Lu H. , *et al.* , 2009. Earliest Domestication of Common Millet (*Panicum miliaceum*) in East Asia extended to 10,000 years ago. *Proceedings of* the National Academy of Sciences, 106: 7367-7372.

Lu H., et al., 2016. Earliest Tea as Evidence for one Branch of the Silk Road across the Tibetan Plateau. *Scientific Reports* 6: 1-8.

M

莫多闻、李非、李水城、孔昭宸:《甘肃葫芦河流域中全新世环境演化及其对人类活动的影响》,《地理学报》1996年51卷1期,第59—69页。

McGovern P. E., et al., 2004. Fermented beverages of pre-and proto-historic China. *Proceedings of the National Academy of Sciences* 101: 17593-17598.

P

裴文中:《中国原始人类的生活环境》,《古脊椎动物与古人类》1960年第2卷第1期,第9—21页。

彭小军:《陶爵的制作与生产——以二里头遗址出土资料为例》,中国社会科学院夏商周考古研究室编:《三代考古》(五),科学出版社2013年版,第73—84页。

Pechenkina E. A., Ambrose S. H., Ma X., Benfer J. R. A., 2005. Reconstructing northern Chinese Neolithic subsistence practices by isotopic analysis. *Journal of Archaeological Science*. 32: 1176-1189.

Q

钱耀鹏:《史前聚落的自然环境因素分析》,《西北大学学报(自然科学版)》2002年第32卷4期,第417—420页。

钱益汇:《磨制石器类型学的分类原则与术语界定——以大辛庄商代石器为例》,《考古与文物》2010年第1期,第26—30页。

秦岭:《中国农业起源的植物考古学研究和展望》,北京大学考古文博学院、北京大学中国考古学研究中心编:《考古学研究》(九)上册,文物出版社2012年版,第260—315页。

仇士华:《夏商周断代工程的碳十四断代方法》,《中国文物报》1996年10月20日。

仇士华、蔡莲珍:《科技方法在考古学上的应用》,见中国考古学会编:《中国考古学年鉴(1990年)》,文物出版社1991年版,第124—139页。

R

任萌、罗武干、赵亚军、麦慧娟、饶慧芸、杨益民、王昌燧:《甘肃酒泉西沟村魏晋墓铜甑釜残留物的脂质分析》,《文物保护与考古科学》2016年第28卷第2期,第116—122页。

Rao H., et al., 2015. Proteomic identification of adhesive on a bone sculpture—inlaid wooden artifact from the Xiaohe Cemetery, Xinjiang, China. *Journal of Archaeological Science* 53:148-155.

Rao H., et al., 2015. Proteomic identification of organic additives in the mortars of ancient Chinese wooden buildings. *Analytical Methods* 7:143-149

Regert M., et al., 2004. Investigating the history of prehistoric glues by gas chromatography-mass spectrometry. *Journal of Separation Science* 27:244-254.

S

司艺、李志鹏、胡耀武、袁靖、王昌燧:《河南偃师二里头遗址动物骨胶原的H、O稳定同位素分析》,《第四纪研究》2014年第14卷第1期,第196—203页。

苏荣誉:《二十世纪对先秦青铜礼器铸造技术的研究》,泉屋博古馆、九州国立博物馆编,黄荣光译:《泉屋透赏——泉屋博古馆青铜器投射扫描解析》,科学出版社2015年版,第387—445页。

孙蕾、朱泓:《郑州地区汉唐宋成年居民的身高研究》,《人类学学报》2015年第34卷第3期,第377—389页。

Shevchenko A., et al., 2014. Proteomics identifies the composition and manufacturing recipe of the 2500-year old sourdough bread from Subeixi cemetery in China. *Journal of Proteomics* 105:363-371.

T

谈三平、刘树人:《太湖地区石室土墩分布规律遥感初步研究》,《东南文化》1990年4期,第100—103页。

田广金:《论内蒙古中南部史前考古》,《考古学报》1997年第2期,第121—145页。

田广金、史培军:《内蒙古中南部原始文化的环境考古研究》,《内蒙古中南部原始文化研究文集》,海洋出版社1991年版,第119—132页。

田广金、史培军:《中国北方长城地带环境考古学的初步研究》,《内蒙古文物考古》1997年第2期,第44—51页。

W

万诚、周慧、崔银秋、段然慧、李惟、朱泓:《河北阳原县姜家梁遗址新石器时代人骨DNA的研究》,《考古》2001年第7期,第654—661页。

王海斌、莫多闻、李拓宇:《陶寺古城形成与选址的环境与文化背景研究》,《水土保持研究》2014年第21卷第3期,第302—308页。

王辉、袁靖:《中国新石器时代的自然环境》,中国社会科学院考古研究所编著:《中国考古学·新石器时代卷》,中国社会科学出版社2010年版,第48—79页。

王辉、张海、张家富、方燕明:《河南禹州瓦店遗址的河流地貌演化及相关问题》,《南方文物》2014年第4期,第61—67页。

王建华:《黄河中下游地区史前人口性别构成研究》,《考古学报》2008年第4期,第415—440页。

王琎:《宋钱成分内之铅》,《科学》1922年第7卷,第839—841页。

王琎:《五铢钱化学成分及古代应用铅锡锌镴考》,《科学》1923年第8卷第8期,第839—854页。

王琎:《中国古代金属化合物之化学》,《科学》1920年第5卷第7期,第672—684页。

王琎:《中国古代金属原质之化学》,《科学》1920年第5卷第6期,第555—564页。

王琎:《中国黄铜业全盛时代的一斑》,《科学》1925年第10卷,第495—503页。

王琎:《中国制钱之定量分析》,《科学》1921年第6卷,第11—73页。

王明辉:《滕州前掌大墓地人骨研究报告》,中国社会科学院考古研究所编著:《滕州前掌大墓地》,文物出版社2005年版,第674—727页。

王明辉:《垣曲商城遗址出土人骨鉴定报告》,中国国家博物馆田野考古研究中心、山西省考古研究所、垣曲县博物馆编著:《垣曲商城(二)——1987～2003年度考古发掘报告》,科学出版社2015年版,第721—723页。

王明辉：《中原地区古代居民的健康状况——以贾湖遗址和西坡墓地为例》，《第四纪研究》2014年第34卷第1期，第51—59页。

王树芝：《树木年代学研究进展》，《考古》2001年第7期，第47—54页。

王树芝：《青海都兰地区公元前515年以来的树木年轮年表的建立及应用》，《考古与文物》2004年第6期，第45—50页。

王巍：《公元前2000年前后我国大范围文化变化原因探讨》，《考古》2004年第1期，第67—77页。

王志、向海、袁靖、罗运兵、赵兴波：《利用古代DNA信息研究黄河流域家猪的起源驯化》，《科学通报》2012年第57卷第12期，第1011—1018页。

魏东、曾雯、常喜恩、朱泓：《新疆哈密黑沟梁墓地出土人骨的创伤、病理及异常形态研究》，《人类学学报》2012年第31卷第2期，第176—186页。

吴爱琴、赵红杰、杨瑞霞、刘春迎、郭仰山、王超：《开封市古城址和古河道遥感考古试验研究》，《地域研究与开发》2002年第21卷3期，第85—88页。

吴文祥、刘东生：《4000aBP前后降温事件与中华文明的诞生》，《第四纪研究》2001年第21卷5期，第443—451页。

吴立、朱诚、李枫、马春梅、李兰、孟华平、刘辉、王晓翠、谭艳、宋友桂：《江汉平原钟桥遗址地层揭示的史前洪水事件》，《地理学报》2015年第70卷第7期，第1149—1164页。

吴小红：《北京大学碳十四年代测定研究》，《中国文化遗产》2004年（秋季号），第22页。

吴小红：《中国文明起源研究的新进展》，《中国文物报》2007年12月21日。

吴小红、[以]伊丽莎贝塔·博阿雷托、袁家荣、[美]欧弗·巴尔—约瑟夫、潘岩、曲彤丽、刘克新、丁杏芳、李水城、顾海滨、[以]韦琪·居、[美]大卫·科恩、[美]天朗·娇、[美]保罗·格德伯格、[以]史蒂夫·韦纳：《湖南道县玉蟾岩遗址早期陶器及其地层堆积的碳十四年代研究》，《南方文物》2012年第3期，第7—15、6页。

吴小红、张弛、[美]保罗·格德伯格、[美]大卫·科恩、潘岩、[美]蒂娜·阿平、[美]欧弗·巴尔-约瑟夫：《江西仙人洞遗址两万年前陶器的年代研究》，《南方文物》2012年第3期，第1—6页。

吴秀杰、刘武：《中国北方全新世人群头面部形态特征的微观演化》，《科学通报》2007年第52卷第2期,第192—198页。

Wei S., *et al*., 2011. Characterization of the materials used in Chinese ink sticks by pyrolysis-gas chromatography-mass spectrometry. *Journal of Analytical and Applied Pyrolysis* 91: 147-153.

X

夏鼐:《碳-14测定年代和中国史前考古学》,《考古》1977年4期,第217—232页。

夏鼐:《我国近五年来的考古新收获》,《考古》1964年第10期,第485—497、503页。

夏正楷、邓辉、武弘麟:《内蒙西拉木伦河流域考古文化演变的地貌背景分析》,《地理学报》2000年第55卷第3期,第329—336页。

夏正楷、杨晓燕:《我国北方4kaB.P.前后异常洪水事件的初步研究》,《第四纪研究》2003年第23卷第6期,第668—674页。

夏正楷、杨晓燕、叶茂林:《青海喇家遗址史前灾难事件》,《科学通报》2003年第48卷第11期,第1200—1204页。

许延保:《湖北黄州市古文化遗址的地貌特征》,《考古》1996年第5期,第46—50页。

Xie M., *et al*., 2016. Identification of a dairy product in the grass woven basket from Gumugou Cemetery (3800 BP, northwestern China). *Quaternary International* 426: 158-165.

Y

颜誾:《大汶口新石器时代人骨的研究报告》,《考古学报》1972年第1期,第91—122页。

颜誾:《西夏侯新石器时代人骨的研究报告》,《考古学报》1973年第2期,第91—126页。

杨晓燕:《中国古代淀粉研究:进展与问题》,《第四纪研究》2017年第37卷第1期,第196—210页。

杨益民:《古代残留物分析在考古中的应用》,《南方文物》2008年第2期,第20—25页。

杨益民:《古代蛋白质分析在考古学中的应用》,《郑州大学学报(哲学社会科学版)》2016年第49卷第4期,第102—105页。

杨益民、郭怡、马颖、王昌燧、谢尧亭:《出土青铜酒器残留物分析的尝试》,《南方文物》2008年第1期,第108—110、107页。

杨玉璋、程至杰、李为亚、姚凌、李占扬、罗武宏、袁增箭、张娟、张居中:《淮河上、中游地区史前稻—旱混作农业模式的形成、发展与区域差异》,《中国科学:地球科学》2016年第46卷第8期,第1037—1050页。

尹若春、张居中:《贾湖史前人类迁移行为的初步研究》,《第四纪研究》2008年第28卷第1期,第50—57页。

叶晓红、刘新、蒋宏杰、乔保同:《河南省南阳市桐柏月河一号春秋墓出土玉器阴刻技术的微痕分析》,《南方文物》2015年第4期,第112—119页。

尤悦、王建新、赵欣、凌雪、陈相龙、马健、任萌、袁靖:《新疆石人子沟遗址出土双峰驼的动物考古学研究》,《第四纪研究》2014年第34卷第1期,第173—186页。

于长春、李文荣、谢力、张小雷、周慧、朱泓:《新疆锡伯族人群线粒体DNA的遗传学分析》,《吉林大学学报(理学版)》2007年第45卷第5期,第485—489页。

于长春、谢力、张小雷、周慧、朱泓:《拓跋鲜卑和匈奴之间亲缘关系的遗传学分析》,《遗传》2007年第29卷第10期,第1223—1229页。

袁靖:《关于胶东半岛贝丘遗址环境考古学的几点思考》,《东南文化》1998年第2期,第36—39页。

袁靖:《中国科技考古六十年》,刘庆柱主编:《中国考古60年》,文物出版社2009年版,第425—466页。

袁靖:《珠江三角洲贝丘遗址的环境考古学问题》,香港中文大学中国考古艺术研究中心、厦门大学历史系考古教研室编:《东南考古研究》(第二辑),厦门大学出版社1999年版,第147—149页。

袁纯富、范志谦:《试论江汉地区原始文化的地理诸问题》,《考古》1987年第9期,第803—807页。

Yang D. Y., Eng B., Waye J., 1998. Technical Note: improved DNA extraction from Ancient Bones using silica-based spin columns. *Am J Phys Anthropol*, 105: 539-543.

Yang Y., et al., 2014. Proteomics evidence for kefir dairy in Early Bronze Age China. *Journal of Archaeological Science* 45: 178-186.

Yu C. C., Xie L., Zhang X. L., et al. 2006. Genetic analysis on Tuoba Xianbei remains excavated from Qilang Mountain Cemetery in Qahar Right Wing Middle Banner of Inner Mongolia. *FEBS Lett*, 580(26): 6242-6246.

Z

张昌平:《关于曾侯乙尊盘是否采用失蜡法铸造争论的述评》,《江汉考古》2007年第4期,第82—90、52页。

张海:《石器原料的产地分析》,北京大学考古文博学院、河南省文物考古研究所:《登封王城岗考古发掘与研究》,大象出版社2007年版,第763—768页。

张居中、陈昌富、杨玉璋:《中国农业起源与早期发展的思考》,《中国国家博物馆馆刊》2014年第1期,第6—16页。

张君:《从头骨非测量特征看青海李家山卡约文化居民的种族类型》,《考古》2001年第5期,第80—84页。

张君:《多岗人群的古病理研究》,中国社会科学院考古研究所、新疆维吾尔自治区阿克苏地区文物局、拜城县文物局编著:《拜城多岗墓地》,文物出版社2014年版,第241—302页。

张林虎、朱泓:《新疆鄯善洋海青铜时代居民颅骨创伤研究》,吉林大学边疆考古研究中心编:《边疆考古研究》(第8辑),科学出版社2009年版,第327—335页。

张明华:《良渚文化突然消亡的原因是洪水泛滥》,《江汉考古》1998年第1期,第62—65页。

张伟强、黄振国:《台湾晚更新世以来的环境考古》,《热带地理》1996年第16卷第4期,第291—298页。

张旭、朱泓:《新疆于田流水墓地青铜时代人类牙齿非测量性状》,《人类学学报》2014年第33卷第4期,第460—470页。

张雪莲:《碳十三氮十五分析与古代人类食物结构研究及其新进展》,《考古》2006年第7期,第50—56页。

张雪莲、李新伟:《西坡墓地再讨论》,《中原文物》2014年第4期,第18—

32页。

张雪莲、仇士华、蔡莲珍、薄官成、王金霞、钟建：《新砦—二里头—二里岗文化考古年代序列的建立和完善》，《考古》2007年第8期，第74—89页。

张雪莲、仇士华、钟建、梁中合：《山东滕州市前掌大墓地出土人骨的碳、氮稳定同位素分析》，《考古》2012年第9期，第83—96页。

张雪莲、仇士华、钟建、卢雪峰、赵新平、樊温泉、李新伟、马萧林、张翔宇、郭永琪：《仰韶文化年代讨论》，《考古》2013年第11期，第84—104页。

张雪莲、王金霞、冼志强、仇士华：《古人类食物结构研究》，《考古》2003年第7期，第62—75页。

张雪莲、叶茂林、仇士华、钟建：《民和喇家遗址碳十四测年及初步分析》，《考古》2014年第11期，第91—104页。

张雅军、何驽、尹兴喆：《山西陶寺遗址出土人骨的病理和创伤》，《人类学学报》2011年第30卷第3期，第265—273页。

张寅生：《磁法在田野考古勘探中的应用研究》，《考古》2002年第7期，第59—69页。

张振标：《中国新石器时代人类遗骸》，吴汝康、吴新智、张森水主编：《中国远古人类》，科学出版社1989年版，第62—80页。

赵春燕：《富阳泗州宋代造纸遗址出土样品的碳稳定同位素分析》，唐俊杰主编：《富阳泗洲宋代造纸遗址》，文物出版社2012版，第148—152页。

赵春燕、李志鹏、袁靖、赵海涛、陈国梁、许宏：《二里头遗址出土动物来源初探根据牙釉质的锶同位素比值分析》，《考古》2011年第7期，第68—75页。

赵春燕、吕鹏、袁靖、方燕明：《河南禹州市瓦店遗址出土动物遗存的元素和锶同位素比值分析》，《考古》2012年第11期，第89—96页。

赵希涛、张景文：《中国海陆变迁与海面变化的^{14}C年代学研究》，《中国沿海环境变迁》，海洋出版社1994年版。

赵欣、Antonia T. Rodrigues、尤悦、王建新、任萌、马健、袁靖、杨东亚：《新疆石人子沟遗址出土家马的DNA研究》，《第四纪研究》，2014年第34卷第1期，第187—195页。

赵志军：《中国古代农业的形成过程》，《第四纪研究》2014年第卷第1期，第73—84页。

周慧、赵欣、张君:《DNA 研究》,中国社会科学院考古研究所:《科技考古的方法与应用》,文物出版社 2012 年版,第 138—141 页。

周昆叔:《北京环境考古》,《第四纪研究》1989 年第 1 期,第 84—94 页。

朱诚、马春梅、王慧麟、白九江、徐伟峰、郑朝贵、史威、朱光耀、陈晔、卢雪峰:《长江三峡库区玉溪遗址 T0403 探方古洪水沉积特征研究》,《科学通报》2008 年第 53 卷增刊Ⅰ,第 1—16 页。

朱诚、宋健、尤坤元、韩辉友:《上海马桥遗址文化断层成因研究》,《科学通报》1996 年第 41 卷第 2 期,第 148—152 页。

朱诚、吴立、李兰、郑朝贵、李中轩、马春梅、谭艳、赵泉鸿、王坤华、林留根、江章华、丁金龙、孟华平:《长江流域全新世环境考古研究进展》,《地理学报》2014 年第 69 卷第 9 期,第 1268—1283 页。

朱芳武、卢为善:《桂林甑皮岩新石器时代遗址居民的龋病》,《人类学学报》1997 年第 16 卷第 4 期,第 271—273 页。

朱泓:《中国古代居民的人种类型研究》,中国社会科学院考古研究所编著:《新世纪的中国考古学:王仲殊先生八十华诞纪年论文集》,科学出版社 2005 年版,第 179—185 页。

朱泓、周亚威、张全超、吉平:《哈民忙哈遗址房址内人骨的古人口学研究——史前灾难成因的法医人类学证据》,《吉林大学社会科学学报》2014 年第 1 期,第 26—33 页。

竺可桢:《中国近五千年来气候变迁的初步研究》,《考古学报》1972 年第 1 期,第 15—38 页。

后记

撰写《中国科技考古导论》,责任重大。如何帮助21世纪学习考古文博专业的学生充分了解世界考古学发展的趋势,全面完善知识结构,有效地掌握科技考古各个领域的思路、方法和内容,为他们将来在工作中真正做到全局在胸,以考古学研究的问题为导向,科学地制定发掘和研究计划,掌握发掘过程中的科技考古取样,参与或承担后续的测试及分析,做出符合世界考古学科发展方向的一流成果,我真的是殚精竭虑。经过认真写作,最终交稿,且自己对书稿的内容比较满意,这也算是对自己20多年来从事科技考古研究的一个认可了。

2017年,复旦大学成立了科技考古研究院,这是国内高校中首次以科技考古命名的研究和教学机构,彰显复旦大学对国内外考古学发展趋势的科学认识,高屋建瓴,可敬可赞,谨以此书向复旦大学科技考古研究院的成立献礼。

本书在写作过程中参考了由我主编的《科技考古的方法与应用》一书,中国科学院大学的杨益民教授,中国社会科学院考古研究所的王辉博士、王明辉副研究员和张旭博士,北京大学考古文博学院的陈建立教授,景德镇陶瓷大学的郁永彬博士分别在《有机残留物分析》《环境考古》《人骨考古》《冶金考古》和《陶瓷器科技考古》这5章的撰写过程中多有贡献,中国社会科学院考古研究所的赵欣博士、陈相龙博士、李志鹏博士、吕鹏博士、钟华博士、叶晓红博士、翟少东博士,湖北省文物考古研究所的罗运兵研究员,北京大学城市与环境学院的夏正楷教授与莫多闻教授、考古文博学院的吴小红教授与张海博士,吉林大学边疆考古研究中心的蔡大伟教授,首都师范大学历史学院的尤悦博士,复旦大学生命科学学院的文少卿博士等,均对相关章节提出了宝贵的建议和意见。中国科学院大学的王昌燧教授、北京大学考古文博学院的陈建立教授认真审读全部书稿,并提出中肯的修改建议。考古类书籍讲究图文并茂,我的博士生王运辅(重庆师范大学历史与社会学院副研究馆员)以清晰的思路、出色的技法完成了本书的绝大部分插图。复旦大学的陆建松老师向复旦大学出版社推荐此书,复旦大学出版社的领导和史立丽编辑鼎力相助,确保此书的顺利出版。

在此谨向为本书的出版做出贡献的上述各位表示衷心的感谢。

袁靖

2017 年 9 月

图书在版编目(CIP)数据

中国科技考古导论/袁靖著. —上海：复旦大学出版社,2018.3(2024.7重印)
(复旦科技考古文库)
ISBN 978-7-309-13589-3

Ⅰ. 中… Ⅱ. 袁… Ⅲ. 科技技术-考古-研究-中国 Ⅳ. K875

中国版本图书馆 CIP 数据核字(2018)第 054122 号

中国科技考古导论
袁　靖　著
责任编辑/史立丽
复旦大学出版社有限公司出版发行
上海市国权路 579 号　邮编：200433
网址：fupnet@fudanpress.com　http://www.fudanpress.com
门市零售：86-21-65102580　　团体订购：86-21-65104505
出版部电话：86-21-65642845
上海崇明裕安印刷厂

开本 787 毫米×1092 毫米　1/16　印张 16.5　字数 248 千字
2018 年 3 月第 1 版
2024 年 7 月第 1 版第 4 次印刷

ISBN 978-7-309-13589-3/K・648
定价：40.00 元

如有印装质量问题，请向复旦大学出版社有限公司出版部调换。
版权所有　　侵权必究